공연예술의 품격과
한국춤의 흐름

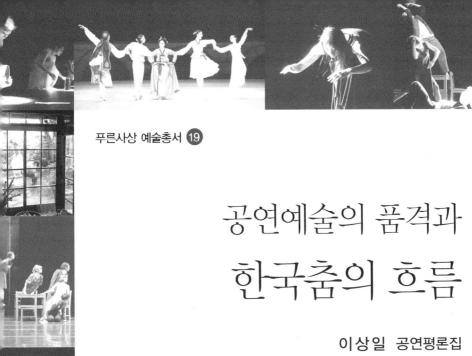

푸른사상 예술총서 **19**

공연예술의 품격과
한국춤의 흐름

이상일 공연평론집

The dignities performing arts and flow of Korean dances

푸른사상
PRUNSASANG

지금 순수예술이니 고급문화를 말할 때인가. 더 거칠게 말할라치면 예술이고 문화고, 또 그런 창조 활동을 순수니 고급이니 나눌 때인가.

예술 행위가 있고 예술작품이 있다는 것만으로도 사람들의 품위가 높아지고 문화가 문화다운 품격을 지켜낼 수 있다는 것만으로도 눈물겨워지는 세상을 살면서 스스로 천격으로 떨어지지 않으려고 안간힘을 쓰는 대중문화 구성원들은 키치(천격)의 앞치마를 두른 채 순수의 품격과 고급문화의 아우라가 꺾여가는 세태를 지켜보고 있다.

그런 세상에서, 이 때문고 천격이 되어가는 세태를 견디지 못하는 교양과 고전과 우아의 본성은 한 번쯤 이 세상을 뒤흔들어놓고 싶다. 적어도 순수의 품격을 칭송하고 대중문화의 천격을 드러내놓고 폄하해 말하면 안 되는 것도 아닐 텐데.

그래서 나의 마지막 공연평론집은 공연예술, 주로 한국춤의 흐름을 스케치하는 가운데 예술과 문화의 품격과 천격을 다루려고 한다.

공연예술은 극장 무대를 중심으로, 혹은 미술관이나 박물관 등 열린 공간이나 닫힌 대청마루나 뜰, 혹은 격조 있는 찻집에서 이루어지는 연극이나 무용 작품들을 대상으로 삼는 창작 행위이다. 공연평론은 그런 연극이나 무용 작품을 어떻게 보느냐고 묻는 작업이다.

대중문화라고 해서 다 천격이 아닌 것처럼 순수예술이라고 해서 다 품격이 있는 것도 아니다. '대중'을 말할 때 즉자(卽自)적 대중과 대자(對自)적 대중을 말하던 시대도 있었다. 어리석고 의식이 깨어 있지 못한 대중도 있는가 하면 배우고 익혀서 자각하는 대자적 대중의 수가 늘면 그런 군집의 문화도 예술과 문화의 민주주의를 주장할 만도 하다.

수적으로 우세하다고 해서 즉자적 군중 떼거리가 활개 치는 장터의 민주주의를 탄식했던 니체는 그 때문에 신이 죽었다고까지는 말하지는 않았을 것이다. 우리가 믿는 것은 갈고 닦인 민중문화, 내지는 깨어난 대중문화의 기품이 어떻게 천격과 대결하느냐 하는 것이다.

대중예술, 대중문화는 품격에 있어서 순수예술과 고급문화의 기품을 따라잡지 못한다. 아무리 만화의 주인공 얼굴이 희멀건 앤디 워홀이나 리히텐슈타인의 붓 끝에 그려진 인기 여배우 마릴린 먼로, 아니라 〈행복한 눈물〉의 관념이라 해도 그 오마주의 복사품들은 페미니즘의 겉옷을 걸친 '워마드'의 신경과민증 증세의 남녀 상호 혐오 논쟁을 끝낼 줄 모른다. 예술과 문화의 민주주의 논자들은 소수로 몰린 순수예술과 고급문화의 품격을 격상시킬 생각이 없다.

그래서 나의 마지막 평론집은 내가 점검한 연극과 무용 작품들의 평론 작업을 통해 그 품격을 따져보려고 하는 것이다.

나는 1969년 스위스 유학에서 돌아와 처음으로 허규 연출의 〈허생전〉에 대한 논평을 월간 『신동아』에 게재하고 여석기 주도하의 순간(旬刊) 『연극평론』의 정기 기고자로 데뷔하였다. 나의 시각은 부조리 연극을 거쳐 현대 서사극의 브레히트(B. Brecht)류 낯설게 하기 효과(異化效果)를 수단으로 삼는 한편 우리 문화의 근원과 전통에 기댄 무속과 축제를 발판으로 삼았다. 그렇게 씌어진 평론집이 『한국인의 굿과 놀이』 『한국연극과 젊은 의식』 『축제와 마당극』 그리고 『전통과 실험의 연극문화』

『한국연극의 문화형성력』 등등이다.

나의 80년 세월은 일제 억압, 민족 상잔의 시대를 거쳐 군사 독재와 민주화 운동의 시대, 그리고 그 완성의 시대였다. 국제적으로는 글로벌 시대에 앞서서 제3세계의 전통문화와 몸의 연희가 우리의 마당극 운동과 더불어 공연예술과 정치사회적 의식으로 결부되던 시절이었다. 문화 사조사(思潮史)로 보면 세기말의 각종 사조가 정신없이 뒤바뀌며 서로 자리를 차지해간 분주한 시기였다.

그 쫓기는 세월 속에서 평론 작업 따위는 한가한 놀이에 지나지 못했다. 연극으로, 예술로 세상을 바꿀 수 있다, 예술을 통한 혁명을 꿈꾸던 나는 연극평론에서 차츰 뒷걸음질을 치고 오히려 몸의 예술, 육체의 직접적인 움직임에 기적을 기대했다. 그렇게 어느 날 나는 연극평론가에서 무용평론가로 변신해가고 있었다.

극장 무대는 거짓말을 하지 못한다. 나는 대학 강당에서 벗어나 자유로워지면서 일주일에 사흘은 공연을 보러 다녔고 지금도 일주일에 하루는 극장에서 공연 보는 것이 큰 즐거움이다. 거기에 드러난 예술작품들은 정직할수록 순수하고 순수할수록 정직하다. 그만큼 공연평론도 순수한 대상에 대해서 정직해지고 정직한 작품에 대하여 그 순수한 품격에 머리를 숙인다. 그렇게 씌어진 무용평론집이 『춤의 세계와 드라마』(2006)와 『총체예술에서 융복합예술로 ― 몸이 드라마다』(2012)로 발간되었다.

아마도 나의 마지막 평론집이 될 이 책이 잘못 몸에 밴 문화예술의 천격을 배제하는 데 도움이 되었으면 한다.

이 책의 제1부는 내 본바탕의 비밀을 드러내듯 해서 속살을 보인 듯 수줍어진다. 제2부, 3부가 그동안 무용 전문지 『몸』을 중심으로 기고했던 나의 최근 공연평론들인데 새로운 시각으로 씌어진 연극과 무용이 비록 양식적으로는 구분되어 있지만 하나의 공연예술 — 크게는 총체예술, 내지 통합예술이라는 시각에서 융복합예술로 다루어진다. 몸지에 작은 '절필'을 다짐했던 2015년 전후의 글들이, 이른바 평론이라는 작업의 무위(無爲)를 말해주고 있을지도 모른다는 나름의 생각을 하게 만든다.

본문 가운데 나오는「키치의 예술이 타당한가」라는 한 장(章)이 이 책의 주제를 결정하였다. 외국에서 온 어떤 공연단이 스스로 kitsch(천격)을 내건 작품을 선보였다. 물론 아름다움을 추구하는 예술의 미학이 오예(汚穢)를 건드리고 추(醜)의 역사를 다진다 해도 그것은 예술을 예술답게 부각시키기 위한 정지 작업이 아닐 수 없다는 사실을 모르는 것은 아니다. 스스로 무너지는 타락과 더러움과 천함은 그것 자체가 목적일 수는 없다. 마치 오예의 바다를 건너서 스스로 정화되는 종교의식의 일부처럼 추와 천격은 마지막 아름다움의 조상(彫像)을 씻겨내고 때를 벗겨내는 이니시에이션일지 누가 알겠는가.

그래서 천격을 강조하는 수법은 어쩌면 열등의식의 병적 형상, 내지 떼거리 수법일지도 모른다고 생각한다. 전통 탈놀이에서는 정신과 의식과 지체 부자유의 전형일수록 놀림과 멸시와 조롱의 대상이 되었다. 약점, 결점, 미비점을 확대 생산하여 작품을 드러내는 수법은 측은지심으로 예술의 본질을 호도(糊塗)하려는 짓이다. 따라서 고고하게 예술을 지키려는 순수한 정신에 위배되지 않을 수 없다.

언제나 세기말은 혼돈스럽다. 20세기 초 다다이즘이 그랬고 그 세기가 끝나갈 무렵에도 이상한 사조가 불어닥쳤다. 양식의 경계를 넘나들며 남의 좋은 요소들만 끌어모아 하이브리드라는 모방 제품을 내놓아도 아무도 탓하는 사람이 없다. 예술의 창조성은 아무도 지적하지 않는다. 유사품과 하품(下品)과 추종품과 가짜와 습작이 대중문화라는 대량 생산 대량 보급의 공장 벨트에 실려 수송되어 배포되자 예술의 민주주의를 내세우는 수적 다수 세력이 품격의 예술과 고급문화의 고귀한 정신을 아랑곳하지 않고 팽개쳐버렸다. 대중문화라는 초고속 정보 매체의 도깨비 장난에 놀아난 사람들은 이미 '인간'이 아니다. 로봇의 아류가 되어 천격도 품격도 아랑곳하지 않는 존재로 타락해 있을지도 모를 일이다.

좋은 것, 나쁜 것을 가릴 줄 모른다면 평론 작업은 사람이 할 일이 아니다. 그래서 주저하지 않고 나는 쓴소리와 찬양을 함께 쏟아낸다. 그렇게 우리 문화와 예술 세계에 천재의 시대가 오기만을 간절히 바란다. 그러다 보니까 다시 연극이 좋아지고 무용의 과대 포장이 일부 싫어지기도 해서 내 공연평론의 자세가 이제 제대로 평형(平衡)을 유지하게 되는 것 같다.

그런 평형감각으로 나 자신 쓴소리를 쓰거나 흘려쓰거나 간에 별로 개의하지 않는 놀이 정신에 빠지곤 한다. 나이 들어가면 사는 것이 모두 놀이 같다는 어른들의 말씀을 되짚을 만큼 나도 어느덧 망(望)구십이구나 싶으니 감회가 새롭다.

2018년 10월
이상일 삼가

제2장 공연예술의 향연
　　　: 총체적 융복합예술의 이해와 비판, 점검 1

차례 |

공연예술의 풍경과 한국춤의 흐름

제3장 공연예술의 품격
     : 총체적 융복합예술의 이해와 비판, 점검 2

차례 |

공연예술의 품격과 한국춤의 흐름

굿과 축제 연구와 공연평론의 길

나의 삶 — 독일문학 전공의 민속인류학적 궤적

국립민속박물관에서 석학(碩學)들의 학문적 성과와 향후 방향을 영상으로 기록하는 기획 명단에 내 이름이 들어가 있다는 담당자 귀띔을 받고 '내가 무슨……' 속으로 뇌까렸을 때는 무엇보다 석학 자격이 나에게 당기나 한가 하는 자괴심이 컸기 때문이었다.

몇 년 전 한국독어독문학회가 나를 학술원 회원 후보의 한 사람으로 추천하겠다는 소식을 들었을 때도 내가 무슨…… 하는 비슷한 자괴감을 느낀 기억이 떠오른다.

대학에서 오래 제자들을 가르친 대학 교수의 마지막 소망은 석학이라는 명예로운 칭호가 아닐 수 없다. 하지만 나의 전공이 독어독문학 분야라서 민속학 분야의 석학 소리를 들을 나위가 전혀 없다. 그렇지만 우연찮게 지난 60년대, 70년대부터 향토축제의 보편성과 특수성에 대해 알은 체하기도 하고 무당 굿놀이의 지역 현장 연구에도 많이 참여했을 뿐만 아니라 한국 무속과 샤머니즘 일반에 대해서, 공연예술, 곧 연극이나 무용 평론의 시각으로 세론(世論)에 적극적으로 끼어들어서 나의 전공 분야인 독문학보다 무당 굿거리 쪽 전문가로 더 세상에 알려진 것은 내 본뜻이 아니었다. 별로 많지 않은 저서들을 봐도 마당극, 향토축제 같은 민속 분야로 다루어지는 평론 에세이류(類)가 압도적으로 많다.

이 정도 되면 입이 거칠고 험한 친구들이 잡(雜) 자를 끼워 넣어 잡학이라거나 잡놈이라는 비아냥거림쯤 쏟아낼 만하다. 그리고 그런 잡학 다식을 관심과 호기심의 발로로 생각해서 스스로 자괴할 것까지는 없지 않을까 — 굳이 발상의 전환을 나에게 유리하게 바꿀 배짱도 생길 만하다.

사실 나의 대학 전공은 독일 문학이고 특히 서사극(敍事劇)의 브레히트(B. Brecht)가 주 전공이지만 사회활동 영역인 공연예술 평론은 스위스 유학 시절 문화충격으로 다가왔던 사회민속학과 문화인류학적 시각과 방법론의 영향을 많이 받았던 것은 사실이다.

1960년대 말 연극 공부를 위해 스위스 취리히 대학에 잠시 학적을 두었던 나는 새로운 연구 방법으로 민속인류학의 사회학적 관점을 받아들이고 나의 좁은 안목을 인류학적 시야로 넓혀서, 설화 탐구, 스위스 향토축제, 그리하여 취리히의 신년 행렬 젝셀로이테(Sechselleute)라든지 바젤의 부활절 행렬 파스나하트(Fasnacht) 등 봄의 향토축제 현장 연구, 그리고 빌헬름 텔 전설의 민속 연희행사 현장 연구에 짧은 유학 기간을 거의 보내버렸다 해도 과언이 아니다 — 참, 아름다웠던 수학(修學)의 계절이었다.

나의 공연예술 평론 활동의 바탕은 그런 민속인류학적 기층문화권의 예술적 기원과 근원에서 출발한 것이었고 그와 같은 예술 영역이 어떻게 총체적으로 인간의 삶에 반영되는가를 총체예술(total arts)에서 삶의 총체성(Total Life)으로 보겠다는 것이 내 필생의 과제가 되다시피 했다.

그러니까 셰크너 교수의 Urdrama가 다루는 굿의 극적 구조나 무속극의 원초성과 포스트모더니즘 이후의 통섭(統攝)이론, 융복합예술이론 같은 최첨예 통합 문예사조의 혈연이 전혀 무관해 보이지 않는다. 전혀 상관없는 것들끼리의 잡동사니—잡학(雜學)으로 비치는 것을 나무랄 수도 없다.

그러고 보면 나의 사회활동 면에서 두드러지는 특징 가운데 하나가 각자의 개성과 특질을 그대로 살리는 그룹 조직이다. 그것도 전공이나 삶의 방향을 순화시키는 좁은 동인체 형식보다 범학과(汎學科)식으로, 전공이 다른 부류의 총체를 이루려는 잠재의식이 깔려 있었던 것은 아니었을까.

유신 직전에 그런 젊은 학자들 10여 명이 모여 매주 세미나 형식의 발표회를 가졌다가 집회법에 걸려 무산된 경험이 있다. 80년대 초 김태곤, 장주근 등 무속 제의의 전문가들과 함께 서울 음대의 한만영, 이대 무용과의 김매자, 임학선 등과 더불어 함께 향토축제연구회를 조직한 것도 한국 축제의 모형을 음악이나 무용이나 연극, 제의의 측면에서 종합 분석하려는 의도 때문이었다. 1981년 공연예술평론가협회의 창립도 문학 위주의 평론가 단체보다 예술평론 전반적 토론장을 꿈꾸었던 결과물이었다.

대학을 퇴임하고 한국문화기획연구회 설립에 참여한 동기도 연구 위주의 대학생활에서 현장 위주의 동적이고 횡적인 인간관계가 살아 있는 축제의 모양새를 다른 각도로 체험해보고 싶었기 때문이었다. 그 발기인들은 젊은 이승훈, 박승현, 김보성 외 실제 진영은 강준혁, 이상만, 그리고 내가 연구소장직을 담당했다. 80년대 후반기 문화기획연구회 클래스의 인재들은 (사)문화다움을 거쳐 현재까지 저마다의 개성과 아이디어를 발휘하는 기획자 PD, 교수들로 성장했다.

내 삶과 전공의 민속인류학적 궤도는 20세기 말을 겪으며 박용구 선생을 모시고 이룩한 '영고21' 그룹의 '미래선언'에 동참한 전공과 삶이 다른 20여 명의 목소리 속에 어우러져 있다. 그리고 그 마지막 요동은 2015년 '문화예술멘토원로회의'의 결성이다. 각 대학에서 연구와 교육을 퇴임으로 마감한 인문학과 예술계의 명예교수들이 모여 삶과 전공을 넘어 사회봉사 형식으로 그들의 지식을 사회에 돌려주는 멘토원로회의 모임 또한 통섭적이고 융복합예술적 토탈아츠, '통합적 삶(total life)' 지향의 한 변형일 수 있다.

나의 삶이, 그리고 내 전공이 원초적 드라마(Urdrama) 같은 굿의 놀이에서 예술로 확대 발전되어나간 궤적을 훑으며 적어도 『파우스트』의 문호 괴테와 서사극의 브레히트를 내 예술평론의 중심에 두고 기층문화권의 굿과 축제 나무를 키워가면서 그 사이 틈, 휴지(休止, pause)의 놀이문화를 예술로 세련시켜 나간 과정의 탐색은 내 삶의 아름다운 수련(修練)의 시간이었음을 고백하지 않을 수 없다.

천재를 기다리며

영웅 대망론

지금은 다 잊혀진 이야기이지만 한때 토머스 칼라일의『영웅 대망론』열풍이 대단했다. 프랑스혁명 이후의 유럽을 말굽으로 짓밟은 나폴레옹의 반동적 보수 성향을 엇나가게 그리는 역풍(逆風)의 영국식 향수였을까.

그러나 나는 이 근거 없어 보이는 책을 갖고 있다는 사람도, 실제로 글을 읽어보았다는 사람도 만나보지 못했다. 칼라일의『영국사』를 거론하는 사학자는 더러 만나보았지만 그들도『영웅 대망론』이 실재하는지의 여부는 장담하지 못했다.

그런데 최근 들어 느닷없이 영웅 대망론이 입질에 오른다. 대권 도전자들의 대망론이 나돌면서 대통령 대망론이 영웅 대망론의 이름을 빌려 정계, 언론계 일각의 시대퇴영적 발상을 확대 재생산해보려는 저의를 드러낸다. 신채호 선생이 영웅 대망론을 들먹이면 일제에 패망한 나라를 살려낼 지도자, 영도자를 그리워한다는 비분강개의 뜻이었을 터이고 박정희 대통령이 이순신 장군 같은 구국영웅을 기리기 위한 영웅 대망론을 펼치면 자기 권력 유지와 강화를 위한 구실에 불과하다는 냉소적 반응이 얽힌다.

소박하고 무지한 계층이나 미숙한 젊은 세대들은 쉽사리 선동에 넘어가 남의 주장이나 신념의 꼭두각시 노릇을 하기가 쉽다. 이데올로기나 종교가 그런 대행자 구실을 많이 해왔다. 다행이라 할까, 소비에트 연방 공산주의 체제가 무너져 이데올로기의 허상이 드러났다지만 잔해는 여전히 불씨를 키우고 있고 종교적 신념도 여전히 인간폭탄의 발사체 노릇을 하고 있는 것이 편협증 증세를 앓고 있는 지구촌의 '현실'이다. 그것이 신념이고 자기주장이라면 죽음의 십자가를 지고 골고다 언덕을 오르는 고역도 개인 몫이지만 만약에 그런 것이 원리주의나 교조주의의 편견이거나 오도된 관념, 내지 편협증 증세의 허상이라면 '영웅'이라는 인공 모델의 발자취는 순전히 '대망론'의 여론을 불 지피는 몰이꾼들 뒤에 숨은 연출의 음모에 의해 꾸며지는 경우라고밖에 볼 수가 없다.

왜 이렇게 서두를 거창하게 끄집어내느냐 하면 21세기 새 밀레니엄 시대로 들어와 천지개벽을 시킬 만한 철학사상이나 예술문화 분야의 천재 출현을 기다리는 마음이 절실해서 『천재 대망론』 하나 써보면 어떨까 생각하다가, 읽지도 못한 『영웅 대망론』의 아류쯤 될 글 쓰나마나 아닐까 싶어졌기 때문이다. '대망론' 하니까 꼭 무슨 정치구호나 내거는 듯한데 최근 들어 웬 놈의 세상이 모조리 권력지향적이라 할 만큼 대망론의 허깨비들이 마광수의 사라도, 도올의 울변(鬱辯)도, 제2의 나폴레옹 대망론 등등 해서 신채호의 애국심이나 박정희의 이순신 숭배론이 모두들 대망론 그물에 쓸어 담기듯 한 추세라 '천재 대망론'도 시류에 휩쓸리기는 마찬가지라는 충고가 귀에 아프다.

그래서 결국은 '천재를 기다리며'라고 해봐도 시사 해설 한 겹 덧칠하는 것 이상이 안 될 것 같아 민망스러운 데다가 지금이 어느 땐데 그런 케케묵은 제명(題名)이냐 싶은 쑥스러움도 들지 않는 것이 아니다.

이럴 때는 나이 든 시늉해서 호도해 넘어가는 것이 상책이다. 실제로 나이도 들 만큼 들었으니 이 나이에 천재 기다리기를 삼년 대한(大旱)에 비 오기 기다리듯 한다 해서 욕먹을 것은 없지 않을까.

영웅 칭호에 대한 기본적 반감

해방 이후 고생하다 조국의 품으로 돌아온 해외 독립투사들, 그리고 6·25전쟁 중 조국을 지키다 전장의 고혼으로 스러져간 이름 없는 학도병, 군인들은 영웅 칭호를 받을 만하다. 섣부른 민주주의 교육 바람에 선거로 뽑히면 모두가 영도자이고, 영도자는 모두들 영웅이 되는 시대를 살아남은 세대들에게는 칭호에 대한 기본적인 반감이 있다.

히틀러 때문에 한 나라의 수령은 임금이나 총리가 되지 못하고 '이끄는/지도하는 사람(Fuehrer)'이 되었다. 히틀러는 총통(總統)으로 불렸다. 그도 나치스식 민주주의 체제를 내세우려 했을 것이다. 스탈린도 소비에트 연방의 민주적 영도자였다고 자부할는지 모른다.

왕실 기구를 유지한 영국은 총리 체제로 전제주의와 맞선다. 히틀러가 죽고 난 다음 영도자 이름의 영웅들은 개값이 되었다. 다행이라 할까. 미국은 대통령제라서 국가 수령 호칭이 President이지만 사실은 대통령이나 총통이나 통령(統領) 어휘 그 자체가 지도, 영도하는 것과 진배

없어서 통령에다 클 대 자 붙이는 것도 별게 아니게 이승만 대통령 이하 모두 대통령 칭호에 반감들이 없어 보인다.

Fuehrer나 President는 칭호에 불과하다. 그렇게 독재, 전제 어쩌고 하면서 대통령 칭호는 바뀌지 않는 것이 이상하다. 아프리카나 동남아 신생국 대통령치고 독재자 아닌 지도자, 영도자, 통령, 대통령이 별로 없었고 영도자건 위원장이건 대통령이건 영웅 이름으로 비극의 싸움터나 가까이 불러들여 수많은 민생들을 죽음으로 몰고 간 참화의 쓰라린 기억 주변에는 잘난 영웅 같은 독재자들만 수두룩하다.

장군 하나 탄생시키기 위해 수많은 졸병의 백골이 쌓여가야 한다는 것이 진리라면 이제 그런 영웅 따위 필요 없는 세상이 빨리 왔으면 좋겠다.

영웅 칭호는 나폴레옹처럼 훈장이나 주렁주렁 달아주면서 침략의 제물로 쓸어담는 제물의 명예 이상도 이하도 아닌 것이다. '영웅'이라는 빛 좋은 개살구처럼 독재자에게 바쳐진 명칭 때문에 아무나 영웅이 되기를 갈망하는 세상은 제국주의 시대의 반영일 뿐이다. 남보다 좀 잘나게, 낫게 태어났으면 그렇게 살다 죽으면 된다. 당치도 않게 영웅호걸의 이름에 현혹되고 대통령 대망론이라는 시대퇴행적, 시대역행적 발상으로 참신한 '천재 대망론'조차 주눅 들게 만드는 '대망론'의 선거 계절풍은 몇 번이나 더 겪어야 일상이 될까.

영웅 대망론이나 대권주자 대망론이나 천재 대망론이나 어쩌면 그게 그것일는지도 모른다. 그러나 '대망론'을 단순히 기다림으로 바꾸어 보면 권력이나 국가체제의 변혁을 기약하는 대망론에서 천재의 출현을 기다리는 정서는 문화예술에 있어서 발상의 전환이나 사조 양식의 새로운 세대를 기약하는 감정이라는 점이 조금은 강조되어도 좋을 것이다.

무수히 많은 예술사조와 양식들의 20세기를 보낸 다음 새 밀레니엄 10년이 지나갔는데 아직까지 제대로 이름 붙일 만한 사상이나 사조의 눈부신 양식이 떠오르지 않는 시대는 어쩌면 미망(迷妄)과 혼돈의 시대, 그러니까 미래가 열려 있지 않은 어두운 좌표 자리에 우리가 서 있다는 증좌일 것이다. 그래서 미래를 열어줄 천재를 단비처럼 기다린다 해도 영웅 대망론이 천재 대망론과 별반 차이가 없는 것일까.

'천재 대망론'에서 '천재 기다리기'로

천재 대망론이 거창하다면 '천재 기다리기'로 제명을 바꿔 달면 된다. 20세기에 그렇게 많은 사조들이 부침했건만 21세기 들어 번번히 새로운 철학사상이나 예술사조 하나 제대로 시대를 풍미하지 못하는 현실이 안타깝다. 세기말에 숨 가쁘게 부침했던 신표현주의, 축제극과 제의극, 해체론, 인터미디얼 이론, 포스트모더니즘 등등의 입김이 사라질 만했을 때 예술 장르 간의 통합처럼 지식의 통합, 과학과 예술과 학문과 지식을 아우르는 '통섭(統攝)이론(Consciellience, Unity of Knowledge)'이 길을 여는 듯하였고 연구소와 대학의 학과 이름을 따서 새 방향을 트는 듯했다.

통섭이론이 사상체계를 이루고 새로운 예술 양식을 만들어내어 후광이 빛나는 창조의 장르를 형성해서 21세기 새 밀레니엄 시대의 기념탑을 새겨내는 문화예술의 현장에 레오나르도 다빈치와 같은 르네상스의 명장(名匠)들처럼 한국의 천재들이 지난날 백남준, 윤이상 같은 이름으로 영원히 명성을 남길 수는 없을까. 그런 무명의 젊은 천재들을 하늘의 밝은 별처럼 빛나게 해줄 명문 메디치가(家)의 재력과 정치력이 작용할 수는 없는 것일까. 그렇게 천재 기다리기에 목마른 것은 나만의 생리일는지도 모른다.

새 시대를 열고 기성의 묵은 궤도를 새로 이어 사조나 양식의 먼지를 털어버리며 치열한 정열로 젊고 짧은 삶을 집중적으로 살다 가는 천재들은 어쩌면 자신의 천재성을 알지 못하고 삶을 마감할 수도 있다. 그런 비극을 예방하기 위하여 천재를 기다리며 천재를 키우며 천재를 평가하는 기성세대의 염원이 기도처럼 모아질 수도 있을 것이다.

언어 중심으로 2천 년을 내려온 아리스토텔레스 시학의 드라마와 연극 양식을 바꾸고 서사극(敍事劇) 양식과 낯설게 하기의 기법을 만들어 낸 브레히트(B. Brecht)의 천재성은 젊은 그를 둘러싼 젊은 세대들과 그들을 옹호하고 그 예술적 실험을 호의적으로 지켜봐준 기성세대의 네트워크 구성에 뒷받침되었다. 그에게는 동지적인 벤야민(W. Benjamin)이라든지 예링(H. Ihering)같은 지적 선배들의 소통과 후원이 음으로 양으로 지대했던 것이다. 시대가 천재의 출현을 기다리고 있었으며 기성세대가 실패한 새로운 문화운동을 이어나갈 젊은 사상가, 예술가의 출현으로 역사의 궤도가 바뀔 것을 기대했던, 기성의 그들이 젊은 신진의 그에게 꿈을 기탁했던 과거를 배우고 싶다.

그런 의미에서 문화예술 분야에서 우리는 천재를 기다린다. 시대를 바꾸고 사조를 바꾸고 양식을 바꾸는 한 시대의 천재는 그렇게 쉽게 나타날 수 없을지도 모른다. 천재의 출현에 우리는 아무것도 보탤 수도 없다. 그들은 반드시 젊고 새롭지 않을 수도 있다. 그러나 그들의 미래가 확실하지 않은 것만은 확실하다. 그래서 그들을 감싸줄 울타리가 필요하다는 논리는 기성의 판단력으로 신진의 새 방향에 영향을 주려는 노회한 정치적 지도자나 총리나 대통령 같은 영웅 대망론의 숨겨진 저의와 맞설 수밖에 없다.

과거(科擧)나 고시(高試) 제도가 사회계층이나 관료체제에 신진들의 젊은 피를 수혈시켜 체제의 우등생을 양성시키는 제도라면 문화예술 제도에서 신춘문예나 현상모집 제도 또한 젊은 천재들의 마그마 같은 '광기'를 길들이려는 기성세대의 노회한 덫이 될 수도 있을 것이다.

그런 측면에서 길들여지지 않는 열정의 이미지와 비전만으로 새로운 꿈을 꾸는 세대의 혁명적인 불놀이를 보고 싶다. 그런 소망이 삼년대한에 비 대하듯 천재 기다리기를 멈추지 못한다.

영남 춤과 호남 소리의 전통

: 영남춤축제2017에 부쳐

60년 전만 하더라도 영남과 호남의 기질적 차이는 정치적인 것이 아니었다.

일제 시대의 광주학생사건은 애국운동이었고 30여 년 전의 광주사태는 민주화운동이었다. 애국운동이나 민주화운동은 결국 저항의 최종 목표가 당대의 정치권력을 상대하기 때문에 집단 정치 행동임에는 틀림없다. 그러나 집단 정치 행동으로 들어서는 기질, 그 향토적 성격은 정치적이라기보다 예술적인 데서 기인한다는 사실을 이야기하는 정치가도 없고 예술가도 없다.

정치적인 이야기에는 너무 예민한 반응을 보이고 예술적인 이야기에는 너무 무딘 반응을 보이는 세태에 저항(?)하는 나의 이야기는 어쩌면 가장 문화적인 이야기가 되는지 모른다.

그래, 60년 전만 하더라도 '문화적'으로 말하면 기질적 차이가 호남의 '소리', 영남의 '춤'이었다.

그런데 지금은 어떤가. 영남의 춤은 한국무용의 주축이 되지 못했고 영남의 춤 인간문화재 이름은 호남의 소리와 춤 인간문화재 명성에 빛을 잃다시피 된 것이 문화예술적 현실이다.

세상 세태가 그렇게 변화되어가는 것을 막을 수 없다면 무엇 때문에 '정치적' 정책이 고려되어야 하는 것일까. 내가 첫머리에 영호남의 기질적 차이가 정치적이지 않다는 사실을 강조한 것은 이 예술적 기질을 강조하기 위해서다.

늦었지만 진정한 '영남 춤이 보고 싶다'는 전국 춤패들의 소망이 집결되어 '영남춤축제2017'이 막을 올린다.

우선 이러한 기획을 한국의 문화예술적 역경 속에서 굳이 노고를 마다하지 않고 화려하지도 않은 전통의 빛과 길만 찾아 사업을 진행시켜 온 국립부산국악원의 집념을 높이 평가해야 할 것이다.

돌이켜보면 6·25의 비극과 문화사회적 혼란을 겪고 서울 수복 이후의 문화정책 부재 가운데서 호남이 받은 (정치적) 푸대접처럼 영남 또한 문화적 푸대접의 설움을 톡톡히 맛보아야 했다.

모두들 서울로 올라간 영남의 무력한 춤판은 영남 춤의 계보를 살리는 긍지와 자부심 하나로 명맥을 유지해갔다 해도 과언이 아니다. 영남 춤의 대가들은 그 일부가 고집스럽게 영남지역에 남기도 했지만, 서울로 간 그들의 제자들이 배웠던 영남 춤의 전통과 빛은 문화예술적 중앙체제에 의해 '서울의 영남 춤'이 되어가는 도착현상(倒錯現象)을 탓하는 논쟁 하나 없이 잊혀진 듯했다. 그것은 한국 무용계의 부끄러움 가운데 가장 치명적인 현상으로 남는 듯했다.

그러나 한국의 호남 소리처럼 한국의 영남 춤이 꿈틀거리기 시작했다. 그 전통과 기량과 멋과 흥이 살아나기 시작했다. 영남 춤판이 부산과 영남을 흔들고 한국 무용계의 판을 흔들어, 세계 무용의 일각에 영남 춤의 깃발을 꽂아야 할 것이다.

우선 사라진 영남 춤 대가들의 그림자를 밟아야 한다. 그러나 그 전통의 뿌리인 스승들은 세상을 떠나고 영남 춤을 익힌 다음 세대인 최현도 없다. 다른 영남 춤의 계승자들은 너무 개성이 강한 자기 춤의 창작 세계에 빠져 있다.

영남 춤이 바탕이 된 전통무용 전승도 좋고 영남 무용의 기본이 바탕이 된 창작무용도 좋다. 영남지역을 바탕으로 한 향토색 짙은 영남 춤의 단편(斷片)도 좋고 골드러시를 이루는 영남 춤의 진수(眞髓)를 찾는 조사 연구와 기획 홍보가 다각도로 이루어지기를 희망하는 것은 호남의 소리가 한국의 소리가 되고 세계의 소리가 된 것처럼 영남의 춤 또한 한국의 춤이 되고 세계의 춤이 될 수 있는 보편성과 특수성을 갖추고 있음을 익히 알고 있기 때문이다.

이번 '영남춤축제2017'에서는 영남 춤의 전통과 기량을 가장 예술적으로 승화시켰다는 고 최현의 무용 세계를 그의 제자들인 원필녀, 정혜진, 김호동, 윤명화 등이 재현해낸다.

그 과정에서 우리가 잊지 말아야 할 시대적인 사명이 뚜렷한 방향은 영남 춤의 명성을 잇는 스승의 길을 계승한 영남 춤 계보의 확립이라 할 수 있다. 영남 춤은 그냥 계승자의 계보를 구성하는 데 머물 것이 아니라 새로운 발전 단계를 거쳐 승화되어야 한다. 거기에는 발상의 전환이 필요하다.

현재 인간문화재 무용 부문의 대가들 기력이 쇠퇴해가는 현실을 지켜보는 한국무용 애호가들은 인간문화재 제1호 세대들의 기량 전승이라는 좁은 카테고리를 벗어난 새로운 신(新)인간문화재 탄생을 기대한다. 그것은 전통적 한국무용의 계보를 잇는 작업인 동시에 새로운 한국무용의 창작과 발전 승계를 의미한다.

적어도 50년이나 60년 세월을 기준으로 해서 살아남는 현대적인 창작 명작들은 '고전적 명작'으로 새로운 시대의 지표가 될 수 있다. 그렇게 고전적 명작을 남긴 현대의 한국무용 파트에 영남 춤의 비율은 어느 정도일까. 영남 춤의 명맥을 이어나가는 한국무용 예술가들의 고전적 명작들을 다시 한 번 무대에 올리고 제2의 현대적 인간문화재 지정의 계기로 삼는 계기가 '영남춤축제2017'를 통해 마련되었으면 한다.

그렇게 되면 영남 춤의 전통과 기원이 세계무용의 맥락 속에서 그 진정한 아이덴티티(正體)를 드러낼 것이며 21세기 현대예술 차원에서 최현의 〈비상〉 같은 고전적 명작이, 김아무개나 이아무개의 이름을 딴 신인간문화재급 작품들이 빛을 얻게 될 것이다.

키치(천격)의 예술이 타당한가

: 〈증발〉을 보는 눈

공연예술의 풍경과 한국춤의 흐름

키치가 예술의 왕좌를 차지하는 내력

국립현대무용단의 신작 〈증발(Into Thin Air)〉(예술의전당 토월극장, 11.22~24)는 전임단장 홍승엽 때 확정되었던 해외 안무가 초청 프로그램의 일환에 속한다고 한다. 따라서 신임단장 안애순도 자유롭지 못하다. 전작 〈11분〉도 그렇고 이번 작품도 그의 안무 의지가 살아 있지 못하기 때문이다. 그러나 〈11분〉은 텍스트만 코엘료 원작일 뿐 단장의 입김이 서려 있으나 〈증발〉은 이스라엘의 이디트 헤르만의 개성적 안무작이라서 새 국립현대무용단의 위상을 더듬기는 시기상조 같다.

엷은 공기나 바람 속으로 사라지는 분위기는 주제 '증발'에 알맞다. 그러나 '트래시 아트(trash art, 쓰레기 예술)'를 내세운 헤르만 안무자가 속물근성과 천격(賤格)의 '키치' 작품을 들고 나올 이유는 없다고 나는 생각한다. 그런 경향, 곧 스스로를 B급으로 낮추는 자학증 증세가 문화예술 사조 안에 없지 않다 해도 그런 기층문화권의 저변에 서린 조야(粗野)

한 저항적 요소는 거칠고 길들여지지 않아서 반드시 순화 과정을 겪어 한 단계 다듬게 되어 있다. 헤르만은 순화라는 예술 과정을 오디션으로 뽑은 젊은 현대무용가 9명의 열정으로 대체한다. 그런 기조(基調) 위에 안무가의 트래시 이론이 들어서 카오스의 양상을 드러낸다.

그 카오스의 첫째 원인은 주제에 아홉 가지 캐릭터가 다 담기기 어렵다는 사실에서 지적될 수 있다. 영웅(김호영), 스님(김동현), 마술사(조현배), 기다림의 아이콘(지경민), 행운의 여인(최민선), 나쁜 여자(박성현), 진실(이혜상), 사랑하는 남자(박명훈), 결혼한 여자(이소진) 등등 저마다의 개성들은 까닭 없이 등장해서 거칠게 부닥친다.

개개가 모여 순화를 모색하는 과정에는 토론도 있었을 것이며 육체적 표현의 제시라든지 아이디어들의 모색도 있었을 것이다. 아홉 개의 개성을 묶는 포인트가 캐릭터라든지 단편적인 문명 현상의 일상이라 하더라도 굳이 키치(천격)여야 할 까닭은 없고 천격이나 속물근성으로 예술성을 폄하시킬 이유도 없다.

카오스 양상의 둘째 원인은 안무력에 의해(후반으로 갈수록 결속이 이루어지기는 하지만) 키치적인 요소들이 흐트려놓은 깨어진 석고 조각이라든지 광물성 물질의 파편들과 위험한 칼부림 짓거리 등이 심적 불안감으로 남는 데도 있다.

오디션에서 뽑힌 아홉 명의 젊은 현대무용가들은 천격으로 무장되어 있다. 이미 과장된 메이크업은 그들 개성에 맞는 맵시를 드러낸다. 캐릭터를 표방하는 메이크업과 튀는 의상들이 그들의 개성을 만들어내는 경력, 곧 그들의 개인사(個人史)를 밝혀주지는 못한다. 저마다 캐릭터들의 개인적 경력(개인사) 아홉 개가 모여서 작품 〈증발〉이라는 주제, 곧 공적인 역사를 만들어내기 위해서는 아홉이라는 숫자가 안무가의 능력이 커버하기에는 너무 많아 보인다. 애는 많이 쓰고 공은 별로 없는 인상을 주는 까닭은 **트래시 아트**라는 깃발에 있다. 말하자면 위선에 치여 위악을 강조하는 이 교향무(交響舞)는 연극적 퍼포먼스를 통해 부화뇌동하는 세태를 비판한다.

그러나 '제시의 비판'은 언론의 감각적 자극 이상이 못 된다. 안무력보다 연출력으로 만들어내는 에피소드들의 연극적 군상들의 지향점은 '되풀이'와 '기다림'이다. 그 반복의 개인사(個人史)들은 지쳐 있고 기다림으로 차 있고 지친 움직임들은 깊이감 짙은 무대로 우리의 시선을 집중시킨다. 곡예성(曲藝性) 짙은 육체적 극대화와 심화를 이루며 키치의 예능은 아슬아슬하게 한계를 비켜나간다. 영웅을 기다리는 심사, 싸움, 사랑, 죽임 등 되풀이되는 늘어뜨리기는 인생의 코믹 요소와 다를 바 없다. 쓰레기만 많고 아무런 결론이 없는 열린 무대는 폭발하지 못하는 잠재적 본능의 표출 한계 안에 머문다.

일상에 지쳐 있는 우리의 감성이 극장을 찾는 이유 가운데는 고전미학이 말하듯 감정이입과 마음의 카타르시스(淨化作用)를 기대하는 측면이 없지 않을 것이다. 일상생활에 쫓겨 살기 바빠서 천격으로 낙하하고 속물근성의 이기심과 이해타산에 젖어 있는 경우, 예술을 통한 영적 정신적 본질적 정화와 순화를 도모하는 시공이 극장이라는 현대적 제단뿐일 때, 하필이면 쓰레기 예술들이며 천격이며 속물근성의 키치 강조 외는 다른 방도가 없다는 선언은 심각한 병리현상이 아닐 수 없다.

우리는 고전을 통해 교양을 쌓고 교양을 통해 조야함을 이겨내는 인간적 우아함과 품격을 기른다. 천격과 속물근성을 통한 거친 자극을 활용하는 방법은 '미추(美醜)'에 대한 극단적 시현 효과와 비견될 수도 있다. 예술에서 추악함과 더러움을 내세우는 진정한 목적은 추나 천격이 반영된 미적 품위의 확립, 예술적 정화와 그 공명도(共鳴度)에 있을 것이다.

그런데 추악의 강조나 키치의 제시 그 자체가 목적처럼 되어버린 대중문화의 발호(跋扈)는 아름다움의 극점에 이르지 못하는 B급의 자기비하와 다르지 않다. 예술 수준에 이르지 못한 예능 수준에서 박수를 받는 B급 예능인이 꿈꾸는 것은 B급 이상이 존재하지 않는 A급의 부정이고 그렇게 해서 대중문화 시대는 B급이 대중의 다수결 판정에 의해 A급으로 승격하는 함정에 빠진다. 그렇게 키치가 천격과 속물근성으로써 영광스런 예술의 왕좌를 차지해버리는 덫에 걸리면 이제는 B급이 아니라 C, D급, 극단적으로는 과락의 F급이 여론몰이의 수적 우세로 예술의 왕위를 차지한 채 예술의 품위와 아우라는 쓰레기통으로 내버려진다.

〈증발〉이 반드시 그렇다는 것이 아니라 그럴 위험에 노출되어 있는 문화현상을 방관할 수가 없다는 것이다. 아홉 개의 캐릭터를 형성하는 무용수들은 뛰어난 재질을 보여주었다. 그러나 주제로 통합되는 아홉 개의 실타래들이 직조(織造)되기 위한 구조의 안무력이 너무 늦게 발동된 점이 유감스럽다 — 적어도 바람이 되어 흩어지는 증발의 구체적 징조인 커다란 선풍기의 등장과 안개의 흩어짐, 조명의 침잠, 그리고 바닥에 누운 어지러운 단편 쓰레기들의 회수가 호흡으로 봐서 한 발자국 늦었던 것처럼.

축제와 총체예술

1

이 글은 축제에 대한 최소한도의 개념 규정으로 끝내고 공연예술 각 장르별 토의를 위한 문제 제기에 중점을 둔다.

따라서 발제는 첫째, 축제와 우주론(cosmology), 둘째, 우주론과 난장 (orgy), 셋째, 난장과 여흥놀이, 넷째, 예능과 예술, 다섯째, 예술과 공연·총체예술, 여섯째 총체예술과 축제라는 순환 체계로 연결되어간 다. 이런 논리 체계는 바로 축제가 원초적 형식이든 현대적 형식이든 종합예술의 양상을 띠고 있으며 거기에서 현대적 의미의 새로운 예술 양식인 총체예술이 창조되어 나올 것이라는 발제자의 신념을 반영하는 것이다.

축제는 놀이 공간에서 벌어지는 세시행사적 관습의 형상화이다. 신성한 놀이 공간에서의 제의적 예능이 여러 형태의 예술로 발전해간다 면 제의는 바로 원시적 종합예술 형태, 곧 원시 예능의 여러 장르가 단순히 뒤섞여 있다는 의미에서 종합된 것이다. 이 종합 구성이 새로운 차원으로 병치(juxtaposition)·대구(對句)됨으로써 서로가 서로를 대조, 투영, 예상해서 긴장이 조성되는 상황을 드러내는 총체예술은 종합예술과는 의미 내용이 다를 수밖에 없다.

그러므로 축제의 종합예술 형식과 총체예술의 축제 사이에는 원초성과 현대성의 문제가 가로놓인다.

2

떠들썩한 행위는 모두 '축제적'이라고들 말한다. 그렇다면 축제는 일상에서 벗어난 새로운 생활 체험을 뜻한다 할 것이다.

그만큼 우리는 축제를 난장과 혼동하고 있다. 난장은 창조적 카오스이며, 축제는 자연적 질서를 만들어나가는 기제(機制), 장치이다. 축제 속에 난장이 있지만 난장이 전부는 아니다.

축제는 분명히 풍요 제의의 세시풍속서 연유하여 전승되어왔으며 그렇게 하여 세계 각지에 문화가 다른 만큼 다른 축제 형식들이 만들어졌다. 그것이 풍요 제의적인 만큼 신화적 유래는 있기 마련이라서 축제의 신화적 성격은 우주창생·천지개벽, 그리고 시조전승, 건국신화, 문화영웅을 모티브로 삼는다. 특히 우주창생·천지개벽의 우주론(cosmology)은 태초에 존재했던 어둠과 혼돈을 창조적 카오스로 상정하고 그 속에서 빛과 생명과 삶이 생겨났으므로 그 어둠을 생명을 낳는 모태, 창조적 카오스로 받아들인다. 풍요 제의를 위시하여 모든 굿은 질서와 법과 빛의 일상성 속에 쇠퇴해가는 생명의 심지에 계절적 월력(月曆)적 고비로 새로 불을 밝혀 근원의 활력을 되찾게 하는 주술이다.

신년제의, 봄의 축제, 추수와 동장(冬藏)의 상달 국중대회는 우주창생의 신화를 재연하는 흉내·모의(模擬) 행위를 통해 세속적 일상적 삶 가운데 지치고 메말라버린 근원적 활력을 창조적 카오스, 그 우주적 모태인 어둠과 혼돈의, 그때 그 신화적 시간으로 돌아가 새로운 물길로 길어올리는 주술적 모방 행위이다.

사회적 행위로 말하면 단순한 심심풀이, 장난, 긴장 해소의 흉내 같은 연행(演行)언어(performative utterance)가 신화적 제의와 맥락을 같이한다는 것이고 그렇게 함으로써 난장판의 근원이 우주론과 연관되며 난장판의 비일상성이 제의적 축제의 프레임 속에서 읽혀져야 한다는 점이 거듭 강조되어야 한다.

풍요, 다산을 위한 제의는 계절의 고비마다 베풀어지고 그것은 세시 행사의 관습이 된다. 정초나 봄가을에 풍요를 비는 제의가 신성에 바치는 제차(祭次)로 베풀어지면서 부정(不淨)거리, 영신(迎神), 가무오신(歌舞娛神), 그리고 송신(送神) 절차가 거행된다.

제차는 제차 자체로 위와 같은 단락을 짓는 것이 우리 굿 절차의 특징이다. 그럴 때 그 굿·제의는 우주창생, 시조전승의 신화적 모티브(사건)들을 되풀이하면서 결국은 모의의 창조적 카오스를 재현한다. 단락과 과정 자체에 신성(神性)을 즐겁게 놀리는 여흥적 예능적 요소를 도입하면서 굿판·제장(祭場)·신성 공간에 만들어지는 것은 생명과 활력의 근원인 혼돈·카오스·난장인 것이다.

그것은 질서에 대한 반질서이며 빛에 대한 어둠이며 노모스(nomos)에 대한 피지스(physis)이다. 그것은 세속과 일상에 대한 신성이며 비일상이며 에로스의 분출이며 반란 형식이며 상하관계의 뒤집힘이며 무릇 모든 가치의 전도(顚倒)이다.

3

이 난장판의 축제는 생명력, 보다 학술적 용어로 말하면 생성력(生成力)의 활성화를 뜻하는 것이다. 제의의 축제성은 그 제차·단락에서 보여주는 가무오신 부분이다.

풍요·계절 제의의 연희적 형태를 신년과 제야 행사에서 유형화시켰을 때 엘리아데(M. Eliade)는 ① 부정(不淨)거리 ② 소등과 재점화 ③ (죽은 넋을 나타내는) 가면 행렬과 사자(死者)의 영접, 배송 ④ 겨루기 놀이 ⑤ 카니벌·풍농굿 등과 같은 정상적 질서의 뒤집힘, 내지 제의적 난장의 중간부로 나눈다. 이러한 패턴은 우리의 마을굿 절차인 ① 부정막이 ② 걸립 ③ 영신 ④ 가무오신 ⑤ 공수 ⑥ 배송과 같은 치제(致祭)에 겨루기 놀이를 통한 점복(占卜) 형식을 대응시키면 유사한 형식임이 쉽사리 판별된다. 가무오신과 겨루기 형식 여하로 축제적 분위기는 증감되는 것이다.

신을 즐겁게 놀게 하는 가무오신 과정은 샤먼의 놀이꾼화(化), 무당의 놀이 공동체 구성원화를 통해 연희자와 관객이 정서적으로 교류하는 일체감을 형성시킨다. 그렇게 제의적 놀이 공동체 구성원들의 즐거움으로 바뀌는 난장판에는 신성의 나눔 같은 잔치, 음복으로 먹고 마심, 춤과 노래, 재담, 짓거리 같은 온갖 연희적 요소들이 동원되면서 난장판을 흐드러지게 한다. 여흥적 연희적 난장판에는 섹스와 도박과 장사와 구경이 제몫을 한다.

난장판의 무질서, 내지는 반질서는 자유와 해방이다. 따라서 낭비, 일탈, 과잉, 활력은 축제의 필수적 산물로서 여흥과 예능이 자유의 정신을 배경으로 하고 비록 세속적 형식을 취한다 하더라도 그것이 제의라는 신성 봉납(奉納) 형식에서 연유된 까닭에 예능(예술) 또한 신성 가족이라는 사실이 새삼 돋보인다.

신을 즐겁게 대접하는 매체인, 즐거움의 수단인 노래와 춤과 짓거리 같은 예술의 씨앗들은 제의와 축제와 난장과 관련된 한에서 아직 주술적 관념이 분리되지 않은 예능 그것이다. 예능 형식은 주술을 믿고 신을 즐겁게 하는, 정확하게 말하면 신화적 사건을 모방하는 철저한 흉내라야 신성을 불러낼 수 있다. 그래서 신성한 힘을 지배하거나 그 힘의 분배에 관여할 수 있다고 믿어짐으로써 예능과 흉내는 정확하게 반복되고 철저히 익혀짐으로써 주술적 행위는 세련되고 양식화된다. 말할 것도 없이 고도의 예능은 예술로 승격된다.

월력·계절 제의적 민속축제의 관습이 그 여흥·연희적 성격과 함께 현대 산업사회의 우리 앞에 되살아나고 다시 권리를 주장하게 될 때 우리는 그것을 단순히 과거의 역사에 대한 속죄와 현재의 이데올로기로서 치장하고 과장해서 미화시킨다. 그것은 시대퇴행적인 발상법일 수도 있다.

축제는 제의적 연원을 갖는 민족 심상의 발현이기 때문에 그 역사성과 지역성, 그리고 공동체 구성원들의 합의에 의한 공명, 공감의 의식이 전제되어야 하는 것이다.

이제는 세시행사로서의 민속축제가 지녔던 공동체 의식이나 생활 감각, 그리고 무엇보다도 제의적 신앙이 많이 사라졌다. 그런 경우 전통적 축제 양식에 부가되었던 연희 형태들, 예컨대 주술적 운율이라든지 원시적 춤사위나 짓거리가 실제로 살아 있는 우리의 사회적 행위로서의 연행 언어가 될 수 있을까.

원초적 종합예술 형태였던 가무오신의 행위 수단인 노래, 춤, 짓거리 하나하나가 독립되어 음악이 되고 무용이 되고 연극이 되었다 해서 그 전시대적 전통사회적 예능오락이 이 급변하는 탈산업화 사회, 정보 사회에 무슨 기능으로 기여할 수 있겠는가.

연희적 요소들이 독립하여 예술로 승격되거나 혹은 그냥 여흥, 놀이적 차원에서 전승되었거나 간에 축제 형식은 이제 전승된 전통·민속 축제이거나 현대화된 도시축제로 오늘 이 자리의 삶의 축제, 생활 축제로 드러나 있다. 오늘 이 자리의 생활 축제일 때 그 축제의 배경이 된 제의적 신앙은 어찌 되었을까.

제의적 믿음은 사라졌다 하더라도 문화적 원형에 대한, 민족 심상 내지 보편적 심상에 대한 우리의 향수는 살아 있고 그것은 인간에 대한 믿음, 곧 인간에 대한, 자연에 대한 지구촌에 대한 신뢰와 보증이 된다. 그리고 그것을 복원하여 단절된 과거와 현재를 소통케 하고 잃어버린 역사와 건강한 대지와 공동체 의식을 형상화시킬 수 있는 매체는 예술, 그것도 일찍이 원시적 종합예술 형태로 신성과 세속을 결합시켜주었던 놀이예능 — 노래와 춤과 짓거리 같은 음악, 무용, 연극 등 공연예술 형태인 것이다.

분리 독립된 공연예술 양식들은 오만하게 장르 하나하나로 신화적 우주론을 재구성하고 인간의 문화적 심성에 절대적 영향을 끼칠 수 있다고 과신한다. 실제로 예술의 장르 세분화는 제의의 여흥·연희적 요소의 혼재 및 미분화와 관련되어 있다.

문화예술의 장르 분화에 대한 논의는 본론의 핵심이 아니다. 우리는 단지 축제의 예능적 요소가 특히 공연예술과 밀접하게 얽혀 있으며 음악, 무용, 연극 장르별 예술이 (시문학, 미술 등을 포함해서) 제의와 축제 속에서 종합 형태로 어울리는 경향이 변증법적 체계, 분화를 통한 자기 정화 다음의 필연적 추세일지도 모른다는 점을 지적하는 것이다.

제의적 축제의 예능 형식에서 분리 독립된 음악 무용 연극 등 공연예술 분야는 공연예술이라는 공통분모를 통해 쉽사리 공존할 수 있고 따라서 장르의 성격을 보유한 채 공연예술이라는 울타리 안에서 함께 같이 선다. 그것을 우리는 공연예술의 종합화라 부르고 그렇게 서로 다른 예술 장르가 공존해 있는 예술 형식을 종합예술(총체예술→융복합예술)이라 부른다.

그러나 종합화의 경우 각 장르별 예술 양식들은 고유한 영역과 개성과 의식 때문에 종합예술이라는 틀 속에서 날것으로 공존하기 쉽다. 그런 날것으로서의 종합예술 형태의 실험과 함께 그 한편에 날것을 숨죽인 총체예술은 각 장르별 예술의 고유한 영역과 개성이 총체화로 융화되고 공존이 아니라 서로가 해체된 상태에서 새로운 예술 형태를 창조하려 한다.

원시적 종합예술 형태로 제의적 축제가 구성되는 것처럼 총체예술은 그 프레임 속에 공연예술을 녹이는 축제를 베풀고 그 축제를 계기로 서로 어긋나는 이질의 예술 양식들을 융합하여 새로운 문화적 차원을 열어보려고 한다.

4

축제가 원시 종합예술을 수렴한 것과는 반대로 총체예술은 여러 예술 장르를 축제로 수렴한다. 이런 발상은 민속축제, 전통축제의 전승 계발 육성 방법과는 다른 차원의 내용으로 이루어지게 될 것이다. 이미 세시행사의 축제적 형식을 탈춤이나 판소리, 농악, 혹은 민요, 재담 등 전통연희 양식의 맥락에서 받아들이는 정치사회적 운동 방향은 예술 장르별 간격을 제거하여 연극, 무용, 음악. 미술, 문학 등을 총체로 정비하는 예술의 방향과 다른 시각을 보여 이제 단순히 전위적이라거나 실험적이라는 차원을 넘어서고 있는 것이다.

유럽 예술의 역사가 분화와 종합, 해체와 총체로 엮여나간 기록이라면 총체예술의 축제는 극장 공간에서 야외무대라는 신성의 공간을 찾아나가는 과정이다. 거기에는 이미 신화적 제의의 믿음이 없다. 그런가하면 민속·전통축제는 여전히 계절·월력적인 흔적이 간직되어 있다. 그러나 이미 신성 감정도 많이 사라지고 신화적 난장만 하더라도 정치사회적 난장, 시장경제적 난장으로 인위적으로 제도화되었다. 제도 속으로 편입된 축제는 근원 상실, 소멸 형식으로 재현, 재연될 수 있다. 뿌리는 사라지고 형식만 남아서 정치사회적 난장이라거나 시장경제적 난장으로 소생할 가능성은 많고 실제 그런 현상들은 축제현장 곳곳에서 눈에 띄고 있는 것이 현실이다.

그러나 우리가 총체예술의 축제를 거론하는 경우 세시행사의 관습을 잇는 민속·향토축제의 **자연성**에 대칭되는 적극적 **인공성**으로서의 예술적 난장을 조성해볼 수도 있을 것이라는 잠재적 가능성을 버릴 수는 없다.

예술적 난장은 철저히 계산된 신화적 우주론의 재현이다. 아무리 풍요 제의적 축제가 자연적이라 해도 이미 그것 또한 재연된 모의의 신화극이므로. 제의와 축제는 흉내된, 만들어진, 인공의 산물임이 자명해진다. 그런 원초적 인공성에 대하여 총체예술의 현대적 인공성이 예술적 난장을 만들어냄으로써 총체예술의 축제는 원시적 종합예술 형태의 축제와 맺어진다.

그리하여 현대가 원초성과 맥락을 함께하고 따라서 과거와 역사와 전통이 현대사회의 우리에게 교류되어 들어와 단절되었던 과거와 현재가 축제를 정점으로 소통하게 되는 것이다.

그런 관점으로 보면 민속축제는 예술축제와 상통한다. 그것을 도식적으로 그려나가면 예술적 난장의 1차적 행위는 제의·축제적 난장을 형성하는 걸립, 길놀이, 행렬, 가무오신, 뒷전거리 등의 예능적 민속행사를 지칭하는 것이 되고 2차적 행위는 제의의 예능 형태에서 분리 독립된 음악예술, 무용예술, 연극예술 등의 분화와 종합 형태까지를 일컫게 되며 마지막으로 예술적 난장의 3차적 행위가 예술 장르 간의 총체화로서 그것은 새로운 예술 형태를 탄생시킨다는 것이다.

공연예술 형태로 보면 첫째로 1차적 행위, 혹은 장르끼리의 예능이 있고, 둘째로 1차적 행위에 2차적 행위가 첨가되거나, 셋째로 2차적 행위에 1차적 행위가 첨가되는 경우, 그리고 더 나아가면, 넷째로 2차적 행위에 2차적 행위가 교류하게 되고, 다섯째로 2차적 행위에 3차적 행위가 첨가되거나, 여섯째로 3차적 행위에 1차, 2차, 그리고 3차적 행위가 덧붙여져 예술적 난장은 복합적으로 다채롭게, 그리고 다양하게 전개될 수도 있는 것이다. 쉽게 말하면 총체예술의 축제는 예술이라는 이름이 붙는 모든 형식을 수렴할 수 있다. 현대예술의 모든 장르가 융화될 수 있고 그중의 하나와 중점적으로 융화될 수도 있으며 전통예술, 심지어 민속예능과 결합될 수도 있다.

그 의식과 생리와 감각은 현대적이므로 유연하게 1차적 행위를 수렴할 수 있으나 1차적 행위인 민속축제는 시대를 역행할 수 없으므로 3차적 행위인 총체예술 축제를 수용하지 못한다.

그런 논리로 말하게 되면 현대에 있어서의 축제는 민속행사로 머물 수가 없고 급기야 예술의 난장으로, 총체예술의 축제로 향할 수밖에 없다는 결론이 된다.

5

총체예술의 축제는 예술을 통한 우주론을 전개하고 형상화한다. 그것은 마치 제의적 축제가 신화 세계를 재현·재연하는 것과 마찬가지이다. 민속축제가 민족적 근원성을 잘 반영할 수 있는가, 아니면 새로운 예술축제가 잠재적 민족심상을 그려낼 수 있는가를 판별할 수 있는 근거는 없다.

과거를 돌이켜보면 1970, 80년대 우리는 전통문화에 근거한 민중운동이 삶의 근원으로 돌아가 제의의 신성성과 만나려는 정신적 경건성 때문에 어쩔 수 없이 풍기게 된 근원적 창조적 카오스 상태와 성스런 활력의 회복에 정치사회적 의미 부여를 서슴지 않았다. 그와 동시에 신성성과 무질서와 활력의 예술화에 대한 현대적 공법 도입의 필요성을 늦게 인식하였다.

예술의 현대적 공법이 놓치기 쉬운 문화적 근원성과 원초성을 회고하며 그래도 우리가 구원으로 삼는 것은 예술만이 민족적 심상, 인류의 보편적 이미지를 해독할 수 있는 힘을 가졌으며 예술이라는 열쇠만이 합리주의와 과학만능주의의 꽉 막힌 자본주의적 배금사상의 도시 정글을 빠져나갈 길을 제시할 수 있다는 징조를 믿기 때문이다.

축제의 제의와 코스몰로지와 제도화와 도시화라는 서로 상관될 수 없는 상황 아래 보편적 축제는 민속·향토·전통 행사에서도 도시·현대·예술(인공) 행사에서도 유리되고 해체되어간다.

축제를 유지시켜왔던 문화풍토가 산성과 초미세먼지의 비를 내리게 하는 초정밀 산업공업화 사회에서 더 황량해져가는 상업주의적 대중매체적 축제로 재편성되어나가는 이 와중에는 진정한 축제란 향토적일 수도 예술적일 수도 없다는 주장도 나옴직하다.

기층문화권의 소멸과 거대 도시화 형성 과정에서 그래도 잠정적으로 꿈틀거리는 축제에의 열망은 빛과 질서와 일상성의 단조로움에서 벗어나고 싶은, 어둠에의 회귀, 반질서의 해방감, 비일상성의 충격과 감격이 회상되기 때문일 것이다.

　　일찍이 그 기능을 담당했던 종교적 믿음이 사라져가는 현대사회에서 그 역할을 담당할 수 있는 영역이 있다면 그것은 예술의 영역일 것이다. 그 예술도 한 장르의 예술이 아니라 장르별의 결합, 공연예술이라는 무대 공간, 그 신성공간에서 창조되는 총체예술 형태의 이름을 가진 포스트모더니즘 이후의 통섭이론, 융복합예술 이름의 문예사조가 활력의 예술적 난장을 만들어내어야 한다. 그리하여 그 신성 공간의 확대에 의해 신성 감정의 회복이 가능해질 때 예술을 통한 민족적 동질성의 회복이나 인류의 구원이 가능해질 것이다.

신화의 진실과 무용적 상상력

우주창생 신화 ─ 근원과 기원에 대한 물음과 대답

신화란 옛날이야기의 일종이므로 그런 허황된 내용은 거짓말이고 진실이 아니라면 그뿐이다. 마치 꿈이 현실이 아닌 것처럼 시도 예술도 문화도 우리에게 밥 먹여주지 않는다 ─ 그렇게 말해버리면 그만이다.

그러나 현실적으로 『신화의 진실』이라는 600쪽짜리 두껍고 어려운 책(K. Huebner, *Die Wahrheit des Mythos*, 이규영 역, 대우학술총서 41, 1991, 민음사)이 내 곁에 있다. 진실이 아닌 거짓말 옛날이야기를 위해 그렇게 방대한 연구서가 나왔을 리가 없다.

신화가 진실이라면 진실은 무엇을 말하는 것이며 신화에 담긴 진실은 어떤 참다움을 보여주는 것일까.

내가 받은 기조발제 제목은 "한국춤의 신화적 의미"였다. 한국춤은 한국무용일 것이고 그 신화적 의미란 아마도 옛날 태초의 이야기에 얽힌 무용적 요소를 드러내달라는 것으로 나는 받아들인다. 그런 범위 안에서 내 주제, "신화의 진실과 무용적 상상력"이 설정되었다.

신화에서 말하는 '진실(Wahrheit)'은 신화가 거짓된 허구의 옛날이야기가 아니라 허황되어 보이는 줄거리 가운데 참된 그 무엇인가 비밀스런 구도(構圖)가 그려져 있다는 점을 강조하는 것이다. 그리스 신화는 태초의 카오스가 밤(Nyx)과 그 형제인 암흑(Erebos)으로 분리되고 밤은 알 모양이 되어 에로스를 탄생시키는 것으로부터 출발한다. 알 껍질이 두 개로 깨어져 하늘(Uranos)이 되고 땅(Gaia)이 되었다.

동양의 우주창생 신화에서도 천지가 개벽하기 전 우주는 달걀 같았다고 한다. 천지개벽은 어둠과 혼돈이 범벅된 우주라는 달걀 속에서 반고(盤古)가 오랜 잠에서 깨어나면서 시작된다. 그는 혼돈의 달걀을 깨어 머리로 하늘을 받치고 두 발로 대지를 딛고 눌러 분리시킨다. 그가 운명하자 그의 왼쪽 눈은 태양, 오른쪽 눈은 달이 된다 ─ 는 거짓말 같은 허구의 옛날이야기는, 그러나 신화학자 케레니(K. Kere'nyi)에 의하면 근원에 대한 **근거의 설명**이자 기원에 대한 **근거의 창설**이라 한다. 우주의 근원과 만물의 기원에 대한 근거의 제시가 책으로 쓰면 두터워지고 어려워져서 아예 읽기를 포기하게 만들 정도로 복잡해지는 것이다.

천지개벽의 제의와 풍요/월력의 세시풍속

신화의 진실을 밝혀주는 몇 개의 키워드가 있다. 가장 손쉽게 그 비밀통로를 열어줄 수 있는 열쇠는 우주창생에 얽힌 일월성신, 동식물과 인간의 기원이다. 단군은 하늘에서 내려오고 무조(巫祖) 전승의 바리데기나 당금애기는 저승 지하세계를 다녀온다. 국조(國祖), 반신(半神) 영웅들은 버림받고 시련을 거쳐 왕위에 오른다. 반고나 가이아의 천지창조 신화만이 아니라 창조의 일원론에서 이원론으로 분리되는 양성구유

(兩性具有)의 안드로기누스(Androgynus) 이야기라든지 아니마(Anima)와 아니무스(Animus) 등 세계 구성 원리로서의 우주는 **하나**였다. 일원론이나 태극원리로 구성되었던 천지가 음양, 좌우, 상하 같은 대칭적 이원론적 코스몰로지 이론으로 확대되고 신화의 성스런 시간과 공간이 속화되어 신화의 위력이 약화될 무렵 신화를 재현/재연시켜 원초의 창조적 활력을 다시 획득하려는 제의, 이른바 풍요(豊饒)/월력(月曆) 제의는 지금 우리 주변에 세시풍속의 잔영으로 남아 있고 그런 자연현상에서 유추된 인생살이의 통과의례, 곧 탄생, 결혼, 장례 의례 또한 의미 있는 유력한 키워드가 아닐 수 없다.

어쩌면 신화적 원형(archetype)론도 이제는 시효가 지났으므로 현대의 신화로 화제를 돌리면 가까이 나치스나 스탈린을 잇는 정치권력적 전제주의 왕조 전승 신화라든지 자본주의 대중문화의 스타 탄생 신화들이 변형을 이루며 꼬리에 꼬리를 문다.

그렇게 신화라는 영원회귀의 사상에 다채로운 꿈을 그려 넣는 인간은 결국 미숙한 시인일는지도 모른다. 꿈꾸는 시인의 백일몽, 내지 예술가의 몽상 ─ 정신과 의식을 곤두세운 채 묵은 관행이나 윤리도덕의 체제에 얽매여 살아가야 하는 세속사회에서 꿈을 좇는 행위는 잃어버린 신성을 찾는 행로, 그대로다. 제단을 세우고 허물고 다시 세우는 식으로 망각이라는 어두운 깊은 심연에서 마그마처럼 솟아오르는 신화의 불길을 찾아 수수께끼처럼 풀기 어렵고 알 수도 없고, 그래서 파악하기 어려운 우주의 이치와 인간적 삶의 궤도 및 일원론적 자연의 원리를 인간적으로 해석해보려는 노력의 결실 ─ 그것이 우주창생 신화이고 신들과 영웅들의 시조신화일 것이다.

그렇게 보면 신화의 줄거리 부분부분과 요소요소에 문제 제기의 키 포인트가 숨겨져 있고 해답의 지혜가 감추어져 있다. 그 점 같은 모티브들이 점선을 이룰 정도로 밝혀지면 비밀스런 신화의 구도도 어느 정도 규명될 것이고 그에 따라 꿈꾸는 불합리한 시인의 꿈, 예술가들의 잠재된 비전도 어느 정도 그 실마리가 풀릴 수 있을지도 모른다.

그렇지만, 아무리 그래도 신화는 너무나 낡은 이야기이다. 뿐만 아니라 신화의 어휘는 너무 다의적(多義的)인 데다가 애매하다. 그런 신화에 대하여 위대한 '신화의 이야기꾼'이었던 플라톤은 그의 체험과 창작을 통해 이른바 그리스의 *mythlogia*는 시(*poesie*)와 같은 계열의 예술이자 시에 포함되는 예술이라고 읊는다. 신화 세계는 신화의 예술이라고 규정지울 수 있는 특수한 제재(題材)—**신화소(神話素, *mythlogem*)**가 있다고 갈파했던 그는 말하자면 시와 신화의 세계는 서로 뒤얽혀 태초부터 전승된 신들이나 영웅들의 쟁투, 혹은 지하세계 순례에 따른 낯익지만 다른 영역으로 재구성되기를 거부하는, 그런 의미에서 시의 진실을 반영한다고 본 것이다.

당연히 신화의 진실은 세계의 진실이 된다. 그 결과 인간의 진실이 시와 맺어지고 신화와 맺어진다. 그래서 신화의 진실은 인간의 진실을 말해주는 근원, 목숨을 잇게 하는 수맥(水脈)으로 통한다. 근원이 없으면 그 위의 구조물들은 사상누각이다.

근원적인 물을 신화학에서는 원초적 물이라는 뜻에서 원수(源水, *Urwasser*)라 한다. 그렇게 해서 물은 신화적 모티브가 되고 그런 모티브들은 물만이 아니라 나무, 달 같은 일월성신의 기원과 성쇠, 여인의 생생력과 연관되기도 하고 신년, 봄 가을 같은 계절/월력적 풍요 제의적 코스몰로지의 창생(創生)신화와 결부되어 활력/재생의 신화소로 전승/발전되어나간 것이다.

굿, 담시, 그리고 Urdrama

신화의 진실이 태초의 굿/제의와 축제로 확대되면서 인간의 창의적 상상력은 꿈을 꾸기 시작한다. 물이나 달이나 나무의 재생과 부활, 차고 넘치는 활력이나 마르고 죽고 되살아나는 재생의 자연현상이 꿈꾸는 상상력의 유추 관념에 의해 좁은 우주론에서 상상의 넓은 각 분야로 확대 재생산된다.

그리하여 신화를 굿의 이야기로 푸는 사람들은 신화를 '제의의 구술 상관물(口述相關物)'이라 규정짓는가 하면 떠도는 음유시인들은 신화를 담시(譚詩)로 노래한다. 행위전승이 된 연행의 원초적 공연예술을 우리는 'ur-drama'라고 부른다. 원초적 종합예술은 그렇게 이야기가 되고 노래가 되고 춤이 되고 드라마가 되었다.

태초의 천지창조 역사(役事)가 이야기로 전승되거나 음유시인에 의해 발라드로 노래되거나 행위전승의 짓거리나 춤으로 기억되거나 그 과정에는 창의적인 상상력이 동원되어 있음을 잊지 말 일이다.

시적 상상력, 예술적 상상력을 무용에 한정시켜 보면 원초적 굿/제의에 있어서 춤을 통한 우주론의 발현은 엑스터시의 도무(跳舞)로부터 시작된다 할 것이다. 원을 그리는 원무는 태초의 시간 관념을 표상하는 것이다. 중심점을 가운데 두고 둘레를 이루어 도는 원형의 회전무용은 글자 그대로 태양계의 혹성들 윤무(輪舞) 형식 같다. 중심 부분에 불꽃이 솟고 제물이 바쳐지고 세계의 축(軸)이라는 성스런 나무(axis mundi)가 서 있다. 그 주변을 돌면 세속적 공간이 성역(聖域)이 되고 시간 또한 성스런 신화의 시간으로 돌아간다. 성속이 어우러지면서 중심과 윤무가 하나가 되었을 때 몸을 축으로 스핀을 거는 회전무는 자전하는 세계수

신화의 진실과 무용적 상상력

를 그대로 옮겨놓은 무용수의 몸이다.

그렇게 무용적 상상력이 신화를 빌려 돌고, 뛰고, 밟고, 날고, 흔들게 만든다. 그렇게 가무는 의식, 의례로 가다듬어져서 고전무용이 되었고 민간에 흘러들어 향토/민속 무용으로 전승되었다. 그 카테고리를 벗어나려는 창작무용, 현대무용이 태초의 기원을 기억할 수 있을까.

그러나 다시 케레니의 이론을 빌려 모든 고대 건축물의 기초가 되는 원형과 방각형 구도는 고대 로마 도시 건설의 밑그림이 된 로물루스의 로마 콰드라타(Romae quadrata)나 불교의 만다라(曼茶羅) 그림 구조와 일맥상통한다는 점을 명심해야 할 것이다. 불교의 오의(奧義)에서는 궁극적인 만다라 체험을 겪으면 중심에 신들의 수미산(須彌山)이 솟아 있는 세계의 표상을 내세우는데 이 산은 세계(알)의 축이라 불린다. 그런 계보를 따라가다 보면 우주창생의 근원은 일원론으로 귀착하며 일원론은 **알**로 구체화된다. 우주창생의 하늘과 땅의 이원론적 분리는 태극의 분리, 알의 분리로 나누어지면서 원형과 방각형에 이른다고 볼 수 있다.

우주창생의 일원론은 알의 부화, 하늘과 땅, 원과 정방형으로 분화되고 다시 일원론으로 돌아가려는 잠재적인 구심력의 역사가 되는지도 모른다. 그런 원형 탐구가 안드로기누스의 양성구유 기원으로 소급되기도 하고 풍요의 띠(물—나무—달—여인)로, 통과의례의 신화적 발상으로 확대될 수 있다.

따라서 망각되어가는, 혹은 잊혀진 신화의 진실을 파편으로서나 단편적으로 회복시켜나가 몸속 깊숙이 간직된 먼 기억을 회복시키는 훈련과 복원 작업도 무용적 상상력에게 부과된 책무가 될 것이다. 신화의 깊은 바다 밑을 회유하면서 유리구슬처럼 반짝이는 춤의 잃어버린 모티브들을 건져 올려 현대적인 무용예술로 만들어내기 위해서는 신화소의 발견과 재해석이 선행 조건이 될 것이다.

신화적 모티브들을 어떻게 예술적으로 창조할 것인가도 중요하지만 먼저 알아야 할 것은 신화 체계와 신화 해석법을 통한 지식의 차용이다. 무엇이 신화인지 밝히고 그 구조와 사라진 부분의 재구성에 쏟는 상상력의 동원이 무용적 상상력의 선결과제라는 것이다. 이 부문에 지적 혜안이 필요해진다. 먼저 공부하는 연구 인력이 신화를 모으고 신화소를 체계화하고 신화의 요소요소에 숨겨진 의미를 해석해내고 모티브들에 대해서 조명을 비춰보는 것이다. 거기까지는 학문 연구의 과학 영역이다.

그다음부터의 무용적 상상력은 예술가들, 안무가와 무용예술가들의 몫이다. 어떤 주제로 신화의 줄거리를 전개시키고 어떻게 반전시키고 어떤 신화소를 부각시킬 것이며 어떻게 표현할 것인가는 전적으로 무용가의 상상력에 달린 문제가 아닐 수 없다.

한국무용의 신화 접근과 예술적 창조

시인에게, 예술가에게 상상력이 없으면 시인도 아니고 예술가도 아니다. 무용적 상상력은 꿈꾸는 것만이 아니다. 먼 미래에 대한 비전이 없거나 태고적 신화에 대한 향수와 회귀, 그 기억마저 없다면 그런 상상력은 세속사회의 한낱 일상적 백일몽과 다를 것이 없다.

신화 회귀는 과거에 대한 경건한 회상으로부터 출발하여 그 기억과 재현은 잃어버린 단편적 신화소의 회복 및 연결에 이르고 그 연결 고리에 창의적인 상상력의 동원이 필요해진다. 신성한 신화소의 회복과 재현이 상상력에 의한 것이라 하더라도 우주창생과 천지개벽 신화의 주변 사상(事象)에 대한 인식과 지식이 전제되어 있으면 그 진폭은 훨씬 확대될 것이다.

한국무용연구회가 신화를 주제로 한 무용 공연을 펼치기 시작한 것은 2009년부터라고 알고 있다. 신화의 무용화는 매력적인 주제가 아닐 수 없다. 말하자면 그런 주제는 시의 무용화처럼 예술의 영역으로 상호 교착하며 장르 상호 간의 크로스오버 형식이 되고 더 나아가 21세기 통합예술과 다원예술 차원에서 본격적으로 도전할 과제임이 확실해 보인다.

그러나 그 진행 과정의 결함이 기획 자체를 감점시킨 부분을 소홀히할 수 없다. 그 첫째는 학술적 연구 업적이 제대로 나오지 못했다는 것이다. 먼저 연구 업적이 도출해낸 부분을 창작에 적용시키는 방법이 유효해야 한다. 작은 그룹이라도 연구 토론과 창작화 방안이 함께 논의되는 자리에서 여러 가지 통합예술적 다원예술적 아이디어들을 크로스오버, 내지 인터랙티브 방식이나 하이브리드식으로 주제와 표현을 가다듬었더라면 하는 아쉬움이 남는다. 어쩌다 무용인들 사이의 신화 동호인들끼리 논의된 문제점이 첨삭이나 토론, 논쟁도 거치지 않고 그대로 공연 제작에 들어감으로써 조사 연구와 예술 창작 간의 유대가 유효성을 발휘하지 못한 것이다. 연구 따로, 공연 제작 따로의 전형적인 병폐가 빚어진다. 공연 제작 측에서는 아이디어의 독자성을 도적맞을까 봐 서두르고 그래서 주제가 설익고 미숙한 채 안무, 연기, 표현으로 들어 갔으므로 당연히 최선을 다한 결과물이 나올 수가 없다. 이번에도 심포지엄과 공연이 동시에 이루어지면 달라지는 것은 아무것도 없다는 의미가 될 것이다.

한국 신화에는 우주창생 모티브와 천지창조 부분이 많지 않다. 그 점에 대한 논란은 학계에서 일찍부터 있어왔다. 그래서 설화문학 분야에서 신화와 전설과 구전동화의 구분이 어려운 것은 사실이지만 한국 신화의 고유 신화소 탐색이라든지 고유 신화소의 개성적 표현에 대한 창의적 상상력이 한국무용의 신화적 의미를 더해주리라는 기대는 크다.

뿐만 아니라 보편적 신화소를 한국무용에 도입함으로써 한국무용의 차원을 확대, 상승시키는 작업도 소홀히 할 수 없다. 신화의 코스몰로지를 통해 얻어낸 세계적 신화소를 한국신화에 적용시켜 무용화해내면 그만큼 한국무용에 대한 세계적 안목이 이해/소통 측면에서 쉬워질 것이다. 일원론적인 우주창생과 천지개벽 신화의 이원론적 전개가 태극이론의 음양오행사상으로 설명되면서 근원과 기원에 대한 근거를 만들어준다면 세계 신화 체계의 근본이 수립될 수도 있고 그 가교로서 혹은 밑그림으로서 한국무용의 신화적 의미가 적극적으로 원용될 수가 있을 것이다.

고유 신화소의 강화와 보편 신화소의 적극적 도입이 무용 작품에서 어떤 양상을 띠게 되는지 쉽사리 예측할 수는 없다. 그러나 시도는 가능할 것이다. 일원론과 이원론의 전개 과정, 원형의 추구, 풍요의 환대(環帶)에 따른 물이라든지 달, 나무, 여인의 생생력(生生力) 부활 모티브, 그리고 신화의 전설 내지 구전동화로의 변이 과정 등이 어떻게 무용적 상상력으로 재창조될 것인지는 예술가의 재능에 달려 있다 할 것이다.

예술, 신성극의 출발

: 한국 무속의 제의와 연극

고대의 우주론이었던 샤머니즘

연극에 무당이 나오고 굿판이 벌어진다고 해서 그 작품이 다 한국 샤머니즘과 연관을 갖는 것이 아님은 작품상 신사(神社)와 간누시(神主)가 나온다고 해서 일본 신도(神道)와 관련된 작품으로 간주할 수 없음과 같은 맥락이다. 근본적인 샤머니즘의 본질에 접근하지도 못한 점쟁이 무당이 나오고 무덤을 파헤치는 음지의 굿판에서 원초적 민간신앙인 한국 무속(巫俗)의 편린을 보았다고 생각하는 외국 관광객들은 한국문화의 외피(外皮)만 스쳐보고 가는 셈이다.

한국 무속 현장 연구에서 나 자신이 무당들의 황당한 점복 과정을 지켜보았다 — 점괘가 원하는 대로 나오지 않으면 얼마든지 되풀이해서 길흉을 바꿔칠 수 있는 것이 무당의 재주다. 풍어(豊漁) 굿판에서 두 마리 명태를 땅바닥에 던져 서로 마주 보는 모양새가 되어야 고기가 많이 잡힌다면 그런 길조가 만들어질 때까지 점 행위는 계속된다. 사적인 굿을 마치고 개인적인 길흉을 점쳐보기 위해서 다섯 색채의 깃발 가운데 하나를 뽑아보라고 했을 때도 검은색이나 흰색 깃발이 나오면 노란색, 붉은색, 푸른색의 깃발이 나올 때까지 깃발점은 계속된다.

한국문화에서 샤머니즘의 영향은 결코 작은 것은 아니다. 그러나 그렇다고 정통 종교인 불교나 유교, 그리고 근현대 기독교만큼 그 영향력이 대단한 것도 결코 아니다. 드러내놓고 무당의 점이나 무속 제의를 두둔하는 사람들은 없다. 한국의 샤머니즘은 그렇게 보면 음지의 믿음인 것만은 확실하다. 그러나 이 음지의 민간신앙은 아득한 태곳적 의식(意識)과 맺어져 있어서 그냥 무시하고 넘어갈 수도 없는 것이다.

고등 종교가 양지의 믿음이라면 한국 무속은 공권력에 의해 혹세무민(惑世誣民)의 비과학적 미신으로 배척당한 불운의 역사를 지닌다. 일찍이 고대 심성(心性), 혹은 고대 신심(信心)의 반영으로서 범신론적 세계관을 가졌던 고대 인류의 사고방식, 그러니까 한국의 옛 선조들도 그들 나름의 고대 사유에 의한 종교관, 곧 그들 방식의 믿음을 지키며 살았고 그런 원시 종교, 고대 종교와 믿음의 체계가 애니미즘, 토테미즘, 샤머니즘 등의 이름으로 잔존되어온 것은 역사적 현실이다.

그런 옛 믿음을 뒤처진 옛 생각, 혹은 유사과학이라고 폄하하기는 쉽다. 프랑스의 인류학자 레비슈트로스(C. Levi-Strauss) 교수 같은 석학도 그런 표현을 서슴지 않았다. 그러나 유사과학이라는 단어 그대로 한국의 옛 선조들에게 있어서 샤머니즘, 한국의 무속은 그들 나름의 세계관, 그 시대 사회의 합리적인 과학이었고 현실을 받아들이는 지표였으며 그들 나름대로의 세계를 읽어내는 우주론(cosmology)의 반영이었던 것만은 확실하다.

그런 한국의 샤머니즘, 한국 무속(한국이라는 지역적 문화적 역사적 특성 때문에 한국의 샤머니즘을 굳이 '한국 무속'이라는 카테고리로 특화하려는 움직임도 있다)의 제의 절차상의 몇 가지 특성을 '예술, 신성극(神聖劇)의 출발'이라는 관점에서 대충 훑어보려고 한다.

몽골 루트를 통한 농경정착민의 고천(告天) 풍요 제의

익히 알려져 있다시피 한국의 무속신앙은 고대인들의 믿음이었던 범신론적 애니미즘이나 토테미즘과 비슷하다. 현존하는 시베리아, 혹은 아프리카 미개종족의 원초적 신앙 체계와 다를 바가 거의 없다. 세계적으로 샤머니즘이라고 통칭되는 원시종교적 제의 양식과 그 절차만 해도 한반도의 지정학적 환경에 의해 한국 무속은 독자적으로 전승되어 나왔다고 할 수 있다. 한국 샤머니즘은 시베리아 샤먼, 살만(薩滿) 계통이라는 것이 한국 무속론자들의 주장이다.

학자들은 한국 무속이 시베리아 샤머니즘의 이동 경로에 따라 몽골, 만주를 거쳐 한반도에 정착하게 되었고 그 여파가 일본 신도의 원류로 이어진다고 본다. 일부 소수 학설에 따르면 동남아 해류를 따라 오키나와를 지나 일본 남동부와 한반도 남부에 떠밀려온 해양족의 고대 제의가 전파되었다는 이론도 없는 것은 아니다. 한국 샤머니즘은 크게 북방 기마민족 이동과 맥락을 함께하며 농경민족으로 정착한 이주민족 주류의 고천(告天) 풍요 제의의 의식 절차로 인해 북방기원설로 기울어져 있다. 몽골 루트로 알려진 시베리어 샤머니즘의 경로 가운데 한국 무속의 기원을 찾는 것이 손쉽다는 말이다.

고대 사유, 거기에서 유래된 거룩한 고천 제의는 하늘에 바치는 굿이다. 하늘에 계신 신성한 절대자가 처음으로 하늘과 땅을 만들었다는 신화가 우주창생과 천지창조 설화이다. 그 최초의 위대한 창업을 신화가 우리에게 들려주고 있다. 굿 · 제의를 통해 신화를 재현시켜 그 위업의 에너지와 활력을 회복, 복원시켜보려는 인간적인 상상력이 이른바 제의의 첫 삽질이었다.

태초에 어둠과 혼돈밖에 없었던 우주와 천지에 해와 달과 별을 수놓고 사람과 동식물을 만들어낸 천지창조의 위대한 초월적인 힘은 절대자의 것이다. 그의 업적을 기리는 제의 절차를 전승시켜온 서사적 스토리텔링이 신화라고 한다면 원초적 종교 의식의 잔존 형식이 신화적 행위로 남아 있을 수 있을 것이다. 그래서 종교학자나 민속인류학자들은 신화를 제의의 잔존물이라고 말한다.

제의 절차의 양식이 형식적으로 철저하게 다듬어지면 질수록 기도와 소망을 담는 제의의 효과는 더 높아진다. 이른바 제의의 예술 기원론은 그렇게 해서 나오는 것이다. 신화와 전설, 설화 전승 가운데서 고대 사유와 제의 형식을 주목해 나오고 있는 연구자나 학자들은 신화의 제의 행위, 혹은 제의의 신화 전승 가운데 가장 유념할 것으로 천지창조 신화와 풍요 제의의식을 꼽는다.

넘치는 에너지로 빚어진 천지창조 신화의 질서와 활력도 시간이 지나면 기운이 쇠퇴한다. 기(氣)가 사라지면 건강이 사라지고 흉년이 든다. 그 에너지를 회복시키고 활력을 회생시켜야 풍년이 든다. 풍요 제의는 신년 고비에, 봄가을의 계절 고비에. 일 년 열두 달 월력(月曆) 고비에 베풀어진다. 그렇게 풍년을 기원하는 제의는, 그래서 계절 제의(季節祭儀), 혹은 월력, 혹은 캘린더 제의라고 불리며 농경사회의 기본적인 시간표가 되었다. 이 시간표에 따라 풍요 제의는 '계절의 경과(Jahreslauf)'에 맞춘 계절의, 농촌의 향토축제, 이른바 민속 생활축제로 발전하였다. 한편 계절과 농경 시제(時制)에서 유추된 삶의 방식 가운데 탄생, 결혼, 장례 같은 인생의례(Lebenslauf) 또한 공동체 장로의 주도, 혹은 사제

옥단, 신화극의 출발

역할을 하는 무당의 주도에 의해 전통문화의 잔존물인 관행과 관습으로 현재까지 유지되고 전승되고 있다.

계절 제의의 점복 형식과 강신무의 내림굿

한국의 무속신앙이 체계화되면 범세계적인 샤머니즘 신화 세계의 복원도 가능해질지 모른다. 천지창조와 개벽 신화는 혼돈한 어둠 같은 카오스 속에서 절대자의 창조 의지에 의해 천지가 열리고 인간이 태어나고 동식물이 생겨나서 천지에 질서가 잡힌다는 설정이다. 이 천지창조 신화는 원형(archetype)이기 때문에 제의를 통한 원형의 반복 재현으로 우주와 하늘, 땅, 그리고 인간은 활력을 회복, 재생할 수 있게 된다.

풍요 제의는 일정 시간이 지나 천지창조의 기력이 쇠퇴하는 계절 제의로 축제를 키워낸다. 이런 풍요 의식은 계절적 고비인 봄의 생명력과 연계하여 겨울에 죽었다 살아나는 나무, 얼었다 흐르는 물, 기울었다 채워지는 달, 그리고 처녀에서 어머니가 되어 아기를 탄생시키는 여성 등 **풍요의 띠**를 형성하고 있다.

이런 풍요 제의, 혹은 계절 제의를 주재하는 매체가 한국 무속에서 무당이라고 불리는 샤먼이다. 무당은 첫째로 점괘로써 미래를 내다본다. 풍년이 들 것인지, 생산은 어떨는지, 싸움의 결과, 건강과 부의 전망은 어떨지를 알아내야 한다. 흉한 미래를 길조로 돌리고 악재들을 제거하거나 교체하는 예언을 벽사영경(辟邪迎慶) 의식(사악한 것을 멀리하고 경사로움을 맞이하는 제의 절차)으로 보여주고 들려준다.

무당의 둘째 기능은 병자를 다스리는 치료 기능, 셋째는 신화를 외워 노래하고 춤추고 연기해내는 예능(藝能) 기능이다. 넷째로 마을 공동체

의식을 집결시키는 기능, 다섯째로 굿판의 시장성을 감안한 재정 기능
까지 다양한 역할을 수행해낸다.

시베리아 샤먼들이 강신(降神), 혹은 접신(接神) 등 신내림을 받는 강신
무(降神巫) 계통이라면 다른 한편에는 공동체 신도들로 구성된 당골제도
의 세습무(世襲巫) 형식도 있다. 강신무는 신의 하강이라는 접신 상태를
거친다. 그 기간에 무당 후보는 무병(巫病, 신병[神病])을 앓고서 통과의
례로서의 성인식 같은 입무식(入巫式)을 거쳐 무당이 된다.

무병을 앓는 단계에서 당사자는 신비한 체험을 한다. 뚜렷한 까닭 없
이 시름시름 앓고, 누군가 자기를 부르는 소리를 환청으로 듣기도 하
고 호랑이나 백마를 탄 산신령이나 장군이 문 앞에 서 있는 환시 상태
도 겪는다. 엄중한 감시를 받는 집을 빠져나가 산야를 헤매다가 방울과
거울과 칼 같은 무구들을 파내거나 입수하여 강신과 접신의 능력을 인
정받으면 큰무당을 멘토로 내세워 입무식을 거행한다. 이른바 **작두타
기**라는, 날카로운 칼날 위에서의 춤추기 같은 신이(神異)를 보이고 엑스
터시 상태에서 예언의 능력을 발휘한다. 이때의 첫 점복이 가장 영험한
것으로 알려져 있다. 신이의 증명은 무엇보다 점복 능력에 있고 칼춤
추기, 무거운 것 들기(실제로 굿판에서 물이 가득 담긴 물동이를 이빨로 물어 들
어올리거나 자기 몸통보다 크고 무거운 생돼지 살코기를 들고 춤추거나 삼지창으로
찔러 바로 세우기도 한다)도 신이의 증거이다.

내림굿(입무식)을 치러낸 큰무당과 무당 후보 사이에는 신성한 모녀관
계가 이루어져 갓 태어난, 이른바 '새끼무당'은 큰무당을 신모(神母)로
모시고 큰무당으로부터 무속 제의 절차를 배우며 무가(巫歌)라는 무속신
화, 이른바 바리공주나 당금애기 등의 서사무가를 배우고 노래와 춤과
같은 예능을 익힌다. 그런 측면에서 보면 강신무는 신성한 힘에 의한
접신 상태를 거쳐 세습무처럼 차츰 샤머니즘 제의 과정을 배우고 익혀

직업적 무당으로 성장하는 학습무(學習巫) 단계를 밟는다 할 것이다. 그리하여 춤과 노래의 학습을 통한 예능의 숙달 또한 신이를 대신하는 큰 무당의 자산이 될 수 있다.

무속 제의 절차는 열두 거리로 형성되어 있다고 하지만 그 명칭과 구조는 지역에 따라 다르고 체계적 연구는 아직 이루어져 있지 않다. 제의 굿판은 크게 개인 굿과 마을 공동체 굿판으로 나누어진다. 제의 구성은 연극의 장막 구성처럼 과정, 거리, 마당 등 단락이 지어진다. 기본적으로 열두 거리 구성도 상황에 따라 신축(伸縮)이 가능해서 관광용으로 한두 시간짜리 축소판을 꾸밀 수도 있고 20여 거리 확대판 마을굿판, 별신굿판이 무당 그룹에 의해 운영되기도 한다.

마을굿은 농악대의 길놀이 행렬을 선두로 신을 맞이하는 영신(迎神) 과정, 그 신을 모시고 와서 제단에 좌정시켜 놓고 그를 즐겁게 대접하는 가무오신(歌舞娛神)거리, 마을공동체의 융숭한 대접에 흡족해진 신의 축복과 신탁 예언 단계, 그다음으로 신을 보내는 송신(送神)거리가 주류를 이룬다. 송신 과정은 뒤풀이, 말하자면 **난장(orgy)**이다. 이 난장판은 신화에 나오는 천지창조의 카오스로 상정할 수 있다. 이로써 질서와 생명력과 창조의 활력이 회복, 재생된 것으로 간주되는 것이다.

한국 무속의 신성극 모형과 앞으로의 위상

제의를 주재하는 사제격의 무당이 무속 제의를 통해 신년의 새 기운, 봄가을 계절의 풍요와 안강과 복을 유지시키는 천지창조의 활력과 생명력을 부여받는 원형을 재현해내는 과정은 모형을 흉내 낸다고 말할 수 있을 것이다. 그 제의의 결과를 점복/예언으로 제시하고 소망의 결과를 원하는 대로 제시하기 위해 연극을 한다면 그런 의미에서 천지창조 신화라든지 바리데기나 당금애기 같은 무조(巫祖) 신화, 혹은 열두 거리 제의 과정은 일종의 신성연극(神聖演劇), 종교극의 모형이라 말할 수 있다. 영원회귀(永遠回歸)하는 원형의 서사무가를 이야기나 노래, 무용, 연극 형태로 재현하는 샤머니즘의 제의 의식은 태초의 신성 퍼포먼스가 아닐 수 없다.

이 원초적 종합예술의 보고(寶庫), 이 전통문화의 수원(水源)에서 어떤 현대적 총체예술적 양식들이 가지를 펼쳐낼지 아무도 모른다. 한국 무속은 음지의 마이너스 요소에서 이제는 잠재력이 풍부한 에너지와 활력의 플러스 요소의 발아(發芽)를 기다리는 신비의 음지로 자리매김한다고 볼 수도 있다.

한국 샤머니즘의 고대 신앙적 모습은 이제 전통문화의 잔존 양상으로 희미한 맥박을 유지하고 있지만 고대 사유 속에 간직되었던 신성 감정, 자연친화적 우주론, 그리고 유연한 상상력은 보배로운 정신 유산이 아닐 수 없다. 비록 원초적 상상력이 비합리적으로 왜곡된 방향으로 조종되어 혹세무민의 도구와 수단으로 타락하는 측면이 없지 않고 신이를 탐하고 추종하는 인간 심리가 혹세무민의 허황된 꿈을 부추긴다 하더라도 신비의 본향(本鄕)을 그리는 예술적 상상력은 제의를 통한 예술의 기원을 놓치지 않으며 신성극의 원형을 통해 잃어버린 거룩한 삶의 축제를 회복하는 정방위(正方位)의 좌표를 설정할 수 있을지 모른다.

비록 거짓된 예언을 퍼뜨리고 길흉의 점괘에 휘둘리며 사이비 과학의 탈을 쓴 방술(方術)을 시행하고 옛 음양오행설에 입각한 방위(方位)에 집착하는 음지의 한국 무속도 어쩌면 바로 현대인의 마음속 깊은 잠재의식이나 내면세계에 자리잡고 있는 그늘진 마이너스 의식의 발로일지도 모른다는 사실을 아는 식자(識者)는 또 누구일까.

축제에 관한 끊임없는 물음

첫머리에 : 순화를 위한 질의

축제란 무엇인가? 오늘의 주제인 **지역축제란 무엇인가?**

축제에 관한 질의와 문의는 끊임없이 제기될 수 있다. 그리고 그 물음은 계속되어야(sollen) 한다. 질의의 진지성에 따라 축제에 대한 역사적 사회적 곡해나 오염이 가셔져서 축제 개념이 명확히 규정되고 한국 축제나 세계의 축제가 그 기원과 역사, 축제의 종류와 분류를 철저히 다져 그 구성이라든지 구조, 그리고 그 본질과 정신이 학문적으로 해명되고 체계화될 날이 올 것을 기대한다.

그런 본격적 탐구에 앞서서 먼저 무엇보다도 축제가 무엇이냐라는 기본적인 질문이 계속되어야 축제는 생명을 유지할 것이다. 만약 축제 정신이 정체되어 있다면 그 역동성에 활력을 더하여 급기야 축제를 보다 진지하게 대상화하고 과학적으로 객관화시킬 수 있는 계기가 마련되었으면 한다.

그러므로 축제에 관한 질문은 그 자체가 축제의 순화를 담보하는 메커니즘의 첫 단계임을 잊지 말아야 한다. 지난날의 표현으로 말하면 질의는 포도당 주사 같은 것이다. 아니, 그런 일시적 효과를 기대하는 것이 아니라 신화적 천지창조, 우주창생의 역사(役事)를 담당했던 근원적인 창조적 힘과 권능 — 활력과 생명력의 쇠퇴와 소진을 또다시 부활과 소생으로 바꾸어나가는 자체 회생의 수혈이 바로 축제에 관한 질의라 할 수 있다. 축제에 관한 끊임없는 질문은 축제의 본질적 자체 순환적 정화 작용이고 결국은 문화적 삶의 순화를 꾀하는 용틀임인 것이다.

그러므로 축제에 대한 몇 가지 글을 쓰고 책을 써낸 나도 축제에 대해서는 아는 것이 없다. 그러므로 축제에 대하여 끊임없이 묻는다 — 축제란 무엇인가? 오늘의 주제인 지역축제란 또 무엇인가?

일상과 축제의 소격화(낯설게 하기)

질문은 무심히 넘겨버리던 대상에 새로운 조명을 던져 그 대상을 다시 한 번 관찰할 기회를 갖게 하는 지적 작업이다. 질의와 문의는 눈에 익은 일상의 사물 하나하나, 혹은 어떤 대상이나 현상을 무심히 흘려넘기던 관습적인 익숙함에서 벗어나게 만든다.

반복되는 현상과 익숙해져버린 대상을 일상화에서 벗어나, 독립된 존재로, 낯설게 함으로써 — 주목하지 않던, 눈여겨보지 않던 사상(事象)을 다시 한 번 두드러져 보이게 만드는 이 소격화(疏隔化, Verfremdungseffekt)의 기법은 각성의 관객들을 교육시키기 위해 서사극의 대가 브레히트가 흔히 쓰던 수법이다.

축제는 일상을 축제화함으로써 사회적 관습과 관행, 그리고 인간의 삶 자체를 두드러지게 하고 낯설게 함으로써 사회와 인간의 관계, 그래서 삶 자체를 긴장시킨다.

물음표를 던짐으로써 일상적인 것으로 무난히 넘어가던 대상이나 현상을 주목받는 객체로 두드러지게 만드는 수법이라면 그 자체가 일상에서 두드러져 보이는 축제의 성격을 '이중적으로' 두드러져 보이게, 낯설게 보이기 만들기 쉽다. 그러므로 축제에 관한 끊임없는 물음은 축제의 본질인 근원적 활력에의 회귀이자 소급인 동시에 다시 한 번 낯설고 두드러진 현상인 축제의 존재에 대한 우리 인식 강도를 조절시켜준다.

물음이 없으면 본질의 순화도 없다. 질의가 없으면 존재감이 사라진다.

그렇게 축제에 대해 묻는다면 개념 규정이라든지 축제의 본질, 혹은 축제의 정신에 대한 논란의 경우 시각에 따라 의견이 다를 수 있을 것이다. 그러나 축제의 기원이라든지 역사, 혹은 축제의 종류와 분류법 등에 있어서는 대체로 쉽게 합의되는 편이다.

이름, 명칭만 하더라도 굿, 굿놀이, 민족축전, 향토제전, 민속축제, 전통축제, 도시축제 등등으로 불리던 것이 일반적으로 통용되는 명칭인 축제로 통일되어가는 추세라면 1천여 개의 한국 축제 가운데 세부적인 지역축제의 고유명사화가 가능해질 것이다.

나는 지역축제란 무엇인가라는 질문을 통해 각 지역의 고유한 축제 형태를 통틀어 한국의 축제라는 범주로 묶는다면 굳이 또 하나의 새로운 형태로 분류할 필요는 없다고 생각하는 입장이다. 향토축제나 지방축제가 있고 따로 중앙집권적 축전 형식이 있는 것 같은 착각을 불러일으키기 쉬운 서울, 중앙, 향토, 지방, 지역 같은 구분법보다는 총괄적인 한국 축제 가운데 각 지역의 역사성, 특수성, 향토성을 내세운 — 모두 똑같은 비중을 지닌 축제 형태들이 서로 경쟁적으로 개성과 특성을 자랑하는 것이 옳다고 보는 것이다.

축제 구조의 기본 요소

그렇게 말하면 자연히 축제의 기원이 논의되어야 할 것이다. 축제의 기원에 천지창조와 태고의 우주론(cosmology) 같은 신화적 서사성이 가미되면 축제 발상(發祥)의 시간(역사성)이 주목을 끌고 다음으로 공간(성스러운 장소) 문제가 거론되며 신화적 시간과 성지(聖地)와 신격(神格)이 설정된다.

그런 측면에서 축제에는 신화에 곁들여지는 신심이 깃들게 마련이다. 그런 믿음을 본격적인 종교적 신앙심이라고 말할 수는 없다 하더라도 그런 고대 심상의 전승은 한 민족의 원초적 종교적 믿음의 표출이며 민중적 시심(詩心), 혹은 꿈의 원천, 민족 고유의 문화 콘텐츠 원천이라고 불러도 될 것이다. 축제 속에 살아 있는 신심이 신화·설화의 서사체 가운데 민족 심상의 원초적 이미지로 계승되고 있는 것이다.

이런 원초적 이미지가 신화적 행위 전승인 축제 형태로 집결되어, 첫째, 축제의 내력이 '언제'라는 신화적 시간대로 구전된다. 대체로 그런 신화적 시간은 역사적 시간으로 구체화되어 시조 전승이나 건국신화의 특정 시기로 규정된다.

둘째, 성지(聖地) ─ '어디'라는 장소가 규정된다. 처음 신성한 존재가 모습을 드러낸 공간이 거룩한 장소로 간주되어 축제 행렬이 출발하는 기점이 되고 길놀이 끝에 종점인 광장이나 네거리, 시장 등 번잡한 곳에서 난장이 벌어진다. 길놀이의 도정(道程)이 일상적인 길, 시장, 내지 광장에서 거룩한 공간으로 탈바꿈하는 과정은 일상의 신성화 과정이라고 말할 수 있다. 이른바 일상의 축제화가 완성되는 것이다.

셋째, 신격의 부상 — 축제의 핵심에는 새 영역을 개척한 신격의 좌정이 필수적이다. 신이나 왕이나 영웅들의 탄생과 시련의 통과의례가 그려지면서 그 중요한 고비에 신화적 시간으로서 새로운 신년, 봄가을 사계절의 절기, 일년 열두 달 같은 계절 제의, 풍요 제의의 흔적이 남는다.

신심을 잃은 현대 축제

그러나 축제를 분류하면 전통축제, 향토축제에서는 신화·설화적 신심이 전제되는 자연축제적 측면을 관찰할 수 있고 신심이 사라진 도시축제나 산업축제 같은 현대 축제에서는 인공·인위성이 두드러진다는 사실을 지적할 수 있다.

한국의 축제는 다른 세계의 축제들과 마찬가지로 신화적 풍요·계절 제의적 기원으로 소급되어 역사화 과정을 겪으며 권력자의 중앙집권적 관제(官制) 축전이 되어 지방으로 전파되면서 작은 규모로 지방·향토·지역에 정착되거나 지방에 잔존하던 민간신앙과 습합되어 지역의 고유한 축제로 연명해나갔다. 그런 한편에 원초적 고대 신앙은 마을 공동체 단위로 하늘과 땅, 산천수목에 깃들어 순수한 자연관을 반영하는 고천(告天) 제의의 축제로 이어졌다.

그런 자연·전통·역사축제는 일제 치하와 6·25전쟁의 참화 속에 극도의 경제적 위축으로 신심들을 잃고 중단의 위기를 맞는다. 1950, 60년대 먹고살기가 빠듯했던 시기를 벗어나면서 서서히 되살아난 축제에의 향수는 근대화 바람과 함께 변용을 강요당한다. 이른바 현대 축제는 도시축제 형식, 산업별 회사축제 형식, 특히 세일즈 형식의 대중미디어 방식에 의해 다량 도매 형식으로 근거 없이 급조되기도 했다. 유행을 선도하는 대학축제, 예술제, 스포츠 경기, 미디어 광고, 세일즈 특매 페스티벌 등등……

물론 한국의 현대 축제는 자연·전통·역사 축제와 도시·산업·인공 축제로 대별된다고 할 수 있다. 그러니까 한국의 축제 가운데는 재래의 신심이 깃든 축제와 신화적 믿음이 사라진 축제가 혼재되어 있음에 주목해야 한다는 것이고 현대 축제는 믿음이 가셔진, 인공적인, 인위적으로 만들어지는 축제가 대중사회의 미디어 공해, 내지는 IT과학의 조작을 통해 번성하리라는 사실이 직시되어야 할 것이다. 그렇게 되면 이른바 축제의 일상화가 염려스러워진다.

그런 측면에서 문화정책의 하나로 부상한 관광축제의 출현과 미래에 대해서 그것이 지닌 특성과 성격에 대한 성찰이 필요해진다. 말하자면 정책적인 관제적 상업적 관광축제가 축제의 근원성을 지닌 자연·전통·역사의 축제가 될 수 있는 필요충분조건을 갖추었느냐와 대중문화적 인공성의 컨벤셔널한 공간 확대 가운데 과학과 예술의 통합적 이벤트 창출이 가능하느냐에 따라 현대적 축제의 내용이 달라질 수 있다는 것이다.

축제가 무엇이냐고 묻는다면 축제의 형식과 내용은 시대에 따라 달라질 수 있다는 대답이 돌아올 수 있다. 동시에 지역 축제가 무엇이냐고 묻는다면 축제의 종류가 다양한 만큼 다양한 지역축제의 출현이 얼마든지 가능하고 그 다양한 아이디어 때문에 특성과 성격과 역사성이 없는 지역축제가 뿌리를 내릴 수 없을지도 모른다는 우려의 대답을 얻게 되기도 할 것이다.

소설과 공연 사이의 부첩(符牒) — 〈해변의 카프카〉

: 춤추는 메피스토와 릴케의 세계내면공간

카프카라는 이름

소설이라는 산문서사시의 섬세한 내러티브 구성의 이미지 형성력과 연극의 기승전결식 극적 표현법은 다를 수밖에 없고 당연히 거기에서 예술 장르 간의 차이도 생긴다. 내가 최근에 읽은 일본 무라카미 하루키의 소설 『해변의 카프카』와 그 소설을 번안한 프랑크 갈라티의 각색 대본 〈해변의 카프카〉, 번안극을 연출 상연한 김미혜의 공연 **〈해변의 카프카〉**(제작 : 일본측 아이즈카 마사키/한국측 김영수, 동숭아트센터, 2013.5.23~6.23)는 연극평론에서 멀어져 있던 나를 공연예술 측면에서 적지 않게 자극하였다. 연극 〈해변의 카프카〉를 보면서 서사시의 내러티브와 기승전결식 공연 양식 사이의 질적인 경계는 순서적인 내러티브와 극적인 드라마라는 예술 장르 사이에 돋는 감명의 차이라는 사실을 새삼 절감했기 때문인지 모른다.

소설 『해변의 카프카』가 아무리 대중적 인기가 높다 해도 결국은 독일의 실존적 초현실주의 작가 프란츠 카프카의 실명을 빌린 일종의 몽환적 현대소설 수준이려니 해서 '카프카 실명의 차용'에만 관심을 가졌던 원로 독문학자인 나의 오기는 이웃 일본 작가의 미숙한 카프카 행세, 그 자체가 못마땅했던 것이 사실이다.

일본 이름에 **카프카**는 존재할 수 없다. 애칭으로서 외국 만화나 애니메이션 주인공 이름쯤 명명하는 경우가 있다 하더라도 아인슈타인이니, 링컨, 니체, 카프카 등 패밀리네임을 이름으로 쓰는 일은 없어야 한다(허긴 대중 TV드라마에 이순신의 이름을 제명으로 쓰는 세태이기도 하지만). 그런데 소설 속의 주인공 다무라 성(姓)을 지닌 열다섯 살짜리 일본의 한 소년이 카프카라는 패밀리네임을 이름으로 달고 나온다. 작가가 붙이는 이름이니까 그렇게 꾸밀 자유는 있겠지만 독문학자라면 자기 전공 표밭을 잘못 짓밟힌 듯 기분이 좋을 수 없는 것이다. 작가 카프카가 먼 해변을 배경으로 서 있는 초현실주의적 풍경 인물화 정도로 격상시켜 볼 수는 있을지 몰라도.

까마귀 이미지와 춤추는 메피스토 이미지

그렇게 읽어나간 소설에서는 전형적인 일본인들의 관습적 행적인 고양이 찾기가 산문서사시 『해변의 카프카』의 에필로그, 곧 도입 노릇을 한다. 작가 무라카미의 문학 세계로 들어가는 도입은 일상적이면서 부조리하고 상식적이면서 초현실적으로 시작된다 — 작가의 의식은 산문서사시의 장황한 내러티브가 그대로 이미지가 되어 떠오를 정도로 활발하고 컬러풀하다. 나처럼 소설을 읽어도 서술 부분이나 장면 묘사를 건너뛰어버리고 대화체로 줄거리를 파악하는 데 이골이 난 사람도 작가 무라카미의 끓어오르는 이미지의 바다에 즐겨 익사하고 싶은 유혹을 받게 만드는 그의 마력이 의도적인 의식상의 가공적 작업이라면 그의 무의식 세계는 마치 물에 잠긴 거대한 빙산 수면 이하 면적처럼 아주 무섭고 잔인하고 부조리하게 느껴진다. 소설 『해변의 카프카』의 이미지들의 행렬은 장대하지만 쉬엄쉬엄 읽어내려가는 도중에 독자 임의로 쉬어갈 수 있는 장면들이 마치 탐정 추리극 형식으로 왜, 어떻게 된 것일까 하고 질문의 형식으로 고개를 내민다. 끝없는 의구심과 관심과 호기심을 자극하는 잠재의식의 상호 교류가 무라카미와 독자와의 관계이다. 해서 한없이 펼쳐지는 이 그림 두루마리식 여러 이야기 집체(集體)는 이미지 덩어리로 읽어내어야지 기승전결식 대단원 퍼즐 맞추기 식 극장 무대 스토리텔링으로 고쳐 쓰기는 불가능해 보인다.

카프카라는 이름이 원어로 까마귀를 뜻한다는 사실로 인하여 까마귀 같은 장의(長衣)를 걸친 검은 매체를 활용한 연출가의 안목은 탁월하다. 연극의 중요한 장면에서 등장하는 까마귀가 악마 메피스토의 이미지로 춤을 출 때 그가 까마귀 카프카인지, 파우스트의 상대인 악마 메피스토인지 정체 파악이 어렵다. 까마귀를 날리듯 장면을 전환시키거나 정착시키는 연출적 미감에 의해 까마귀 날갯짓은 메피스토의 마술 망토로 전이된다. 연극 공연은 몇 막짜리가 상투적이지만, 극장 무대에 40여 장면의 이미지들을 나열시켜 스피디한 서사화를 도모한 연극 〈해변의 카프카〉의 연출적 수단이 장면 전환에 활용한 까마귀의 춤사위, 내지 메피스토 이미지로 이어졌을 때 춤추는 메피스토를 연상하는 것은 메피스토 이미지의 자유로운 조화다.

춤추는 메피스토는 싸늘한 객체이다. 아니면 춤추는 메피스토를 제외한 제3자들이 모두 주관적 감정이입에서 얼어 굳어버린 객관적 존재로 거기 서 있는 것처럼 보인다. 악마 메피스토의 명연기가 춤으로 바

꿰어 공연 〈해변의 카프카〉를 무용 공연으로 탈바꿈시킨다. 이미지 공연이다. 메피스토펠레스를 연기할 정도의 배우술이라면 무용 한 자락쯤으로 무대를 휘감을 수 있는 마력을 충분히 발휘할 수도 있다.

미궁의 통로를 가로막는 돌

무라카미의 문학 세계로 들어서는 입구, 미로처럼 얽힌 그의 문학 세계 내부로 들어가는 출입구, 그 문은 모양새 없는 돌멩이 하나로 막혀 있다. 바위나 석문(石門), 석판(石板)도 아닌, 그저 그렇고 그런 그냥 돌 하나가 비밀의 통로 입구를 닫고 있을 뿐인데 그 돌은 커지기도 하고 작아지기도 하며 무거워지기도 가벼워지기도 하면서 조화를 부린다. 마치 손오공의 여의주처럼 작가의 문학 세계로 들어가는 입구를 막고 서서 부첩(符牒)처럼 길을 열어주기도, 닫기도 하는 이 미궁 입구의 돌은 인류의 긴 기억의 동굴을 닫아두는 뚜껑 같은 존재다. 거기에는 인간 존재의 기억들이 이미지 덩어리로 누적되어 있어서 뚜껑이 열리면 판도라의 상자처럼 온갖 길흉의 그림들이 쏟아져 나올지 모른다. 그래서 작가는 그 무의식 세계의 여러 요소들을 의식 세계 안에서 가공한다. 무라카미의 무의식 세계로 들어가는 이 기억의 동굴, 지하세계의 입구를 막고 있는 돌은 커다란 상징이다.

거기에 이르기까지 독자들은 많은 복선의 강을 건너서 끝내 이 부첩의 돌과 만나도록 배치되어 있다. 이 배치 공작이 작가의 의식 내면에서 일어난 여러 가지 이미지들의 생산이며 독자들은 일종의 마취 상태에서 그의 무의식 세계를 들여다보는 것인데 공연예술에 이르면 작가의 의식 속에서 일어난 이미지들의 궤적을 따라서 작가의 무의식 세계

—순수한 시적 문학공간까지 따라 들어간다. 순수한 시적 무의식 세계는 시인 릴케가 말하는 순수의 경지라서 이 순수한 원초적 땅은 **세계내면공간(Welt-Innen-Raum)**으로 불릴 수도 있을지 모른다.

대중문학이니 순수문학이니 하는 예술 취향의 경계는 이렇게 해서 의미가 없어지고 무라카미의 문학 세계는 어쩌면 이미지들이 뒤끓는 서사시적 내러티브의 오묘한 결합 같은 무의식 세계의 빙산 아랫부분 같은 자태를 드러낸다. 작가 앞에 검은 심연이 커다란 아가리를 벌리고 세계라는 내부의, 지구 한가운데로 곧장 뚫린 구멍 통로 끝에는 허무가 소용돌이치고 '들리는 것이라곤 고막을 누르는 깊은 침묵'뿐이다. 그런 까닭에 세계의 내부로 들어가는 길은 대로(大路)나 정도(正道)라기보다 미궁(迷宮)이며 미궁인 만큼 손으로 더듬으며 감각으로 살펴 체험해야 그 존재감을 파악할 수 있다. 그렇게 파악되는 세계는 따라서 도무지 구체적이지 않다. 모든 것은 구체적으로 잡히지 않는 암유(暗喩), 메타포일 수밖에 없는 서사시적 내러티브의 이미지들의 바다에서 익사 직전이었던 나는 김미혜의 공연물 〈해변의 카프카〉에서 구체적이고 리얼한 인식을 얻는다.

이미지의 소용돌이를 구체적 감촉의 현실로

주인공 카프카 소년은 부조리한 현실 속에서 초현실주의 그림 액자 속에 갇혀 있는 해변의 소년을 주제로 한 그림의 주인공이다. 조각가 아버지가 남겨준 그림, 어머니가 간직했던 그림, 그리고 이 담대한 소년이 죽인 자기 아버지, 카프카 소년이 범한 자기 어머니 — 마치 오이디푸스 왕의 신탁 그대로, 운명의 수순을 그대로 밟아나가는 소년의 행적을 두고 현대 심리학은 성장통이라는 진단 하나로 간단히 넘어가버린다. 성장통으로 까닭 없이 아버지를 죽여도 되고 어머니를 범해도 그저 '그리스 비극의 차용'이라는 구실로 사건은 접어지는 것일까. 아니면 극복의 메타포로 끝나는 것일까. 아버지를 이겨내고 어머니로부터 독립해서 자기 패밀리를 거느리게 되는 성장 여로의 로드무비처럼.

소설은 황당무계하게 고양이 찾기가 도입되어 고양이와 대화 소통이 가능한 한 노인의 믿기 어려운 난센스 이야기로 전개된다. 환상과 부조리한 사건들이 끝없이 뭉게구름마냥 피어 오른다. 카프카 소년의 행적을 이끄는 두 축은 첫째, 고양이와 소통이 가능한 나카타 사토루 노인 ─ 그는 2차 대전 당시 까닭 없이 공습을 받고 쓰러져 아홉 살의 어린이 의식인 채 살아남았다. 둘째 축은 연인의 죽음으로 스물 꽃다운 나이에 세상에 등을 돌린 가수 출신, 시골 도서관의 사에키 관장 ─ 그 두 축을 중심으로 아슴한 신비와 비현실의 안개에 가려진 현실적 인물들은 고양이 영혼을 모으기 위해 죽이는 살묘(殺猫)의 조니 워커(그는 자본주의적 상업주의에 대한 문명 비판적 간판스타다), 포주 같은 커넬 샌더스, 고양이 노인을 돕는 트럭 운전수 호시노, 그 외에 일상적 인물군에는 미용사 사쿠라, 도서관 직원, 스승 같은 오시마 등도 있다. 무라카미의 내러티브로 창조된 특이한 무대 위의 캐릭터들은 작가의 의식 바닥에 있는 몇 개의 이지러진 요소들을 이미저리로 성격화해서 사건화한다.

무라카미의 붓 끝에 걸리면 산문서사시가 그대로 이미지들의 모래 해변이다. 버려지는 진주알 같은 이미저리들은 뭉게구름처럼 피어 올라서 그 서술이나 묘사들은 일일이 좇아가 주워 담을 수가 없다. 그런 점에서 소설 『해변의 카프카』는 영화적인 처리는 가능해도 현실 무대인 극장 공연물이 될 가능성은 없다고 생각하는 것은 당연하다. 그런 측면에서 번안 각색을 맡은 프랭크 갈라티의 대본을 읽고 연출 김미혜가 매우 서양적이고 논리적이며 서사적으로 본 견해는 타당하다. 그렇지 않고서는 원작의 신비적이고 환상적 요소들이 부조리나 초현실주의적으로 바뀔 수밖에 없는 필연성을 변명할 도리가 없어진다.

소설의 내러티브를 통해서 이미지들을 양산해놓은 탓에 논리적이며 서사적으로 가공할 수 있었던 원작의 사변성과 추상성과 관념성이 구체성을 띠게 되고 그런 현실성 위에서 무대화가 가능해진 단계에 이미지들의 집단무의식을 잡아낸 메피스토의 비판적 안목이라든지 어두운 해학 정신, 객관화 작업이 무대 위의 리얼리티와 산문서사시의 몽환적 이미지들을 묶어 현대사회의 집단무의식이라는 거대한 세계내면을 드러내 보인 연출은 관객들에게 극장 무대를 통해 세계내면공간으로 직결되는 길을 열어준 것이다. 물론 한 소년의 성장 기록으로서 교양성장소설로, 또는 로드무비로 단편적인 사건 하나하나를 분석할 수도 있지만 연극이 되고 극장 공연물이 되면 동시 진행 연출 수법이 동원되기 때문에 고양이 노인과 함께 카프카 소년의 행적을 일목요연하게 추적해서 그려낼 수 있다. 소설의 거품 같은 이미지의 양산보다는 줄거리의 번안이 드라이하게 전개되기 때문이다. 그래서 이른바 시놉시스 구성도 가능해진다.

anthropo-morph에서 anthropo-logy로

집을 버리고 나온 카프카 소년과 고양이와 말을 주고받을 수 있는 능력을 가진 나카타 노인과의 동시 진행형 이야기는 그 둘이 함께 고양이 살인마 조니 워커와 연루되어 시코쿠 여행으로 이어지고 각기 다른 이유로 시작된 여로의 사건들은 카프카 소년의 인생 여정으로 그려진다.

시코쿠 다카마쓰 시의 작은 민간 도서관에 임시로 터를 잡은 카프카는 신비의 여인 사에키 관장과 운명적인 해후를 한다. 그녀는 젊은 시절 카프카의 아버지를 만났고 그와 헤어져 그림자 반을 잃은 채 세상을 버리고 은둔 생활에 접어든 여인이다.

사에키를 통해 남남이었던 카프카 소년과 별도의 동시 진행으로 전개되어 나가던 고양이 노인의 행적이 서로의 삶에 관여한다. 동물을 매개로 한 신비한 소통은 신성의 현시(顯示)라는 ephiphany, hierophany, 혹은 더 구체적으로 신의 출현이라는 theo-phany 같은 종교학 용어까지 차용해서 고대 심성에서는 영험한 동물에 대한 경배에 이르고 신성의 사람 모습 닮기 과정에 원초적인 이미지를 통해 영수(靈獸)의 사람 모습 닮기로 인면수신(人面獸身)을 거쳐 마침내 사람다운 모습(anthropo-morph)으로 전개된다. 이러한 부조리한 비논리적 논리로 인간과 자연, 주변 환경과의 관계가 설정된다면 집단무의식이나 잠재의식 가운데 매몰되어 있던 원초적 이미지들은 그 깊은 심연에서 깨어나는 날 폭발하는 마그마의 힘으로 내러티브 가운데 화산재 같은 이미지들을 뿜어내게 될 것이다. 그것은 이미 논리 이전이다. 부조리한 논리와 초현실적 차원의 시공 가운데서 아버지를 죽여 온몸에 피를 묻히고 어머니를 범해 오이디푸스 콤플렉스를 실현시킨 카프카 소년의 부조리한 초현실적 삶의 행적은 꿈속의 사고인지 초현실적 사건인지 우리의 일상적인 논리로 해명될 수 없다. 소설에서는 산문서사시의 내러티브한 서술 묘사 방법으로 구름 같은 이미지들을 거품처럼 끓여 올릴 수 있다. 그러나 현실적인 극장 무대 위에서는 부조리한 초현실적 이미지를 구체화시키려 해도 행간이 태부족이다. 그래서 스피디하게 장면 전환을 꾀할 수밖에 없어서 이미 표현주의 연극에서 시도했던 정거장 장면(Stationenszene) 기법이 동원되고 막(幕) 처리도 없이 40여 개의 장면들이 무대를 활력적으로 움직이게 한다. 그러나 중심에 버티고 있는 것은 신비의 여인 사에키 관장이 있는 고무라 기념 도서관이다.

이 지점을 중심으로 카프카 소년의 우주가 돌고 있다. 작가 카프카의 우주가 아니라면 춤추는 메피스토의 마술 망토로 현실과 비현실이 교체된다. 무라카미 문학 세계의 핵심이라 해도 될 의식의 인공적 장치를 넘어선 그의 무의식 세계, **세계내면공간**이 순수의 부첩(符牒)을 달고 펼쳐지며 세계 내면 공간, 순수한 시의 경지, 그리고 집단무의식의 원초적 근원에서 발원된 미궁의 입구가 열리는 것이다. 그 통로를 열기 위한 입구의 돌, 우주적 동굴의 뚜껑이 열린 것이다.

그 세계로 들어가는 좁은 입구에 신비한 돌 하나가 그 입구를 막고 있었다. 그 뚜껑을 열기 위하여 나카타 노인의 동시 진행 연출 수법이 로드 스토리 여정에서 동행하게 된 호시노 운전기사의 도움을 얻어 다른 세계로 가는, 혹은 다른 세계에서 이 세상으로 나오는 출구의 막힌 장애 요소를 거두어내게 된 것이다.

잠재의식이라는 미궁의 출입구를 여는 돌 하나 치워버림으로써 다른 세계로 넘어가는 카프카 소년의 여정에 구멍이 뚫렸던 퍼즐은 맞추어지고 한 소년의 성장통 진단이 내려진다면 세상 참 살기 편하겠지만, 그래도 남는 것은 예술적 감흥이자 충만감이고 도취가 아닐 수 없다.

무용작가론
: 임학선의 위상

도입 : 무용작가의 범주

어느 나라 문학사를 막론하고 그 나라의 시인, 소설가, 극작가 등을 통틀어 한 작가의 작품 세계가 규명되고 사조의 흐름에서 살아남아 시대적 평가가 정착되기까지는 사후 50년쯤의 시간이 걸린다. 그런 시간이 경과한 다음 비로소 한 작가의 문학사적 위상이 정착되게 마련이다.

시대의 흐름이 빨라져서 반세기라는 유장한 시간을 기다릴 수 없는 성급한 현대인의 속도 생리라 하더라도 생전에 아직 한 작가의 작품 세계에 대한 진가가 드러나지 않는 상태에서 작가만이 아니라 사조의 흐름을 문학사에 올리는 것은 성급하다. 적어도 4반세기 정도의 평가 유예 기간을 갖는 것이 타당한 이성적 판단일 것이다.

그런 사리(事理)는 문학사만이 아니라 모든 예술 장르의 역사 기록에 두루 미친다. 무용사라고 해서 다를 리 없다. 한 무용작가의 위상이라는 것은 한국 무용사에 새겨질 자리매김일 것이다. 무용사에 이름이 남을 만한 작가라면 역사적인 거리를 두기 위해서 객관화를 위한 50년의 시간 경과를 마다하지 않는 기다림은 가져야 한다. 하다못해 그 반의 유예 기간쯤 가져야 비로소 한 무용작가의 작품 세계의 진가가 판명날 수 있다. 위악이나 위선 같은 허위의 가면 색깔이 바래고, 세속적인 영합과 과장의 덧칠도 벗겨나간 시간의 경과 속에 조사 연구의 냉철한 분석이 가해졌을 때 비로소 한 작가의 평가는 객관적 잣대의 관문을 통과한다.

그러므로 대학원 석·박사 과정의 한국무용작가론 지도를 하면서 뛰어난 전공과목 설정에 비해 과연 얼마나 제대로 된 무용작가들이 발굴될 수 있을까 나는 늘 궁금했다. 적어도 작가론 정도의 연구 대상이 되려면 그만한 무용작가의 위상이 명확해져야 될 것이며 지도하는 교수의 지적 수준이나 학구(學究) 경력, 연구논문 업적에 신뢰가 갈 만한지 검토가 전제되어야 한다. 석·박사 학위 주제를 천착할 석·박사 과정 대학원생들의 지적 수준은 당연하지만 선정 대상 작가의 객관화 작업을 위한 시간적 경과, 역사적 격리 등도 마땅히 고려되어야 할 것이다.

아무리 천재적 작가라 할지라도 살아 있는 작가는 학문 연구의 대상은 되기가 어렵다. 살아 있는 작가는 언론이나 비평의 세례를 받으며 객관적 자료들이 쌓일 때까지 기다려야 한다. 학술 연구 분야는 그다음 작업 단계이다. 그런 까닭에 파우스트의 동반자 메피스토가 내뱉는 독설처럼 "푸른 초원에서 마른 풀잎이나 뜯는 메마른 작업"인 학술 조사 연구 분야는 작가의 작품 세계에 빠져들어 제2의 감명이나 미학을 전달하는 주관적 평론 작업과 근본적으로 다를 수밖에 없다.

객관적 사리를 검증해나가는 학술 작업은 자료 수집과 조사 연구, 그리고 분석 작업과 체계화가 선행 조건이다. 자료는 이른바 메모 전단 정도의 무의미해 보이는 정보의 단편부터 모든 기록물들이 다 포함

될 것이다. 작가와 작품에 관한 일지, 단편적인 계획서, 편지, 대담, 사진 등 모든 다큐 영상이 한 무용작가의 세계를 떠올리게 하기 위해 동원되고 한 편의 작품이 완성되기까지의 모든 과정이 그려질 수 있어야 한다. 작가의 가계부터 성장 과정과 사상의 형성기, 주변의 인간관계와 그룹 활동, 서투른 선언이나 성명서, 미숙한 발간사에서 신앙고백까지 작가의 정신과 예술 의지를 반영하는 것들이 모두 자료로서 학술 연구에 이바지한다.

그 자료들을 수집 정리해서 주요 부분을 일차로 걸러내는 조사 작업이 연구의 관문이다. 자료의 분석 다음에 서술 목차의 일목요연한 작성에서 작품이나 작가 연구의 구성과 구도의 지형까지 밝혀낼 수 있고 논리적이며 반짝이는 문장력까지 구비된다면 그보다 더 우수한 논문이 나올 수 없다. 새로운 관점에 선 독자적인 논문의 체계 정립이라는 창조적 학술 논문은 일정한 시간의 조사 연구라는 각고 끝에 탄생하는 것이므로 그만한 긴 호흡의 지속성과 끈기를 담보로 하는 학자적 DNA가 없으면 이 무미(無味)한 학문의 현장은 일반 세속사회의 권장 영역에 들지 못한다.

임학선이라는 한 무용가가 있다고 하자. 서울 소재 성균관대학교 무용과 교수로 정년을 1년여 앞둔, 무용집단 댄스위의 대표 — 정도를 인터넷 검색창에 입력하면 그에 대한 공적 개인정보는 박사학위 논문보다 더 상세하게 구체적으로 출력할 수 있을지 모른다.

그러나 그를 둘러싼 문제점이 정보 자료만으로 상쇄되는 것이 아니다. 작가들의 작품들이 모두 수작이거나 성공작일 수도 없다. 임학선의 무용 작품들에 대한 논란도 끝난 것이 아니고 비평가나 학자들 사이의 논쟁도 지속되어야 한다. 우선 당장 한국무용 현대 편년사에 속하는 1970~80년대 이후 현대무용 사조를 창작무용 풍조로 바꾸어나가는 데 주도적 역할을 해온 1976년 '창작무용연구회' 창립 주도자들 면면에 대한 연구가 제대로 이루어지지 않은 가운데 무용작가 임학선의 이름이 오르내리고 있다.

그의 좌표를 분명히 하기 위해서 몇 가지 주요 방향을 설정해볼 수 있다. 첫째는 김매자 주도로 정착되어가는 창작무용 주도자 논란과 그의 동년배 창작무용 1세대들에 대한 연구 조사, 그리고 창작무용연구회 및 대표 임학선의 활동이 그것이다. 무용작가 임학선의 초창기 작품들과 기타 주요 창작무용가들의 무당춤과 엑스터시 몰입 절차에 대한 외형 관점과 시각에 대한 논점도 거론됨직하다. 그러나 무엇보다도 가장 중요한 시각 설정은 무용작가 임학선의 무용 세계를 형성해온 그의 무용적 원리에 대한 추적이 아닐 수 없다.

창작무용연구회 창립 : 신무용류 창작무용과 실험 · 전위의 창무회 세대

창작무용이라는 보통명사는 한국 현대무용 사조사(思潮史)상의 한 흐름인 **창작무용**과 동의어일 수가 없다. 창작하면 다 창작무용인 것이 아니다. 발레, 현대무용 교실이나 강좌에도 창작무용이 들어 있고 지금도 정책적으로 창작무용 인큐베이터 지원사업 등이 있다. 그러나 그런 창작무용은 보통명사일 뿐 한국 현대무용 사조사적으로 부침한 창작무용 운동이나 경향과는 일정한 구획선을 그어야 하는 것이다.

창작무용연구회가 창립된 것은 1976년이었고 대부분 이화여대 한국무용과 졸업생이자 대학원생들이었던 창립회원들은 당시 지도교수였던 김매자의 제자들이었으므로 자연스럽게 약칭 창무회(創舞會)의 발의와 운영 및 조직 구성은 지도교수 의향을 반영하는 외관으로 비쳤던 것이 사실이다. 창작무용이라는 어휘는 당시 이대 무용과 커리큘럼에 발레, 현대무용, 한국무용 전공자들에게 두루 이수되던 과목명이었으므로 한국무용 양식의 고정된 창작무용이라는 사조사적인 의미를 지닌 **창작무용**과는 이 또한 구별지어져야 할 것이다.

김매자의 무용 전용 창무소극장 개관(1985)과 그의 이대 중도 퇴임, 그리고 그 뒤를 이은 (사)창무예술원 운영과 더 왕성해진 그의 창작무용 발표 및 무용전문지『몸』발간 등으로 김매자와 창무회의 일신동체감(一身同體感)이 깊어져서 창무회, 창작무용연구회, 그리고 창작무용이라는 명칭에서 연유되는 관념상의 혼미는 무용사가(史家)들의 철저한 검증을 거쳐야 할 문제로 남는다.

문제는 김매자와 동세대라 할 수 있는 문일지, 배정혜, 김현자, 정승희, 그리고 남성 무용수들 국수호, 조흥동 등의 70~80년대 창작무용 공연 형태들에 대한 양식 규정이다. 그들도 60~70년대 내내 선배들인 신무용 세대와 또 다른 계보의 무용 활동들을 해왔다. 그런 공연을 '전통무용의 재구성'이라고 말하기에는 진보적인, 말하자면 '창작무용' 계보의 작품 활동들을 해온 그들을 통틀어 창작무용 제1세대라 명명한다면 지도교수 김매자를 제외한 창작무용연구회 세대는 창작무용 제2세대가 된다. 그렇게 되면 그 뒤 우후죽순 격으로 창작무용 형태의 작품 활동들을 해온 각 대학 한국무용과 지도교수 이름의 '한국 현대무용'의 대국(大局) 판세 중심에 있는 창작무용 제2세대들과 창작무용연구회 세대들과의 차이와 구별 문제가 떠오르지 않을 수 없다.

계보를 분명하게 하기 위해 60~70년대의 한국 무용사적 정치사회적 배경을 간단히 살펴보면 당시는 군사독재의 탄압 아래 민주화 저항운동이 예각화되던 시절이었고, 관 주도의 계획경제식 현대화 산업화 시대였으며, 한편으로 민족주의적 전통문화 부활 운동이 일어나고 있던 시기였다. 세계 문예사조사적으로 봐도 서구의 문예사조가 막다른 골목에 이르러 부조리연극이나 새로운 서사극형식의 미학이론이 말/언어 중심에서 짓거리/몸 중심으로 바뀌어가고 고전적 아리스토텔레스 이론이 '탈(脫)' 내지 비(非)아리스토텔레스 미학으로까지 변모되던 시기였다. 그리하여 유럽 중심에서 제3세력, 제3세계쯤으로 밀쳐졌던 아시아, 아프리카, 중남미의 전통예능에서 공연예술의 탈출구를 찾으려는, 세계 문예사조 자체가 혼미를 거듭하던 시기였다. 동양 전통의 육예(六藝), 제3세계의 **몸** 중심 예능이 자연과 우주를 대변한다는 사실을 현대미학은 뒤늦게 깨닫게 된다. 몸의 문화는 건강한 대지의 문화이며 전통과 원초(原初), 자연과 우주와 소통하는 쌍방향 발·수신의 과업을 수행하는 연행(演行, *performance*) 이론을 통해 처음이 끝이자, 소박함이 바로 최첨단 기술이며, 극과 극이 최단거리로 직결되는 건강한 육신이 *Urdrama*(원초적 드라마) 형식으로 받아들여지기 시작한 시대이기도 했다.

이런 사조적 전환 국면을 감지한 한국 무용사, 특히 한국 현대무용사가 새로 씌어지기를 요구한다. 20세기 초엽 개화기를 거치며 신극사, 신무용사를 쓰기 시작한 한국 공연예술 '현대편'이 전통예능의 각피(殼皮)를 거쳐 신극 리얼리즘 사조에서 마당극의 탈놀이 같은 입담과 사회의식을 담아내고 신무용의 역사도 최승희식 신무용 일변도에서 창작무용 사조로 바뀌게 되는 계기는 필연적이었다 해도 지나칠 것이 없다.

그런 뒤끓는 사조의 흐름 가운데는 여러 유파들이 휩쓸려 흐른다. 그러므로 여기에는 선진국의 문예사조가 시대 구분도 없이 교과처럼 수용되어 낭만주의와 자연주의가 맥락을 같이하고 개화기 이후의 구극과 신극의 병행도 함께 뒤섞인다. 문학사의 사조들이 공존했듯이 무용 조류도 전통적 정재가 있는가 하면 민간 민속무용이 있고 기방춤이 있으며 고전발레와 모던발레의 학습에다 최승희의 신무용, 덩컨의 현대무용을 배운 한국 현대무용의 새싹도 함께 문을 연다. 이런 조류와 함께 전통 공연 양식에 현대 의식을 가미하는 젊은 마당극 세대와 비슷하게 창작무용 세대의 무용 표현 양식 변화 의지가 소용돌이치는 혼미와 실험 — 그런 활기와 현기증의 시간도 공유되고 있었던 70~80년대는 모색과 방황의 계절이었다.

그런 전환기의 창작무용 제1세대들이 전통무용의 제자들인 반면 대학에서 신교과목에 의한 무용 교육을 받고 나온 창작무용연구회 제1세대는 실험과 전위의 젊은 20대들이면서 서로 한국 현대무용사적으로는 서로 겹치는 시기를 살며 두 계열의 현대 한국무용의 운동 방향이 마련되고 있었던 것이다. 비교적 온건하게 개별적으로 전환기의 변모 양상을 이끌어가던 창작무용 제1세대들인 문일지, 배정혜, 김현자, 정승희, 국수호, 조흥동 세대에 속하면서 동시에 창작무용연구회 제1세대의 지도교수였던 김매자는 젊은 창무회 세대들의 전통무용에 대한 교습과 젊은 저항적 실험정신 갈구라는 앰비밸런스(Amvibalence)의 양가(兩價)감정에 어느 정도의 이해도가 있었을까 — 유감스럽게도 그런 측면에 대한 자료는 거의 없다.

창무회가 결성된 지 7년이 지난 1983년, 처음으로 창무회 기관지가 나왔을 당시 창간호에 격려사를 보낸 김매자는 창무회 창단 멤버들의 전통에 대한 저항 정신과 실험·전위성에 유의하지 못한 듯하다. "서로 간의 소식과 기억을 되새기는" 정도의 회지, 그리고 "창작 활동과 전통 보존의 사명감"을 과제로 제시한 지도교수의 격려 한편에 창작무용연구회 회장 자격으로 창립 단원들을 대표한 임학선은 발간사에서 "한국무용의 현대화"를 표방하며 이렇게 주장한다 — 표현 방법으로서의 춤사위가 현대적 감각에 맞는, 즉 이 시대를 말할 수 있는 새로운 언어가 절실히 요구되고 있다고.

한국 무용 예술에 있어서 무용 언어의 문제가 언급된 이 중요한 표현에 유의하는 무용사가들이 없다는 것은 한국 무용사의 무감각을 단적으로 드러낸다. 새로운 언어를 찾아 나선 새로운 세대 창무회의 의식화는 창작무용 제1세대와 이 점에 있어서 감각적으로, 생리적으로, 또 컬러에 있어서 다를 수밖에 없는 것이다.

'무엇'이라는 본질보다 '어떻게'라는 표현 방법을 모색하는 임학선, 윤덕경, 최은희, 이노연, 김영희, 임현선 등 젊은 창무회 멤버들은 창작무용이라는 사조적 명칭과 방향을 지키고 지도교수는 전통무용, 혹은 전통의 재구성을 지향한다. 창무회 창간호 편집인 자격으로 최은희는 공동 활동 내용을 중점적으로 엮으며 메모식으로 "우리의 얼과 숨결을 간직하려는 의식과 우리가 처해 있는 시대적 사회적 상황 속에서 가능한 한 우리들의 살아 있는 몸짓을 보여주려 한다"고 창무회지의 취지를 적고 있다. 이 무렵의 창작무용 소품들은 그래서 〈도르래〉, 〈고시래〉, 〈춤, 그 신명〉, 〈넋들임〉 등 '공동체적 신명'을 포인트로 삼는 무속적 엑스터시 도입이 두드러진다.

무속적 엑스터시 몰입 절차와 유사 엑스터시의 창작무용

신명의 폭발이 집단적 오지(orgy) 형태로 나타나는 표현 수법에서 전통무용의 언어 감각적 일탈 형식을 어떻게든지 표현해내려는 창무회의 젊은 열정들도 드러내놓고 전통적 무용 형식에 대해서 모를 세울 수는 없다. 최소한도 버선을 벗은 맨발, 반쯤 저고리를 벗은 맨살의 어깻죽지, 그리고 미친 듯이 엑스터시 상태에서 도무하는 창무회 제1세대들의 육체적 몸의 표현 기법은, 그 정도만 가지고서도 전통무용 기성세대들의 한탄과 비난에 직면하지 않을 수 없었다.

그 정도의 얌전한 길 찾기 지명(地鳴)이 거의 10년을 가면서 창작무용의 반항과 저항은 그 정도였다. 계속해서 창작무용 계보의 작품 활동을 하면서 한국무용 파트의 춤꾼이나 안무가들은 창작무용 작품 활동을 한다고 공개적으로 드러내놓고 사조의 방향을 밝히지 못한다. 그렇게 1980년대, 90년대, 그리고 21세기 들어 2010년대까지 한국무용 공연은 창작무용 공연 아닌 것이 없는데 그 차고 넘치는 공연들이 창작무용이라는 언표(言表)도 못한 채 두어 차례 더 사조가 생기고 바뀔 수 있는 현재까지 현대 한국 무용사는 여전히 신무용입네, 창작무용입네 입방아만 찧고 있는 것이다.

처음 방관자적인 입장에서 후배들의 창무회 방향 설정을 바라보던 온건한 신무용류 창작무용 제1세대들이나 전통무용 세대들의 입장에서 보면 이런 뜻밖의 발상과 과격한 표현 양식을 찾는 창무회 제1세대들의 무용 양식과 안무 방식은 이해할 수 없는 돌발적 발상이며 함부로 날뛰는 근거 없는 춤사위로 보였을 것이다. 그렇다고 그런 편견이 반세기나 가는 한국의 현대무용은 어쩌면 실험성도 전위성도 없는 고식적(姑息的) 놀이판 이상도 이하도 아니다.

창작무용에 대한 공식적인 논평 기록 자료는 남아 있지 않은 듯하다. 창무회 취지에 동조하는 입장으로 돌아서서 지지하는 지도교수 김매자를 가운데 두고 두 계열의 성격과 색채가 창작무용이라는 하나의 용어로 흡수되어나가자 무용계에, 또는 학자들이나 평론가들 사이에도 관념상의 혼란이 온다.

이 시점의 김매자와 배경이 되는 동시대 창작무용 제1세대 무용인 연구와 창작무용연구회 제1세대 연구는 별도 과제로 다루어지는 것이 옳을 것이다. 그래서 창작무용 1세대들 작품들을 나는 신무용류 창작무용으로 규정짓고, 창작무용연구회, 약칭 창무회 창작작품들을 시대저항적 창작무용으로 구분했으면 한다.

무용작가 임학선은 그렇게 창작무용 제1세대와 구별된다. 그렇게 분리된 창무회 제1세대 계열의 창작무용 세대 초창기 동인 카테고리 안에서 그의 위상이 논의된 다음 전체적인 한국 현대무용·창작무용 사조 계열 안에서 다시 그 위상과 비중을 다루는 것이 한국 무용사가들의 과제가 될 것이다.

1970년대 말에 들어 갑자기 대학 입학 정원이 늘고 전국적으로 무용학과들이 창설되면서 무용수들이 무용 공연과 함께 교수 업적 쌓기로 논문도 쓰고 석·박사 학위논문 제출을 위하여 대학원 입학 추세가 두드러졌던 것은 시세를 앞서 본 교수 임용에 대비한 처세였다. 그러다가 각 대학 무용학과의 전임이 된 무용수들이 소속 대학에 대학원 무용 과정을 개설하고 자기 산하의 단원들을 소속 대학원 석·박사 후보로 받아들이면서 학위논문 연구 대상의 무용작가로 지도교수를 내세우는 학문적 영합이 공공연히 이루어진 것은 적지 않은 문제점을 야기한다. 대학원 석·박사 후보들은 지도교수의 작품에 출연했던 경험을 바탕으로 자기가 출연했던 작품론을 쓰기가 손쉽다. 지도교수를 제쳐놓고 라이벌이 될 수도 있는 다른 대학의 현역 무용수나 교수를 학위논문 대상으로 내세우기는 도무지 어불성설이다. 그렇다고 해서 근대사적으로 정리된 자료가 미미한 한국의 전통 한국무용 역사는 전범(典範)이 될 만한 무용작가들을 예시해주지 못하기 때문에 부득이 지도교수가 살아생전에 학위논문의 대상이 되는 학문적 악순환이 이루어진다.

그런데 왜 하필이면 이 글에서 현직에 있는 무용작가 임학선이 주제가 되는가 — 무용작가 임학선의 위상을 다루는 이 글은 그의 자료 집성에 이바지한다. 평가를 내리거나 비판하기보다 그의 공연 작품에 대한 특정인(이상일)의 평필을 모은 자료들의 미비한 부분을 보완하는 수준에서 창무회 제1세대인 임학선의 위상을 살펴보면서 초기의 작품에서 자주 언급되는 무당춤의 엑스터시 몰입론을 보완하는 이 글은 당연히 자료 수집의 한계를 넘어서지 못한다.

1975년 임학선이 완성한 「진오귀굿의 무당춤에 대한 고찰 — 이지산씨를 중심으로」라는 논문은 아마 무무(巫舞)를 연구 주제로 한 최초의 석사 논문이었을 것이다. 무속이 학술적 연구 주제가 되고 혹세무민의 굿에서 민족문화의 근원에 이르는 원초적 종합예술의 원형을 본 것은 1970년대 후반에 결성된 향토축제협의회(김태곤, 한만영, 이상일)의 면면들에 의해서였다. 굿에서 축제만이 아니라 전통예술의 원형을 읽어낸 협의회 구성원들은 원초적 종합예술인 축제에서 굿의 제의 절차만이 아니라 음악과 연극과 무용의 원류를 분명히 추출 분석해내기 위하여 굿의 예술적 양식화를 도모하고 예술적 장르를 분담 조사하는 전진적 자세를 갖추었던 것이다.

그리하여 연극 쪽에서 내가, 음악은 당시 서울 음대 교수였던 한만영, 무속 제의에 김태곤 원광대 교수와 경기대 교수였던 장주근, 무용에 이대 교수였던 김매자, 대학원 박사과정의 임학선, 미술 분야에는 갓 독일에서 무대미술을 공부하고 돌아온 조영래, 그리고 민속학 분야의 관동대 교수 김선풍, 민속박물관의 하효길 등이 조사와 분석 연구에 뜻을 함께했다.

당시의 민족주의적 국수주의에 이끌어졌던 신(新)전통주의 바람이 대학가의 탈놀이 등 민속과 전통 의식을 새롭게 해석해내고 접근하기 시작하면서 현대적 사회의식의 면모를 갖추게 하는 마당극 운동이 일어나고, 창작무용 쪽에서 전통에 바탕을 둔 도전적인 실험과 전위성을 부여한 운동이 일어난 것은 시대적 소명이었다. 전통예능과 민속예능을 신전통주의 시각에서 민족문화의 원천으로 간주하는 일단의 젊은 세력들은 굿을 혹세무민의 측면에서보다 한국문화의 근원, 세계문화의 위대한 유산으로 받아들인 측면이 있다.

한국 샤머니즘을 굿의 출발로 간주하면 무당춤이 당연히 한국무용의 기원에 오른다. 무당춤의 핵심인 무당이 무당 자격을 공인받는 입무과정은 크게 강신무와 세습무로 나누어진다. 무병(巫病)이라는 신병(神病)을 앓고 나서 신을 받아 모시게 되는 내림굿을 할 때 가장 주목을 받는 부분이 작두타기 절차이다. 말하자면 신이(神異)를 보여주는 이 부분에서 무당 후보는 앞으로 지도교수 역할을 해줄 선배 무당 신모(神母)에 이끌려 엑스터시(忘我/恍惚) 상태의 무의식 가운데 예언 형식인 '공수'를 내린다. 이 알아듣기 힘든 독백 같은 방언의 신이를 신모가 받아서 알아듣게 재구성한 문맥으로 제주(祭主)에게 전달한다. 이런 일련의 제의를 통해 신비한 신이를 증명한 무당 후보는 신딸이 되어 신모를 따라 굿의 제의 절차와 무가, 춤, 재담까지 배워야 한다. 그러므로 강신무라 하더라도 결국은 세습무처럼 학습무의 과정을 겪어나가는 법이다.

임학선 창작무용연구회의 초기 작품들만이 아니라 창작무용가들의 작품에서 무당춤의 엑스터시 몰입을 특징으로 삼는다는 지적은 무당 내림굿 과정을 외형적으로 분석하는 경우 일면 타당하기도 하다. 무당춤에 황홀·망아의 입신(入神) 상태가 없다면 무당춤이 아니라는 견해도 일리가 있다. 그러나 무무(巫舞)가 엑스터시 몰입을 포인트로 삼는다 하더라도 무당춤 전체가 엑스터시로 일관되는 것은 아니다. 무당춤의 망아 상태를 지나치게 강조하는 것은 무속의 신비주의를 과대 포장하는 것이다. 더욱이나 창무회 제1세대들의 초창기 작품들이 풍기는 엑스터시 몰입 표현은 어쩌면 고전적인 엘리아데의 샤먼 엑스터시 기법의 반복 현상일는지도 모를 일이다.

한국 창작무용의 엑스터시 몰입 현상은 무당 개인과 그가 속해 있는 제의 공동체라는 집단 두 측면에서 분석되어야 한다. 무당 개인의 망아와 입신 지경과 마을이라는 제의 공동체와의 일체감 형성 계기로 삼는 선도적 역할 기능은 무용 공동체 형성의 길라잡이로 자신을 전이시키는 무대 작품의 형상 조성과 표현 방식에 있어서 건너뛸 수 없는 경계를 짓는다.

무당의 입신/망아 상태와 엑스터시 현상 표현에 집중하는 창작무용 안무자의 조형력 사이에는 의식의 차이가 있는 것이다. 따라서 표현되는 형상 자체가 분명히 다르다는 사실에 주목해야 한다. 그렇게 보면 중요한 포인트로서 엑스터시 몰입은 무용예술가의 집중력과 응축력을 담보하는 의식화 작업의 일환으로 분석될 수 있을 것이다. 의식화는 지적 과학화 활동이며 예술화 작업이다. 그런 예술가의 지적 작업은 예술가의 과학적 활동의 일환이지 그냥 소박하고 단순한 무당의 무의식과 입신 차원과 구별됨으로써 무용가의 엑스터시 몰입 현상은 모방 흉내의 예술가적 재현일 수밖에 없다는 점이 지적될 수 있다.

따라서 창무회 창립회원들의 초기 작품들이나 여타 창작무용가 작품에서 두드러지는 엑스터시 몰입 현상의 외형은 무당의 내림굿 과정에서 목도되던 엑스터시 상태와는 달리 어쩌면 이성과 의식으로 계산된, 예술로 과학화된 의도된 엑스터시, 곧 유사(類似) 엑스터시 표현일 뿐이다. 바로 인공적으로 만들어진 엑스터시, 망아 상태는 예술적 황홀의 엑스터시로 간주되는 것이 옳다. 의도적이고 계산되고 예술로 과학화된 의식적인 엑스터시는 자기 정체를 놓치기보다 자기 집중이 고도화되고 그만큼 자기 무대를 단숨에 장악할 정도로 지배력과 응축력도 확보되어 있어야 할 것이다.

예술가에게는 열중과 집중은 있어도 엑스터시는 없다. 망아 상태는 점복과 예언을 낳는다. 그러나 예술가는 작품을 창조한다. 무당에게는 엑스터시는 있지만 예술은 없다. 예능이 있을 뿐이다. 그런 전통적 민속적 예능은 원초적 종합예술인 굿과 향토축제에서는 두드러지는 민속적 현상이지만 오랜 학습과 훈련과 수련에 의하여 예능은 예술로 다듬어지고 격상되어간다. 창작무용 제1세대들이 그 작업을 해낸 것이다.

임학선 무용공연의 궤적 : 무무 계열에서 현실적 일상과 시사성의 도입, 그리고 고대 신화사회로

창작무용연구회 창립 초기 작품들, 이른바 창작무용 초기 작품들은 지도교수였던 김매자나 연구회 대표였던 임학선으로부터 터져 나온 것이라기보다 오히려 연배로 봐서는 몇 년 아래인 최은희, 임현선이 먼저 발표한 것으로 되어 있다. 1976년 창단 다음 해 창무회는 발표회를 갖는다. 제1부 전통무용과 그 재구성 발표 다음 제2부에서 비로소 독자적인 제명(題名)을 들고 나온 작품들이 창작무용연구회의 창작무용 계열이리라는 추정이 가능하다. 그러나 유감스럽게도 발표 팜플렛 어디를 훑어보아도 안무자나 출연자의 의도라든지 표현 양식에 대한 새로운 선언, 그리고 '창작무용'이라는 명칭과 양식의 특출한 측면에 대한 언급이 없다. 어떻게 보면 창립 초창기의 젊은 미숙성과 조직의 미비에다 회비로 유지되는 창무회가 그런 기록을 남길 정신적 경제적 여유가 없어서 공연 기록들도 3, 4년 지나서 겨우 1979년 창무회지 창간호에 일부 기록으로 남게 된다.

이화여대 한국무용 전공 졸업생들의 동인 단체인 창무회 창단 멤버 (대표 임학선, 장푸르메, 이주경, 이민숙)들의 느슨한 조직체는 77년 임현선의 합류, 그리고 1978년 최은희, 이노연의 입단으로 제1회 창무회 무용발 표회를 연다. 그러니까 창단하고 나서 만 2년이 지나 비로소 창작무용 연구회, 창무회가 아쉬운 대로 창작무용이라는 이름을 걸고 장르 설정 에 대한 설계와 시범, 그리고 종전의 신무용과 무엇이 다른가를 보여준 셈이다.

공식적인 선언문이나 취지문이 없었던 것은 사조사 성립의 문헌 자 료나 기록 수집에 결정적인 마이너스 요인이다. 뿐만 아니라 공연 양식 이나 표현 기법에 대한 찬반을 막론하고 합리적 반응조차 입수할 수 없 다는 사실은 기록에 무심한 민족성 그대로라 여간 유감스럽지 않다. 창 무회 공연팀의 의식이 미숙했던 것도 사실이지만 문화예술 관계 언론 매스컴의 반응도 창작무용 사조의 출발에 대해서 무감각했던 것도 사 실이었다. 이른바 창작무용 제1세대라고 하는 문일지, 배정혜, 김현자, 창무회 지도교수 김매자 등이 신무용의 변형, 전통의 재구성을 내세워 도 의식적으로 창작무용의 이름을 내세우지 못한 탓에 창작무용이라는 명칭은 창무회 제1세대들의 무용 발표로 공식적인 기록이 되었다.

임학선의 창작무용은 1975년 석사학위 논문 「진오귀굿의 무당춤에 대한 고찰 ─ 이지산씨를 중심으로」 같은 무속 연구 이후 본격적인 〈도 르래〉(1980), 〈새다림〉(1983), 〈인다리〉(1985) 등에 의해 장르 영역이 무용 계 전반으로 확대되어갔다. 이 무렵 전통무용과 구별되던 최승희 신무 용 사조에서 잠재적으로 새로운 변화를 모색하던 이른바 창작무용 제1 세대들은 뚜렷한 사조적 명칭을 내걸지 못한 채 최승희식 신무용의 전 환을 의도해서 변화를 모색해나갔다. 그들의 의도하지 않은 일치된 무 용 풍조 변화 욕구는 뚜렷한 명칭이 없어서 '신무용류 창작무용'이라고

무용작가론

불려질 수도 있다. 그 단계에 창무회의 공연이 창작무용 연구 모임, 곧 창작무용이라는 사조사적인 의의를 갖는 명칭을 달고 (아직 사조 운동으로 까지 의식화되지 못한) 땅울림을 울린 셈이다. 그 땅울림은 급속히 한국무용 전반에 걸쳐 파급된다. 그렇게 창작무용이라는 장르와 풍조와 양식이 전반적으로 한국 현대무용으로 정착되어간 것이다.

그러므로 창작무용 사조와 명칭은 창무회에서 시작되고 한 세대 앞서간 세대들은 이름 없는 창작무용 세대로 신무용과 창작무용 사조 사이에서 부침하다가 결국은 다음 세대인 창무회 세대와 합류하게 되는 것이 현대 한국 무용사의 주류 세력들이다. 신무용 20년, 그리고 나서 창작무용 2, 30년 하면 한국무용의 현대사는 그 다음 사조에 대해서 방황의 시간을 너무 오래 가진 셈이다. 적어도 늦어서 90년대쯤, 아니면 새 밀레니엄 시대 시작 초기쯤 해서 새로운 무용 세대와 사조, 그리고 또 다른 무용 표현 양식쯤 나왔어야 하는 것이 현대 한국 무용사의 바람직한 궤도이다.

임학선의 창작무용 활동은 창무회 활동과 그 맥을 함께한다. "이 시대의 우리 춤을 추자"는 창무회의 슬로건과 함께 우리 춤의 무용 언어를 찾는 초창기 정신이 신선한 1970년대 후반, 그리고 80년대가 주목되어야 할 시기이다. 〈도르래〉, 〈새다림〉, 〈소리·사위〉, 〈인다리〉 등 80년대 초기 작품들은 그의 무속 연구와 흐름을 같이하여 굿·제의적인 민속무용, 그래서 강신무의 내림굿 형태인 엑스터시 몰입 형태가 강하다. 그러나 무용작가로서의 임학선만이 아니라 그 무렵의 창작무용 전반에 흔히 보이는 엑스터시 몰입 형태는 앞서 지적, 분석한 대로 예술가의 의식적, 과학적, 만들어진 엑스터시, 곧 유사 엑스터시 아니면 예술 엑스터시 형태라는 사실을 놓쳐서는 안 될 것이다. 다시 강조해 말하거니와 예술가는 강신 무당이 아니다. 무당은 엑스터시의 황홀경/무아상태에서 무의식의 입신 지경을 높이 치지만 창작무용의 무용예술가들은 예언을 하는 것이 아니라 맑은 의식으로 무용예술을 창조한다.

창작무용의 미숙한 방법론을 가지고 창무회는 창단 다음 해 조직의 강화를 꾀하고 1978년 제1회 창무회 무용 발표회를 통해 창작무용의 실태를 선보인다 — 임학선 · 임현선 안무/출연의 〈거미줄〉, 이노연 안무/출연의 〈초심〉, 그리고 최은희 안무/출연의 〈이 한송이 피어남에〉가 말하자면 창작무용의 고고성(呱呱聲)인 셈이었다. 제2회 발표에서는 개인 안무보다 집단 안무 형식을 취하여 〈도르래〉와 〈소리 · 사위〉를 탄생시켰으며 대한민국무용제 참가작품으로 임학선 안무의 〈고시래〉, 최은희의 〈넋들임〉(1982년 무용제 대상), 김명숙의 〈신새벽〉(1983), 이노연의 〈열림굿〉(1983), 윤덕경의 〈연에 불타올라〉(1983), 김영희의 〈나는 왜 춤을 추나〉(1983), 임학선의 〈불림소리〉(1984) 등 신작들이 발표된다. 이 시기는 말하자면 현대 한국 무용사에 있어서 창작무용 탄생기라 할 수 있을 것이다.

무속굿을 소재로 한 〈고시래〉(1981)와 〈새다림〉(1983)에 앞선 〈거미줄〉(1978), 〈도르래〉(1981)와 〈소리 · 사위〉(1981)가 공동 안무 작품이라는 의미에서 창무회 집단 의식의 발로라고 한다면 1984년 임학선무용단이 창단됨으로써 임학선은 독자적인 창작무용 활동으로 〈불림소리〉(1984), 〈인다리〉(1985) 등의 대표작 외에 〈지혼〉(1985), 〈산 자를 위한 방황〉(1986), 〈천도〉(1995)와 〈붉은 부적〉(2000) 같은 작품들을 발표한다.

이러한 무속 모티브 취향에서 작품 성향이 바뀌는 것은 〈우리 둘〉(1986), 〈민들레 왕국〉(1989) 이후부터이다. 무속 예능에서 빌려 쓴 모티브라든지 입신, 망아적 엑스터시는 무용예술적 엑스터시가 아니라고 지적해온 나는 임학선의 무용 세계가 자의식이 없는 망아나 황홀 상태에서 빚어지는 무의식의 소산이 아니라 계산된, 인공의, 과학적, 예술

정신의 의식화 작업이라는 측면에서, 또 현실적 일상으로 돌아온, 사회적 역사적 사상(事象)에의 접근이라는 측면에서 주목해야 할 전환점이라고 판단한다. 이 무렵에 임학선 무용 세계의 원리가 태극 구조의 기본기로 갖추어지기 시작한다.

〈흰 새의 검은 노래〉(1990), 〈마음꽃〉(1992), 그리고 〈비무장지대에 서서〉(1995) 등이 임학선의 무용작가적 위상을 단순 위계에서 복합 위계로 바꾸는 계기가 된다. 창작무용에 일상 소재를 적용시킨 점이나 사회성에 표현 기법을 원용, 확대 발전시킨 점을 주목해야 할 것이다.

서울시립무용단장 시절의 〈고구려의 혼〉, 〈밝산〉 등은 소품 위주의 창작무용 작품을 대형 무대에 적용시키며 동시에 소재를 역사의 시원(始源)인 고대사회와 신화 세계로 소급시킨다는 의미에서 무속의 원초적 심성과 역사의 근원으로 맥락을 함께하며 마침내 춤의 근원으로서 동양 무용의 시발이라 할 수 있는 일무(佾舞) 연구와 작품 〈위대한 스승 공자〉로 심화 발전되어간다. 무용 원리의 학리(學理)에 무용작가 임학선 무용예술의 궤적이 발전적으로 성장되어간 것이라고 말할 수 있을 것이다.

태극 구조의 기본기와 임학선 무용 세계의 원리 (1)

최근 들어 거의 모든 한국무용가들은 자기 나름의 표현 기법을 춤본, 무용기본 등의 이름으로 정리 발표하고 있다. 그런 기본 기법의 정리는 무용 언어의 알파벳, 혹은 닿소리, 홀소리의 한글 자모로 간주할 수 있다. 이러한 알파벳, 혹은 자모로 꾸며지는 맞춤법이 들어서 비로소 한국무용의 문법이 이루어지고 무용 언어의 개발이 가능해질 것이다.

우리의 전통무용은 어쩌면 사제 간에 이심전심으로 전수되는 비의 (秘儀)의 전달 수단을 중시하는 것처럼 보인다. 무예(武藝)의 각종 비법이 유파에 따라 자기들 기법의 신비함을 강조하기 위하여 학문적인 연구 체계도 없이 알아들을 수도 없는 수수께끼 주문 같은 말들을 엮어 맞추어 이른바 근원을 알 수 없는 서책을 비본(秘本)으로 전하는 경우도 더러 있다고 한다. 그 비본을 신성시하여 글귀 하나 바꾸지 않고 달달 외워 권위를 덧칠하면 제자들은 그것만이 진리인 것처럼 자신들이 입신 지경에 이르렀다고 자부한다. 따라서 극단적으로 말하면 이 세상의 기서 (奇書)라는 것들이 사실은 별 내용도 없고 어쩌면 기술 기법의 발전마저 가로막는 장애 요소로 작용할 수도 있는 것이다. 이른바 예술의 경지나 수준이라는 것도 유파에 따라 스승과 제자 사이에 그들 유파의 권위를 높이고 신비감을 더하기 위하여 근원을 알 수 없는 수수께끼 같은 주문 형식으로 기법을 전달하는 경우가 없다고 할 수 없다.

이심전심이라는 것은 학문적인 연구 체계가 이루어지기 전에 이른바 직관으로 전달되는 교육방법의 일종이다. 그러나 교육방법이 과학화되고 연구 체계가 갖추어지면 직관이라는 주관적 전달 방법으로써는 보편적인 학습 습득이 어려워진다. 그런 까닭에 문법이 없고 언어 체계가 서지 않는 전통무용을 위한 학문적 연구 체계가 누군가에 의해 수립되리라는 기대는 무용인들이라면 누구나 갖는 희망사항이다. 북한에서는 최승희 사후에 보상이라도 하듯 그의 무용 기법이 출간되었다. 우리는 전통무용 기록으로서 무보(舞譜) 작성이 고작이었다. 무용가들이 자기의 무용 기법을 전수하려면 저마다의 노하우에서 우러나는 방법론이 없을 수 없다. 그러나 노련한 대가들도 제대로 이론적 수련을 받지 못했기 때문에 대개 자기가 전수받은 도제식 이심전심의 수법으로 무용 교육을 대체해온 것이 사실이다.

한국무용의 대가들, 선배들이 이룩해내지 못한 교육적 방법론을 세우기 위해 대학에서 제자들을 가르치던 무용과 교수들이 조금씩 자기의 방법론에서 무용의 기본 틀들을 만들어내기 시작하였다. 그렇게 발표된 것이 김매자의 〈춤본〉 같은 '작품'이다. 그 춤본은 한국 전통무용의 기본을 체계화시키며 한국무용의 기본 문법을 만들어내려는 노력의 결실이다. 그러나 문법은 체계적으로 다듬어지면 교과서처럼 고정되어 무용 문법을 통한 언어로서 무용문장(론)을 만들어나가야 하기 때문에 창작 '작품'으로 발표되면 곤란해진다. 알파벳 맞춤법이 언어로 문법화되어 글로써 문장이 되기까지에는 몇 가지 단계가 있어야 할 것이다. 한글 자모의 글자꼴이 갖추어지고 그것이 가나다라는 글자가 되고 그 글자로 문장이 구성되어 시나 소설 형식의 문학작품이 만들어는 논지(論旨)와 비슷하게 무용의 기본 틀은 무용 예술작품을 만들어내기 위한 기본 바탕, 무용 언어, 문법이 되어야 할 것이다. 그런 과정과 절차를 생략한 채 무용은 이심전심으로 전달된다는 전래의 교육방법은 일종의 종교적 수도 방식이다. 그런 방식은 결코 예술 교육의 정도(正道)라 할 수가 없는 것이다.

그러나 무용 교육자들이 저마다 모두 자기 나름의 노하우를 가지고 자기 체험에 의한 교본을 마련하는 경우 그런 개인 차원의 사적인 방법으로서는 한국 전통무용의 통일된 교본이 마련되기 어렵다는 사실은 뻔하다. 거기에다 무용 교육자가 아닌 무용 예술가들이 자기들의 방법론을 기본 기법, 춤본, 또는 교본으로 규정짓지 않고 그 자체를 하나의 '작품'으로 발표해버리면 무용을 배우는 학생이나 극장의 관람객 같은 아마추어들은 한국무용의 원리에 대해서 예술가들 숫자만큼의 여러 전개 방식 때문에 정곡(正鵠)을 놓치고 헤맬 수밖에 없다.

무용의 기본기나 춤본, 교본은 원리의 제시이다. 그런 점에서 무용의 춤본이란 무용 언어와 무용 문법을 적어놓은 과학이며 따라서 그것은 철저히 객관적 표현이 되어야 할 것이다. 그 객관성은 무용 언어와 무용 문법에 대한 조직화이자 체계화이고 그런 다음 단계로 작품이 되어 공적인 발표의 순서로 나아가야 할 것이다.

그런 객관성을 담보하기 위하여 무용이라는 이 추상적 관념적 예술 행위에 과학적 분석과 논리적 체계화가 선행될 수밖에 없고 그런 선행 작업을 위하여 누가 얼마만큼 학술 연구 업적으로 무용계 전반과 일반 관객들을 수긍시키고 설득시키느냐가 관건이 아닐 수 없다.

임학선 무용 세계의 기본 틀은 그가 이론적 배경으로 찾아낸 필체(筆體), 학체(鶴體), 궁체(宮體)를 통합한 태극 구조의 원리이다. 이 원리를 적용시켜 초창기의 창작무용 작품들을 형상화해나간 그는 무속무용의 신무용화, 이른바 현대화를 노린다. 1970년대 후반부터 80년대 초반에 걸쳐 이루어진 무속의 제의공동체적 오지(orgy)는 난장이라는 열광적 엑스터시의 현상을 특징으로 삼는다. "이 시대의 우리 춤을 추자"라는 창무회 창단 이념과 실험 정신이 태극 구조의 원리를 적용하면서 필체, 학체, 궁체의 표현 기법이 창작 실험에서 전통적 서정의 형상화라는 제2단계로 발전해나간다. 서정적인 춤의 그림은 여성 특유한 섬세함의 무대화이자 일상적 소재의 주제로 바뀐다. 〈우리, 둘〉, 〈날개옷〉, 〈민들레 왕국〉, 〈마음꽃〉 등에 스며 있는 섬세한 표현 기법과 맞아떨어지는 심성의 다양한 부드러움이 무속적 문화 기층의 활력을 다듬어나가는 것이다. 기본적으로 갖추고 있던 집단적 에너지가 세련되어나가는 이 제3단계에서는 역사적 사회적 의식이 임학선 무용 세계의 거시적 안목을 확대한다. 정신대를 소재로 한 〈나무비〉, 환경문제를 다룬 〈흰 새의 검은 노래〉, 〈비무장지대에 서서〉 같은 일련의 작품들은 기층 문화권의 잠재의식을 표층으로 끌어올리는 창작무용의 영역 확대와 한국무용의 새로운 창작 실험 속에 나래를 접었던 시대의식과 민족적 서정성을 보다 넓은 시야로 풀어내는 일련의 작업이 태극 구조의 원리 활용이라는 측면과 맞아떨어진다.

그런 작업 과정에서 얻어낸 춤꾼과 안무자로서의 체험 및 노하우가 그로 하여금 자기 나름의 한국무용, 내지는 범무용적 기본 틀을 완성시켰다면 그의 무용 기본 기법도 최승희의 민족무용 기법이나 김매자의 춤본, 또 그 외 창작무용 제1세대들, 예컨대 배정혜나 김현자의 춤본이라든지 윤덕경, 최은희, 김영희의 기본 기법과 무엇이 다를까. 특이한 것은 최승희가 기본 기법을 교본 형식으로 간주한 반면 창무회 출신 안무자들 경우는 저마다의 방법론을 집약시킨 기본 춤을 하나의 '작품'으로 간주한다는 사실이다. 작품으로서의 기본 춤은 아직 교본 춤으로서 교과서 양식이라고 명명하기가 어렵다. 적어도 교본 정도가 되려면 체계적 주도 논리가 명징해야 하고 다른 무용수들의 긍정적 동의가 전제되어야 하고 무용학회나 협회 등 공적인 기관의 합의가 뒷받침되어야할 것이다.

그런 점에서 보면 임학선 무용 세계의 기본 춤은 이심전심의 구도적 단계를 넘어 과학적 객관성을 제시하고 있다. 무엇보다도 필체, 학체, 궁체의 춤사위 유형 구조와 맺음, 어름, 풀음의 춤 기법 구조, 그리고 점, 선, 원의 동작선 구조와 정지, 들숨 날숨의 호흡 구조를 연계시켜 태극 구조의 기본 틀을 마련한 것이 이론적 체계로서 설득력을 갖는다. 대체로 각종 무용 기법들이 몸 만들기를 전제로 하는 데 비해 태극 구조의 기본 틀은 균형 감각, 호흡 감각, 신체적 유연성과 근육 강화, 긴장과 이완 및 상승과 낙하의 조절을 위하여 다양한 한국무용 기법을 12단계로 묶고 그 단계 하나하나마다 필체, 학체, 궁체의 춤사위 유형으로 순환시켜 36가지 춤동작을 전개시킨다. 그렇게 되면 연관성 있는 동작을 하나로 묶어서 정적인 동작과 동적인 동작이 적절하게 결합되어 영속적인 움직임이 가능해져서 무용 언어의 문법이 이루어지고 그 문법에 따라 무용 언어가 문장이 되어 무용적 시가 되고 드라마가 될 수 있는 것이다.

그런 의미에서 태극 구조의 기본 춤은 필체 학체 궁체의 합체로 한국적 동양적 태극의 원리를 설명하고 해석하고 전개시키는 논리적 근거를 획득하게 된다(이 점은 나중에 일무의 원리와 결합되는 중요한 고리를 제공한다). 임학선 무용 기본 틀이 갖는 장점은 그런 문법과 언어로 얼마든지 표현 기법, 곧 무용의 문장을 다듬고 이어나갈 수 있다는 것이다. 따라서 이 태극 구조의 기본 기법은 춤본이나 기본 틀, 기본 춤과 같은 이름을 딴 '작품'이 되어서는 안 되고 작품을 만들어내는 바탕으로서의 엄연한 교본이라는 사실에 긍지를 가져야 할 것이다.

일무의 연구와 현대적 부활 : 임학선 무용 세계의 원리 (2)

조선조 역대 왕들을 모시는 종묘제례와 유교의 스승들을 모신 문묘제례 석전(釋奠)에 바치는 춤, 일무(佾舞)는 동양 무용의 기원이고 근간이라 할 수 있을 것이다. 그러나 불행하게도 일무에 대한 연구는 역대로 크게 알려진 것이 없고 일제가 패망할 때까지 식민 통치에 의해 손상된 종묘의례나 문묘의례만큼 그에 부수되었던 일무의 훼손 또한 심각했을 것이다. 일제 치하 36년, 해방 공간의 혼란, 그리고 6·25전쟁의 소용돌이를 거쳐 문화정책의 정비와 국악원의 궤도 진입에 이르기까지 오랜 시간에 걸쳐 일무의 존재 비중은 약화되고 급기야 그 역사성 자체가 잊혀진 역사의 그림자였다.

서양문물의 유입에 쏠렸던 개화기 이후 근대화, 현대화, 그리고 산업화의 발 빠른 사회변동 속에서 동양의 전통무용 일무는 종묘제례의 일부로, 종묘의 문화재 승인과 더불어 부수된 무용양식으로 전승되어 나왔지만 임학선 교수의『문묘일무보 도해』라든지『문묘일무의 예악 사상』등 심층적인 학술연구 업적에 의해 비로소 현대적인 학문 체계가 잡혀 나갔다 해도 과언이 아니다.『논어』팔일편에 언급된 '일무'가 사회주의 중국의 문화혁명 와중에 존재조차 잊혀지고 겨우 한국 서울의 유림 총본산인 성균관 석전대제(중요무형문화재 제85호)에서 초라하게 추어지고 있었다는 사실은 역사적 아이러니가 아닐 수 없다.

석전이 공자 등 유교의 스승들을 기리는 성균관에서 명맥을 유지하는 가운데 제례에 부수된 일무가 얼마나 원형을 보존할 수 있었을는지. 그 체계적 연구와 원형 복구 노력은 성균관과 성균관대학교 무용학과 교수 및 전공 학생들의 과제가 아닐 수 없게 되었다 해도 과언은 아니다. 다행히 무용학과 임학선 교수에 의해 연구의 선편이 다루어져서 성균관 문묘 석전에 그 원형 일부가 부활 재현되고 있다. 물론 종묘제례에 부수된 일무가 없는 것은 아니지만 같은 일무 형식이라도 종묘제례의 일무가 무무(武舞) 형식이라면 성균관 석전의 문묘 봉헌의 춤은 문무(文舞), 곧 선비의 춤이다. 불우했던 역사 속에서 단편적으로 잊혀졌거나 잃어버렸던, 그리고 변형되고 변조된 부분들이 바로잡힐 수 있는 기회가 주어진 것은 세계문화유산으로서의 일무를 위해서뿐만 아니라 무용의 기원을 천착하려는 세계 무용사 연구에 있어서도 여간 다행스럽지 않다.

2004년 중국 곡부의 국제공자문화절 개막제에 초청되어 작품〈위대한 스승 공자〉의 2장 '학문'과 함께 현대무용으로 부활해 선을 보인 일무는 이후 몇 차례 국제무대로 진출해서 그 원리가 이제는 낯설지 않다. 자신을 갈고 닦는 치신(致身)과 수신(修身)의 춤인 일무는 음양의 짝을 이루는 상대의 춤으로 두 줄(二佾), 네 줄(四佾), 여섯 줄(六佾), 여덟 줄(八佾)로 삼진삼퇴(三進三退), 삼읍(三揖), 삼사(三辭), 삼겸(三謙)의 공손과 사양과 배려의 움직임을 되풀이한다. 이때 양손에 든 무구를 하나로 합하고 둘로 나누는 동작이 반복된다. 자기 자신을 갈고 닦는 몸가짐은 그렇게 공손한 태도와 공경하는 마음을 가질 수 있도록 하기 위함이요, 그것은 동시에 동양의 예악 사상이다.

주(周)나라의 무왕은 전쟁으로 흩어진 민심을 수습코자 하(夏), 은(殷)대의 악무(樂舞)인 대무(大武) 제도를 통해 통치의 법제화를 도모했다. 춘추전국시대의 오랜 전쟁, 대결, 음모, 불신, 약탈을 거치며 거칠어질 대로 거칠어진 민심을 정서와 예의로써 순화시키려 했던 성현(聖賢)의 예악 사상은 전쟁의 도구였던 도끼와 방패 등 무기를 버려 녹여서 농사의 도구, 평화의 상징인 대나무 피리와 꿩깃이라는 상징적 무구(舞具)로 남게 하였다. 종묘 일무의 무무(武舞)에 잔존하는 도끼와 방패의 무구(舞具)는 철저히 문무(文舞)로 바뀌는 석전일무에서는 전쟁의 흔적이 아닌 평화의 상징으로 변형된다. 그래서 학문의 마디마디로 비유되는 대나무와 상서로운 꿩깃으로 무구 또한 바뀌면서 선비의 춤으로 정착되어간 것이다.

가장 규모가 큰 여덟 줄의 팔일무(八佾舞)는 천자의 춤, 육일무는 제후의 춤, 사일무는 대부의 춤, 이일무는 선비의 춤으로 고대 동양의 사회적 배경이 반영되어 있다. 문묘일무 춤사위에 담긴 사상과 철학적 배경, 그리고 그 의미와 상징을 탐구하며 문묘일무의 제의 형식을 차용한 임학선 안무의 무용 작품 〈위대한 스승 공자〉에 이르러 일무는 고전적 무보의 재현 형식만이 아니라 살아 있는 정신적 소재로서 성인 공자의 인간화에 크게 기여하였다. 무용 공연 〈위대한 스승 공자〉의 작품 형식상 차용된 문묘일무의 제의 형식은 각 장의 마무리 형식으로 활용되어 '축복의 일무', '감사의 일무', '위로의 일무', '그리움의 일무', '환희의 일무'로 재구성, 작품이해의 통로로 구체화되어 있다. 그래서 '일무로 마감하는 제의적 서사(敍事)무용시'라는 평가를 받은 〈위대한 스승 공자〉 전막 초연은 "興於詩 立於禮 成於樂(서정으로 신명을 일으키고 예로써 바로세우고 가무악으로 완성을 이룬다)"는 공자의 『논어』 경지를 실현시키고 육화시키고 형상화한다.

작품 〈위대한 스승 공자〉를 두고 제의적 서사시라고 말하는 것은 문묘제례악으로 쓰이는 일무의 형식이 〈위대한 스승 공자〉의 서사적 구조 각 장마다 마감재로 활용되어 공자의 세속적 품계의 상승과 그의 도덕적 정신세계의 위계를 상징하기 때문이다. 이 작품은 말할 나위도 없이 한 위인, 혹은 성현의 행적을 무용예술로 형상화하는 것이기 때문에 서사구조가 바탕이 되어 그 생애의 고비가 그려진다. 그러나 그 묘사는 서술적인 방법이 아니라 시적 이미저리로 처리되기 때문에 총체적으로 제의적 서사무용시로 일컬어지는 것이 마땅하다.

서사구조는 첫째 탄생, 둘째 학문, 셋째 고난, 넷째 임종으로 줄거리를 연계한다. 이런 구조 속에 가장 뛰어난 이미저리는 대나무로 만든 책, 곧 죽간의 공명(共鳴)과 글 읽는 소리의 화음에 실린, 공자와 제자들의 군무로 푸는 학문의 깊이이다. 그리고 예악을 기반으로 삼는 학문의 구체적 실현인 거문고 줄의 무용적 움직임도 뛰어난 발상이다. 죽간 소리와 거문고 가락은 학문이라는 관념적 세계를 구체적 현실과 관련시키는 가교 역할을 한다. 죽간을 펼치고 닫는 소리가 마치 아악(雅樂)의 박(拍) 울림처럼 작품의 시작과 끝을 다스리고 리듬을 조절하면서, 공자와 제자들, 혹은 난세에 글 읽는 선비들의 정신세계가 행렬로 줄 세워져 질서가 되며 하늘로 치솟고 중심으로 모이며 좌우로 흩어져 그대로 인간사를 가름한다. 거문고 가락의 고저에 맞추어 무용 대열은 움직이는 꽃처럼 화음에 출렁거린다. 춤과 가락, 곧 부드러운 무악(舞樂)이 무질서한 세상에 비로소 예(禮)와 의(儀)의 도리를 갖추게 한다. 그 중심에 사람이 있고 인간이 있으며 공자가 우뚝 선다. 사람 사는 곳에 드라마가 있다. 글자 그대로 우주는 리듬으로 넘실대고 세계는 드라마로 가득 차 있는 것이다.

거문고 가락은 위나라의 왕비 남자부인의 유혹에서 끊어지듯 고비에 이르고 아들과 애제자의 죽음 같은 공자 개인의 고난과 춘추전국시대의 사회적 혼란이 겹치면서 많은 고사(故事)들은 서사적 구조 밖으로 밀려난다. 무용이 시가 되어 공자 개인의 참담한 고뇌라든지 좌절된 천하주유의 이념도 무용의 예악 속으로 빨려들고 만다. 남자부인의 유혹은 공자의 인간됨을 증명하는 오직 하나의 관능적 예술 수단이다. 하늘이 나를 망쳤다고 탄식했던 안회(顔回)의 요절이나 젓갈이 되어 돌아온 자로(子路)의 목을 지켜본 스승의 참담한 심정을 서사구조의 줄거리에서 빼어버린 억제의 미학은 위인, 혹은 성현의 인간 초월적 능력 과시의 미화(美化)를 스스로 자제한 성숙한 안무력이라 할 것이다.

성인의 예술화에서 가장 경계해야 할 점은 말할 나위도 없이 그 초월적 능력의 과시가 아닐 수 없다. 임학선댄스위 창단 20주년 기념 공연 〈위대한 스승 공자〉에 있어서 가장 높이 평가해야 할 부분은 바로 성인 공자를 인간 공자 차원에 머물게 하기 위하여 미화의 손쉬운 수단을 배제했다는 점일 것이다. 제명(題名) 자체에 군더더기 없는 공자나 예수나 석가 같으면 그 이름 자체가 이미 그대로 바위 같은 무게로 독자나 관객을 짓누른다. 이 무게를 이겨내고 인간적으로 대결하기 위한 예술 의지는 억제와 자제의 방법밖에 없다.

이 억제와 자제의 미학으로 동원된 것이 일무의 제의적 기능이다. 일(佾)은 줄, 열(列)을 뜻한다. 고대 주나라 아악에 쓰이던 이 무용은 춤이 바쳐지던 주인공의 신분에 따라 무용수의 숫자가 달라진다. 진나라 두예설에 의하면 팔일무는 8열 8행을 이루는 64명의 무용수, 육일무는 36명, 사일무는 16명, 그리고 이일무는 2열 2행을 이루는 4명의 무용수가 동원된다.

작품 〈위대한 스승 공자〉 파트 1(탄생)에서는 여의주와 약(籥, 대나무 피리)을 든 붉은 적의(赤衣)의 일무 무용수들이 축복의 일무로 예를 올리고 파트 2(학문)에서는 학문을 상징하는 적(翟)과 피리를 든 무용수들이 스승의 가르침에 감사하는 예를 베푼다. 파트 3(고난)에서는 위로의 일무, 그리고 마지막 파트 4(임종)에서는 돌아가신 스승을 기리며 평화와 부활을 기약하는 환희의 일무로 그의 인(仁), 예악 사상을 전파한다.

이 제의적 일무는 공자의 세속적 품계와 학문적 정신세계의 위상에 맞추어 후반으로 갈수록 사일무, 육일무 형식으로 확대되어 제의적 경건성과 형식적 엄격성이 더해지고 예술적 놀이성을 억제하면서 한 성현의 인격을 형상화하는 성찰적 자제력을 발휘한다. 조종(祖宗)의 문덕(文德)을 기리는 문무(보태평[保太平])와 무공을 찬양하는 무무(정대업[定大業])가운데 공자에게 바쳐지는 일무는 문덕을 기리는 문무의 창조적 변형, 또한 현대적 수용이 아닐 수 없다. 죽간을 확대한 무대장치, 의상, 우리나라 최초의 서정시를 노래하는 「공무도하가(公無渡河歌)」의 음악적 효과에 독일 피나 바우쉬 무용단의 조명 디자이너의 협력 등등 안무자의 대극장 무대 지배 능력은 이미 입증된 바 있지만 이번 예술의전당 오페라극장 공연 〈위대한 스승 공자〉를 통해 무용 대작을 다루는 안무자 임학선의 감각이 보다 세련되고 작품 다듬는 재능은 한 단계 더 짜임새의 깊이를 더했다고 말할 수 있을 것이다.

공자와 같은 동양의 특수성이 무용예술을 통한 국제적 보편성으로 거듭나는 계기를 마련한 〈위대한 스승 공자〉 공연은 IT 문화예술 상품의 해외 진출을 위해 스타의 육성, 예컨대 공자 역, 어머니 역, 그리움의 여인 역 등등을 성격화하고 군무의 관념성을 구조화하는 작업이 필요할지 모른다. 개막 부분의 니구산 산 정기와 물 기운의 교감은 압축될 수도 있을 것이고 마지막 그리움이 솟대 행렬과 일무 행렬과 오버랩되는 부분도 재고할 여지가 있어 보인다.

한국 현대무용의 대성(大成)과 컬래버레이션 작업, 그리고 임학선 무용 세계의 원리 (3)

무용작가 임학선의 자리매김은 현대 한국 무용사에 남기는 임학선 무용 세계의 위상, 곧 임학선의 자리매김을 위한 나의 일방적 주장일 수도 있고 편향된 주관 표명일 수도 있다. 그러나 이런 자료들이 모이고 쌓여서 한 작가의 위상이 제3자들의 토론과 논쟁을 통해 확립되어나가는 것이다. 그런 의미에서 이 글은 작은 불쏘시개 구실을 할 수 있을지 모른다.

임학선의 무용 작품 활동은 한국창작무용연구회 창립과 신무용 이후의 창작무용 전환기 주도 세력이었던 약칭 창무회 대표 시기와 일무 학술 연구 시절로 크게 나누어지고 그 시기에 공연된 작품들이 논의 대상이 되어야 할 것이다.

한국무용은 개화기 이전의 전통무용과 개화기 이후의 신무용, 현대무용으로 크게 대별된다. 신무용과 현대무용의 역사적 흐름 가운데 전통무용 계통의 흐름과 기방춤을 위시한 민속무용 계열을 통틀어 한국

무용이라는 장르로 확립시켜 발레와 현대무용 장르와 삼분하는 것이 한국무용의 통상적인 삼분법이었다.

최승희의 신무용류와 창무회류 창작무용을 포괄하는 한국무용은 개화기 이후를 현대 한국무용, 혹은 한국 현대무용으로 불러야 옳을 것이다. 그러나 서구 모더니즘 사조가 모던에서 모더니즘으로, 다시 포스트모더니즘, 포스트포스트모더니즘으로 성급하게 다음 문예사조를 불러들인 20세기 말 경향을 몸으로 직접 겪은 우리는 사조사 명칭이나 용어의 카테고리에 민감할 수밖에 없다. 그런 면에서 현대 한국무용이나 한국 현대무용의 어휘 선택에 있어서도 카테고리적인, 그리고 편년사적인 정확한 규정을 해둘 필요가 느낀다. 그래서 현대 한국무용 하면 개화기 이후의 보편적인 한국무용 전반을, 그리고 한국 현대무용 하면 최소한도 1970~80년대 이후의 무용을, 그것도 21세기 들어와서 보편화되는 무용 경향쯤 되면 최신 현대무용으로 불러야 서구 포스트모더니즘 사조의 성급한 선행 의식의 오류를 넘어서지 않을까 생각한다.

현대 한국무용 하면 70~80년대 이후는 창작무용 일색이었다 해도 과언이 아니다. 그런 가운데 임학선 창작무용의 기본 개념인 태극 이론과 필체·학체·궁체의 원리 확립과 임학선댄스위 창단 운영은 창무회만이 아니라 80년대 이후 창작무용이 바로 한국 현대무용으로 발돋움하는데 결정적인 기여를 했다. 임학선은 무속연구에서 탄생한 〈고시래〉, 〈새다림〉, 〈인다리〉 등을 거쳐 현실적 일상과 사회적 주변의 시사성에 눈뜨는 〈우리 둘〉, 〈민들레 왕국〉, 〈흰 새의 검은 노래〉, 〈비무장지대에 서서〉를 거친 다음 〈밝산〉 등 신화적 고대 사회의 소재 발굴로 나아가 결국은 중국 고대 일무에 대한 학술 연구로 제2의 원리를 발견해나가게 된다.

일무의 원리는 동양 무용의 근간에 다가가 공자의 문묘일무로 전승되어 예악 사상으로 형상화된 일련의 궤도를 훑어 학술적 성과를 올리면서 성인 공자의 인간화를 지향한 창작무용 〈위대한 스승 공자〉로 형상화되었다. 그런 측면에서 작품 〈위대한 스승 공자〉 공연은 동양의 고대 연구와 한국의 현대예술이 공연 작품을 통해 직통하는 하나의 문화적 이벤트였다 해도 과언이 아니다.

임학선의 무용 원리는 창작무용 시대, 한국무용의 기원과 동양 무용의 근원을 돌아 현대에 이르고 마침내 세계화를 지향하는 제3의 원리를 탐구하는 과정을 걷고 있는 것으로 비친다. 한국무용의 영역을 확대하여 창작무용, 혹은 한국 현대무용의 세계화를 지향하는 융복합예술과의 컬래버레이션 작업이 어쩌면 임학선 무용 세계의 제3의 원리가 될 것임을 믿게 하는, 어떤 비전이 구체화되어 가고 있는 것이다.

강낙현과 임학선댄스위가 공동 협업한 〈Drive-Thru〉와 〈Bird's Eye View〉 같은 일련의 작품을 통해 현대문명과 최첨단 과학 지식의 인문학 계보를 들쳐보인 임학선의 탐구 정신이 무용의 코스몰로지(우주론)로 확대되고 있음을 인지할 수 있다. 최근의 독일 바우하우스(Bauhaus) 데사우 재단과 국립현대미술관 서울관의 바우하우스 실험 무대 연계 퍼포먼스 멀티 프로젝트에서 보여준 예술 전시장의 생동하는 축제장은 하늘·대지·지하의 천지인(天地人) 사상과 연계된 우주의 거주 공간 개념의 일단으로 파악될 수도 있다.

〈위대한 스승 공자〉 이후의 융복합예술 이론과 협업의 컬래버레이션 작업 방향이 임학선 무용 세계의 제3의 원리가 될는지 어떨지는 지금 현재 아무도 그 결과를 내다볼 수 없다. 이 제3의 원리는 제1원리인 한국 창작무용의 원리가 되고 제2원리인 동양 무용의 근간에 다가가 제3원리를 통해 한국 현대무용이 세계화, 범국제적 공연예술로 개화되지 말라는 법이 없을 뿐이다.

무용작가론

영상감독 겸 연출인 강낙현이 참여한 댄스위무용단과 함께 새로운 방향을 모색하는 임학선의 무용 세계는 아직 제3원리의 발견에 이르고 있지 않다. 그러나 인접 예술이나 인접 학문과 결합된 융복합예술 사조는 〈Drive-Thru〉나 〈Bird's Eye View〉를 거쳐 바우하우스 실험무대 연계 퍼포먼스의 확대된 우주 거주 공간 개념으로 이어진다. 필름메이커 강낙현은 방향을 못 잡고 있는 우리 공연예술계의 극장 내지 축제공간의 내비게이터, 내비센서로 지목될 수 있다.

공식적으로 인터디시플리너리 스크리닝(interdisciplinary screening) 계열의 강낙현은 몸의 코스몰로지인 무용을 바탕으로 일련의 예술작업 ― 최첨단 영상학의 전문가로서 임학선 무용 세계를 구현하는 댄스위무용단을 매체로 실험과 전위성을 테스트해나가고 있다. 창무회 초창기의 실험과 전위의 예술정신이 댄스위의 대지 위에 어쩌면 다시 폭넓게 부활할지도 모른다. 〈Drive-Thru〉라는 현대문명의 질주하는 속도감, 그리고 몸과 자연의 느린 움직임의 대비 ― 그 몸의 주인공은 금년 스페인 빌바오 예술축제 무용상 수상자 정보경이었다. 그녀의 침잠되어 보이는 섬세한 춤사위는 필름 영상의 과학적 계산과 맞아떨어져 '비정과 다정'의 물결이 되고 이국(異國) 여인 이다 리의 음악에 맞추어 몸이 속도의 불길에 불나방처럼 타들어가는, 제의적 살풀이처럼 전달이 가능했다. 이 한 시간 미만의 소품은 두리춤터라는 좁은 공간을 영상 이미지가 유도하는, 춤이 가득 찬 하나의 박스로 간주하게 만들고 이 박스는 그 다음 주말 〈With Ida(이다와 더불어)〉라는 작은 타이틀로 스웨덴 여인의 노스탤지어 가락이 넘치는 음악상자 안으로 우리를 안내했으며 이어서 어머니 임학선의 회갑에 맞춰 〈Exprosure(드러냄)〉에서 영상 이미지의 언어가 현대적 오브제들을 통해 어떻게 몸의 움직임과 연계되는지를 종교적 용어인 신성개시(神性開示)의 히에로파니(hierophany) 이론과 에

피파니(ephiphany) 관념으로 우리 의식을 연결시켜주었다.

무대는 리얼리티의 현장이고 영상 이미지는 가상의 비현실 세계이다. 그 두 세계를 연결하는 것은 이성적인 과학적 냉철한 계산이다. 까맣게 잊어버리고 있었던 극장의 변신 사상이 최첨단의 과학과 태고의 이마주로 결부되면서 내비센서의 방향 제시가 어느덧 커다란 축제 공간의 문화 PD 시각으로 확대되는 대목은 〈Bird's Eye View〉에서 구체화된다.

Bird's Eye View(조감도)는 글자 그대로 새나 우주선의 시각에서 바라본 지구촌의 지형도(地形圖)이다. 춤추는 무대인데 스크린에 새 이미지가 뜬다. 조감도 시각은 임학선댄스위와 강낙현 영상감독의 최근 트렌드이다. 날고 싶은 인간의 잠재적 욕구가 솔개의 꿈이 되고 비행물체의 설계로 떠돈다. 그 아래 무대 바닥에는 바다라든지 절벽이라든지 둥지, 십계명 같은 관념 세계와 도시 공간 같은 문명사회의 구체적 그림이 춤추어진다.

춤이 중심이 되면서 인접 예술, 곧 음악을 녹여내고 영상 이미지를 보다 확실히 극장 무대로 정착시킨 이번 〈Bird's Eye View〉 공연은 무용(예술감독 임학선, 협동안무 김영은 · 정보경)과 영상(강낙현)과 음악(작곡 고지인, 뮤지션 조형주 · 박승수 · 박일)이 함께 밀착되어 어우러진다. 그런 작업이 의식적인 예술 장르 간의 융합과 복합으로 실험된 결과인가, 아닌가가 중요하다. 영상이 무용과 서로 시소 게임으로 작품의 상승 효과를 더 높여서 작품의 이미지가 춤을 싸고 도는가 하면 춤이 핵을 이루는 여덟 개의 장면들이 서로 교감되어 하늘을 나는 감각과 하늘에서 내려다보는 조감도의 지형도가 한층 구체화되었다면 이번 시도는 성공적이라 말할 수 있다. 무엇보다 〈Bird's Eye View〉의 영상 이미지와 무용 형상이 서로 얽혀서 주제 항목들을 정면으로 내세운 점이 발전적이었다,

그 결과 여덟 개의 무용 장면이 영상과 함께 서로 줄거리의 질서를 잡는 내러티브의 협업을 이룬다 — 첫째 바다새, 둘째 새벽, 이 아침에, 셋째 응시, 넷째 밤바다, 다섯째 짝지음, 여섯째 절벽으로, 일곱째 둥지, 여덟째 그리고, 날다. 이런 식으로 무용 형상과 영상 이미지의 결합 장면 여덟 개는 드러나지 않는 극성(劇性)의 고저로 순서 지어져서 줄거리를 만들고 눈에 보이지 않는 기승전결의 스토리텔링으로 엮인다.

그렇게 무용 장면에 영상이 받쳐지고 음악이 어우러지면서 다른 장르의 예술이 참가하고 제휴한다. 어쩌면 융복합예술이란 다른 예술 파트들이 서로 제휴하는 작업 방식일지도 모르는데 그런 공동 작업에 대한 명쾌한 사조의 이름이 주어지지 못해서 융복합, 컬래버레이션, 통섭 등등 명칭적 혼선이 생기는 것은 아닐까. 결국은 보편적으로 예술의 종합성, 내지는 총체성에 대한 문제가 이 한 점에 집결되는 듯하다. 그 포인트는 합작, 어울려 만들어내는 공동체, 융합, 그리고 창의성의 카워드가 조화를 이루는 공연예술 체제 내에서의 문화산업 생산까지 가야 할 것이다.

하늘을 날고 싶은 인류의 무의식, 잠재의식이 〈Bird's Eye View〉의 조감도를 그려내고 하늘을 나는 새 이미지와 하늘에서 지상을 내려다보는 큰 무용 형상으로 귀착되는 첫 시도부터 이번 공연까지를 지켜본 나의 결론은 — 이 작품은 또 여덟 장면이 더 늘어나거나 합쳐지면서 계속되는지 모른다는 예감이었다. 장면들은 그 자체로 확대되거나 축소될 수 있다. 이번 〈Bird's Eye View〉에는 임학선 안무가 들어가 막연한 무용적 영상 이미지에서 여덟 가지 장면으로 압축되어 나왔지만 장면과 장면 사이를 연결해내는 브리지들이 드라마로서, 혹은 스토리텔링식으로 들어설 가능성이 커 보이고, 그래야 새로운 융복합예술 작품으로 완결되겠다는 확신이 든다.

맺는 말

　모든 작가의 모든 작품이 다 불후의 작품으로 남는 것이 아니다. 그런 전제하에서 한 평론가의 직관이나 한 학자의 연구 결과가 한 무용작가의 작품이나 생애와 관련하여 글을 남길 때도 그 한 편의 글이 그 작가의 전부, 혹은 작품 세계를 두루 해명할 수 없다는 전제 아래 자료로서, 이런 시각도 있을 수 있다는 증거로서, 자료의 일부를 남긴다는 사실을 강조하는 것으로 이 글을 맺으려고 한다.

　무용작가 임학선의 위상은 한국 현대무용사에 있어서의 그의 자리매김을 나대로 해보려는 주관적인 시도일 수도 있고 객관적 평가일 수도 있다. 이런 개개의 자료들이 단편적이나마 쌓이고 모여서 공적인 검증을 거치며 토론되고 논쟁을 불러일으킬 때 작가의 위상은 바로 설 수 있는 것이다. 그러므로 이 글을 마감하며 나는 무용작가 임학선의 위상에 대한 난상토론부터 평론가나 무용학자들 사이의 논쟁이 계속 야기되기를 바란다.

　창작무용의 한국 현대무용화를 위한 **원리 1**을, 학리(學理) 규명 끝에 작품 〈위대한 스승 공자〉에 일무(佾舞)의 **원리 2**를 활용한 임학선 무용 세계는 현대의 세계무용과 나란히 어깨를 겨눌 한국무용의 제3의 원리를 탐색 중이라고 보는 나의 시각이 틀릴 수도 있고 맞을 수도 있다.

　탐색 작업은 영원히 실험적이며 전위적이다. 그런 측면에서 무용작가 임학선의 위상은 한국 무용사상 현대사의 창작무용 부문에서 좀 더 논의가 되고, 세계무용사상 동양 무용사, 혹은 일무의 현대적 부활 부분에서 자리매김을 위한 논란도 더 이어져야 할 것이다.

　역사에는 if가 없다고 한다. 그러나 무용사의 인문학에서는 무용작가 임학선의 위상을 놓고 반세기, 아니 사반세기 후에 동시대 평문이 남긴

113

무용작가론

객관적 주관적 학술 자료를 통해 작가 세계의 업적을 돕는 노력의 일환
으로 이런 자료도 있었다는 사실을 유념해주기 바란다.

(2015.1.19)

공연예술의 향연

: 총체적 융복합예술의 이해와 비판, 점검 1

원로 무용인들과 젊은 안무가들을 바라보며

기획 미스인 〈춤의 향연〉

대한민국예술원의 무용분과에서는 몇 년에 한 번씩 〈춤의 향연〉을 벌이는 모양이다. 정확히 말하면 2013년부터 시작된 연극영화무용전 공연이 5회째가 되었다.

무용 분야에서 업적을 쌓고 공명을 이루어 학업에서는 박사학위 소유자가 되고 자기 이름의 개인 무용단을 갖고 있으며 대학교수로서 제자들을 교육하고 65세 정년이 되어 명예교수로 연금 생활자로 편히 살 만한데 아직도 마지막 영예(榮譽)의 창구가 기다리고 있다면, 그것은 대한민국예술원 회원의 길이다.

그동안 몇 명 안 되는 예술원 무용분과 소속 회원들의 불꽃 튀기는 추천 회원 확보를 위한 물밑작업 때문에 언제나 소수로 몰렸던 예술원의 원로 무용가들 숫자가 금년 들어 갑자기 각 장르별로 한 사람씩 늘어 한국무용-정승희, 발레-김민희, 현대무용-박명숙, 3명이 마치 전통문화 분야의 인간문화재 추천되듯 예술원 회원 명단에 오르게 되었다.

인간문화재 칭호가 더 빛나는가, 예술원 회원 칭호가 더 나은가는 그 기능과 취지가 다른 만큼 일률적으로 평가할 수는 없지만 무용예술을 사랑하는 나 같은 사람은 이런 무용계의 경사를 마다할 까닭이 없다.

그런데 명예의 자리에 들어서자마자 〈춤의 향연〉(국립극장 달오름극장, 10.13)을 벌인다는 소식에는 원로들답지 않은 작심에 예술가의 여린 동심 세계가 어떤 수준으로 투영될지 관심이 가지 않을 수 없었다.

프로그램을 보면 김백봉의 〈부채춤〉, 김문수의 〈소고무〉, 김숙자의 〈살풀이춤〉, 조흥동의 〈한량무〉 같은 전통무용의 진수들과 함께 윤이상의 현대음악적 이미지를 창작무용화한 정승희의 〈비천사신무〉는 차원이 다른 작품 경향들이고 발레의 김학자와 김민희의 사진 전시 또한 예술원의 〈춤의 향연〉이 다음을 이은 현대무용의 박명숙 작 〈세상의 곁에 서서〉와 최청자의 〈겨울탱고〉와 함께 그 방향에 있어서 잘못된 기획으로 예술원 무용분과의 명망에 회칠을 한다는 인상을 지을 수 없게 한다. 전통무용의 진수를 통해 감명을 심기에는 전통 민속무용을 통한 인간문화재적 기능 재연(再演)은 예술창작 수준의 재현 능력으로 회원이 되는 대한민국예술원 설립 취지에서 크게 어긋난다. 〈비천사신무〉는 윤이상의 현대음악과 어울린다는 의미에서 그 현대적 재현이 의의를 갖는다. 그런 창작무용의 차원은 현대무용 두 편의 작품이 품기는 강력한 표현력 때문에 〈춤의 향연〉이 지향하는 원로들의 점잖은 예술성을 잃게 만드는 혼돈의 춤판이라는 인상을 지울 수 없게 한다. 각자의 작품 하나하나는 정제(整齊)된 작품성이 두드러지지만 장르의 혼재는 정제된 작품성마저 흐트러놓고 예술원 회원들의 개개인이 쌓아올렸던 무용예술의 위상마저 그 정도인가 하는 탄식을 낳게 만들어버린 기획 미스였다.

'차세대 안무가 페스티벌'과 '청춘대로 덩더쿵'

예술원 원로 회원들의 〈춤의 향연〉에 비하면 입가에 노란 병아리 증후마저 가시지 않은 구상유취(口尙乳臭)의 '차세대 안무가 페스티벌'(두리춤터 블랙박스, 2017.10.14~27)이나 '청춘대로 덩더쿵'(11.20~30), 그리고 '두리-레지던스 작가전'(12.18~21) 등은 어쩌면 아직 안무가 무언지를 제대로 알지 못하는 젊은 패기의 춤판들이라 할 수 있다. '차세대 안무가 페스티벌'은 장르별 구별이 없는 무용 전반을 다룰 수 있는 차세대 안무가들의 경연형식이라면 '청춘대로 덩더쿵'은 한국 전통무용의 창작에 걸친 신진 국악 실험 무대라는 측면에서 무용과 어우러진 음악과의 실험이 신선한 아이디어라 할 것이다.

차세대 안무가 페스티벌의 박주연 안무 〈트라우마〉, 이도심 · 최여운의 〈거긴 어땠어〉, 김혜림의 〈일 더하기 일… 人〉은 14일~15일의 프로그램. 17일~18일은 김지혜의 〈온전히 나답게〉와 송윤주의 〈안녕하십니까〉, 그리고 21일~22일은 이정은의 〈어둔 달, 皎〉, 김나미의 〈오아시스〉와 김지나의 〈위로-자〉, 그리고 24일~25일은 반호정의 〈피안(彼岸) ― 나를 찾아서〉, 양한비의 〈Trigger warning〉, 안나영 · 오윤형의 〈딱 그만큼의 온기〉. 마지막 26일~27일은 정혜정의 〈노스탤지어〉와 이해준의 〈세(洗)〉, 그리고 조민아의 〈꽃잠〉이 대미를 장식했다면, 듣기가 그럴듯해 보이지만 젊은 안무가들은 아직 안무가 무엇인지를 구체적으로 파악하지 못해 주제의식도 없이 춤추는 시늉에 열중해 있는 경우도 더러 있다.

주제의식이라는 것은 작품을 통해 작가의 내면에 꿈틀거리고 있는 그 무엇인가를 드러내려고 하는 표현의지 같은 것이다. 그냥 춤꾼이라면 주관적인 희비애락만 흉내내면 된다. 그러나 안무가라는 무용예술의 **작가**는 주제를 내세워 작품 세계를 구성하고 표출해낸다. 〈트라우마〉, 〈오아시스〉, 〈노스탤지어〉 등은 그 개념의 외연과 내용이 이미 한정되어 있다. 그 표출이 관객을 어떻게 감동시키느냐가 안무가의 역량일 것이다. 〈거긴 어땠어〉, 〈일 더하기 일⋯ 人〉, 〈온전히 나답게〉, 〈안녕하십니까〉, 〈어둔 달, 皎〉, 〈위로-자〉, 〈피안(彼岸) — 나를 찾아서〉, 〈딱 그만큼의 온기〉는 안무자의 주관이 강하게 배어 있는 작품들이라서 관객이라는 제3자와의 소통을 가능케 하는 객관적인 소재들이 모티브로 더 드러나주어야 한다. 〈안녕하십니까〉, 〈위로-자〉, 그리고 〈노스탤지어〉가 의외의 반전으로 극적 흥분을 살짝 불러일으키다 만다.

무용의 추상성이 몸이라는 구상(具象)을 통해 보여주는 의미는 무엇일까. 적어도 안무자라면 주관적 감정에 빠져서 허우적거리기보다 춤 영상의 흐름을 조절하면서 작품의 구조를 통해 이미지의 이야기성(性)을 전달할 정도로 자기 자신을 객관화시킬 줄 알아야 비로소 제3자에게 감명을 심어줄 수 있다. 그런 면에서 보면 양한비의 〈트리거 경고〉, 이해준의 〈세(洗)〉, 그리고 조민아의 〈꽃잠〉은 특이한 감수성을 발휘한다. 정신적 상처를 떠올릴 수도 있는 아슬아슬한 현실적 트리거(銃口) 경고를 현대무용으로 경쾌하게, 그러나 무심한 듯 이끌어나가면서 무대에 시선을 집중시킨 양한비는 안무자다운 폭넓은 자질을 지녔다. 이해준의 〈세〉는 단칼 한자로 이미지를 자르는 한글 세대 선배 춤꾼들의 나쁜 어법을 배웠지만 씻어낼 세(洗) 자의 자의(字意)를 몸으로 푸는 관념어가 독특하다. 조민아의 〈꽃잠〉은 전통 민속적인 한국의 장송곡 만가(輓歌)를 꽃잠이라는 아름다운 메타포로 포장하여 삶의 마지막 통과의례를 꽃두건과 꽃잠으로 통합한 가운데 전통 가락과 현대음악으로 마무리한 안무력을 높이 살 만하였다.

두리춤터에서 국악 실험 무대로 '청춘대로 덩더쿵'을 연례행사화한 지 세 해가 되었다. 전통 창작, 자유 창작, 융복합의 체계로 신진 안무가들에게 다양한 실험과 무한한 가능성을 일러주는 멘토링 워크숍과 쇼케이스 등의 여정을 거친 이번 신진 안무가 6명의 작품들은 김소연의 〈어디에나, 어디에도〉, 전수현의 〈Stay〉와 이정민의 〈청춘어람〉, 선은지의 〈환영의 방〉, 그리고 김시화의 〈무녀사냥〉, 이진영의 〈Typhoon's Eye〉이다.

이 작품들도 차세대 안무가 페스티벌에 나온 신진들처럼 자기들이 출연하는 춤의 세계와 자기가 안무하는 춤의 세계에 대한 확고한 구별이 없어 보인다. 그러니까 관념이 승하고 형상이라든지 표현에 대한 자기대로의 개성을 뚜렷이 내놓지 못한다.

제목만 봐서는 〈무녀사냥〉이나 〈태풍의 눈〉 같은 작품이 가장 알찬 내용을 담아낼 수도 있었는데 주제의 집중이 약했다. 그만큼 제명(題名) 자체에 대한 숙고가 모자란다는 이야기이기도 하다. 춤의 표현이나 형상화를 보여줄 모티브 제시가 없고 왜 춤을 추어야 하는지 하는 철학이나 의지나 감정적 희비애락조차 담아내지 못할 정도로 미숙한 부분이 많이 노출되고 실험 국악적인 무용과의 소통도 신선한 감각이 모자란다. 그런 측면에서는 이정민의 〈청춘어람〉이 차라리 왜 춤을 추어야 하는지를 알고 즐긴다는 점에서 시선을 끌어당기는 힘이 있다.

원로 무용인들과 젊은 안무가들을 바라보며

2017년 가을, 서울에서 즐기는 외국 공연

: 〈가이드〉와 〈죽은 새들〉, 그리고 〈카르멘〉

SIDance2017의 〈가이드〉와 〈죽은 새들〉

서울세계무용제가 스무 번째로 열렸다. SIDance라는 행사 명칭과 함께 조직위원회 박병원 위원장 이름을 외워놓지 못한 무용 애호가들도 이종호 예술감독의 깔끔한 행사 진행 방향은 눈여겨본다.

내 개인적 사정으로 호화롭게 차려진 2017SIDance(아르코대극장, 예술의전당 소극장 외, 2017.10.9~29)의 춤잔치를 모두 즐기지 못한 채 체코의 베라 온드라시코바의 조명 에어로웨이브 〈가이드(Guide)〉(예술의전당 자유소극장, 10.24)와 폐막 공연인 스페인 라 베로날(La Veronal) 공연단의 〈죽은 새들〉(아르코대극장, 10.28~29)만이라도 그 인상적인 관전평을 남겨두고 싶다.

온드라시코바의 조명은 단순한 극장 조명에 익숙해 있는 극장인(Theaterleute)들을 놀래키기에 충분하다. 조명 에어로웨이브라는 새로운 장르의 탄생도 처음 체험한다. 확대해서 말하면 오서독스한 극장 무대 조명 관념이 바뀔 판이다. 극장 기술의 고정관념이 바뀐다.

지질학의 판 운동처럼 지진은 지각 판도를 흔들어놓는다. 에어로웨이브라는 낯선 용어가 선상(線狀), 혹은 선상(線床)으로 극장 조명을 바꾸어나가는 현장의 체험자가 되었다는 표현이 이해하기 쉽다. 그런 과학적인 빛의 선과 판이 전율이 되어 내면의 반향으로 나에게 돌아온다. 안개 짙은 바다에서 그림자극처럼 불쑥 살아 오르는 손이 연상되는 신상(身像)이 떠올랐다가 구름 바다로 잠기는 듯한 새로운 감성이 다가온다. 지각판 같은 조명의 에이로웨이브 하나하나가 자유로운 이미지를 키워낸다. 그 자유로운 이미지들이 어떻게 단절되지 않고 연결되어 더 큰 이미지로 수렴될 것이냐가 앞으로의 과제일 듯하다. 관극평이 이루어지려면 에이로웨이브에 대한 과학적 지식이 필요하고 영상 연결의 창의성이 논리화되어야겠지만 우선 이런 빛 조명의 새로운 출현을 주목한 「시댄스 프리뷰 9」(정지혜)도 주목의 대상이 된다 ─ 칠흑 같은 어둠 속에 한 줄기 푸르스름한 빛이 수평선을 그린다. 프리뷰 9는 지진판을 수평선으로 받아들인다. 깜깜한 무대 위에 홀로 빛나는 무용예술가가 매트릭스나 인조인간 같은 SF 분위기를 풍기면서 미래의 세계로 노련한 가이드처럼 안내를 한다는 도입은 꽤 겸손하다. 전체 작품 길이 45분 분량 가운데 20분의 영상만 보고 그만큼 논평할 수 있으면 이 이중적 가이드는 훌륭하게 역할을 다했다.

빛 조명의 주도적 인도에 맞추어 무용수가 응용 도구가 될 정도면 무용수의 질 높은 움직임의 수준은 짐작할 만한 것이고 그로 인해 빛이 유연하게 따라가고 조명이 포커싱하는 부분에만 리얼한 몸의 움직임이 보여지도록 설계된 조명은 글자 그대로 가이드 역할을 톡톡히 한다.

빛 조명의 지배 아래 몸의 미세한 움직임이 드러나는 과학적 예술의 수준 높은 경지를 보여준 셈이다.

그런 놀라움은 2017SIDance의 폐막 공연 라 베로날 공연단의 〈새들의 죽음/죽은 새들〉 같은 작품에서 더욱 두드러진다. 제명은 죽은 새들보다 새들의 죽음이 여운이 길다.

역사와 현대가 파편처럼 범벅이 되어 하나의 그림처럼 하나의 춤판이 이루어진다. 지난 100년의 역사를 돌이켜보면 인류의 현존은 풍요와 파괴의 기록이었다. 그리고 그 파편들은 죽은 새처럼, 새들의 죽음처럼 역사의 현장에 널브러져 낭자하게 떨어져 있다. 마르코스 모라우 안무가는 아무런 비애도 흥분도 비탄도 없이 움직이는 무용수들의 리얼한 움직임만으로 과거를 현재처럼 제시할 뿐인데 그 재현이 아주 다감하게 다가온다.

바로 그 역사의 현장이 우리가 힘들게 살아온 제국주의, 전제주의, 공산주의, 그리고 자본주의 같은 이데올로기의 빙산들이고 1, 2차 세계대전, 냉전, 달의 정복, 대중문화 시대의 홍수 등 기성 관념의 뒤집힘 현상은 가히 천지개벽 같다. 비틀스와 스트라빈스키, 워홀과 몬드리안 등등 〈죽은 새들/새들의 죽음〉은 작품 소개에 나와 있는 것처럼 피카소 시대의 숱한 인물과 사건, 장소들을 찾아 "춤으로 추억하고 또 지운다." 히틀러도 먼로도 프로이트도 모두 떠나고 "기억의 새들은 죽어서 한 마리씩 묘지에 떨어진다." 그런데 가면같이 표정을 죽인 무용수들을 동원하며 안무가는 애잔함이나 감상주의를 넘어 활력으로 역사를 보는 익살을 감춘다. 무대 위에 전라의 남녀가 오토바이로 질주하는 에피소드도 폭력과 포르노가 한 편의 역사의 그림자일 뿐 역사는 잔인한 카메라라는 사실을 반증한다.

통속소설의 검은 의식으로 변형된 발레 드라마 〈카르멘〉

메리메의 소설로 쉽게 입에 오르는「카르멘」은 통속소설의 대표적 작품이다. 그것이 비제의 오페라가 되면서 오페라 형식이 통속을 클래식 반열에 올리게 된다. 이번에는 스페인 국립무용단(CND)에 의한 발레 공연 〈카르멘〉(LG아트센터, 2017.11.9~12) 또한 고급예술에 의한 정서의 순화를 만끽하게 만든다. 무엇보다 집시 여인과 투우사에 얽힌 살인 사건이라는 통속적 주제가 검은 의식의 표현법이라는 현대적 주제로 바뀌게 되고 무대를 자유롭고 유연하게 변형시키는 장방형 무대장치의 거울이 자의식을 내세운다는 설정이 아주 모던하다.

스페인에는 국립무용단이 두 개 있는데, 플라멩코 등 전통무용 위주의 국립발레단이 발레단의 명칭을 선점해버려 후발 무용단인 스페인 국립무용단(CND)은 현대 창작발레 위주로 예술 장르의 영역과 지평을 확대해나가고 있다고 한다. 초대 나초 두아토 예술감독 이래 현 호세 카를로스 마르티네즈 예술감독이 스웨덴의 떠오르는 안무가 요한 잉예르를 불러들여 2015년 최초로 발레화한 것이 스페인 국립무용단의 〈카르멘〉이다. 다음 해 이 작품은 안무가 잉예르에게 국제적 안무상을 안겨주었다.

발레에서는 단순 무지한 기병대 하사관 돈 호세와 담배 공장 직공인 집시 여인 카르멘과의 운명적 만남이나 그녀의 투우사 에스카미요에 대한 집념이 검은 의식으로 형상화된다. 검은 의상을 입은 검은 무용수들은 밤과 비극의 메타포이다. 그 암유를 의식화하고 그 관념적인 의식을 표현하는 것이 요한 잉예르의 뛰어난 재능이다. 그만큼 관념과 표현의 쟁투가 치열해질 수밖에 없다.

관념의 검은 의인화가 어쩌면 요한 잉예르의 〈카르멘〉 주제일지도 모른다. 그만큼 기존의 정형화된 스페인식 색채와 이미지를 깨트리기 위해 무대장치는 드라이할 정도로 기하학적 구도를 유지하다가 그 장방형의 벽면은 유리 거울로 바뀌고 유리에 비친 카르멘, 돈 호세, 에스카미요는 그들의 의식을 날카롭게 투영한다. 스페인식 정열의 남녀상, 현대판 록 카리스마 투우사, 불행과 죽음의 비극을 감싸는 그림자의 정형들이 현대적 무대와 잘 맞아떨어진다. 벽으로, 장방형의 거울로, 그리고 정삼각형의 프리즘 9개를 통해 구현된 무대는 변화무쌍하게 회전하고 이동하면서 정감의 변화를 뚜렷이 드러낸다. 거의 표현주의적으로 드러난 세 사람의 의식은 그 자체가 어둠이고 밤이고 부정(否定)이고 비극이다.

요한 잉예르는 거기에 더하여 관객들을 이야기 속으로 유도하기 위하여 또 하나의 인물, 내레이터를 등장시킨다. 이 하얀 백의의 여자(일수도 있고 남자일 수도, 중성일 수도 있다)는 어쩌면 관객들의 의식을 어둠과 비극에서 구출해내기 위한 서사극적 낯설게 하기 기법(이화효과)를 살짝 비틀고 있다. 그리고 이 내레이터는 스페인 국립무용단에서 활약하고 있는 한국 출신 박애기라는 사실이 우리를 반갑게 한다.

서사극의 내레이터 기능은 이야기 속으로 빠져드는 관객을 깨어나게 한다. 그렇게 관객은 사태가 흘러가는 과정을 의식적으로 몰입에서 깨어난 상태로 바라보게 되는 것이다. 뿐만 아니라 기본적인 돈 호세와 카르멘과 에스카미요의 삼각 구도에 내레이터가 끼인 사각 구도로 이야기를 따라가야 하는 방법이 스페인 배경의 소설 구조와 전혀 차원을 달리하게 만든다. 그런 현대 발레 드라마의 재미가 소설이나 오페라와 전혀 다른 또 하나의 절묘한 무용예술 영역을 탄생시키고 지평을 연다.

겨울, 공한기에 만난 의외의 공연들

: 이원국의 월요발레, 〈사랑〉, 그리고 부산발레의 아르코 입성

180회를 넘긴 이원국의 월요발레

1, 2월은 무용 리뷰어가 탐낼 중·대형 공연들이 별로 없다. 농사를 짓는 농촌에서는 겨울철 한가한 계절을 농한기(農閑期)라고 한다. 봄철 농사 준비와 함께 짭짤한 부수입을 올릴 수 있는 부업을 찾지 않으면 하릴없이 술이나 도박으로 시간을 때우기도 했다. 농한기에서 빌려와 공연이 없는 계절을 공한기(公閑期)라 한다면 그 많은 하드웨어 시설의 극장 공간들을 모욕하는 것이다. 농사짓는 것도 아닌데 예술가들의 간헐적인 활동이 여유만만이라 할까.

대학로에 있는 무용 전용 성균소극장에 이철진의 전통무용 〈화요승무 이야기〉판과 발레리노 이원국의 〈월요발레 이야기〉판이 이어지고 있다고 해서 찾아간 것도 공한기 덕분이었다. 2011년 10월부터 시작된 이철진의 〈화요승무〉는 잠시 쉬었다가 3월부터 재가동에 들어가는데 이원국의 〈월요발레〉는 열악한 소극장 환경 가운데서 5년째 이어지고

180회 공연 기록을 남겼다. 놀라운 일이 아닐 수 없다. 성균소극장은 발레 기량을 피력하기에 적합한 공간이 아니다. 천장이 낮아서 상대를 리프트(들어올리기)하면 머리나 팔다리가 닿을까 조마조마해진다. 무대도 몇 바퀴 돌면 부딪칠 위험이 있다. 자연히 무용수들은 테크닉을 조절하지 않으면 안 된다.

그럼에도 불구하고 소극장 관무(觀舞) 매력은 무용수들의 표정과 근육 움직임과 가쁜 숨결 소리를 바로 가까이에서 직접적으로 느낄 수 있다는 점이다. 이번 무대에서도 흐르는 땀방울이 조명 불빛을 받으며 튀는 모습이 보석처럼 감동적이었다.

국립발레단과 유니버설발레단의 수석무용수였던 이원국의 〈월요발레 이야기〉는 그가 대표로 있는 이원국발레단의 월요일 저녁 갈라쇼다. 관객들은 처음 발레를 구경하는 초보자들이 대부분인 가운데 이원국의 팬들이 아이들을 데리고 와서 체험학습을 받을 수 있다. 왕년의 톱 발레리노가 제시하는 정교하면서 열정적인 갈라쇼는 그의 체험과 해설이 곁들여지면서 클래식 발레와 모던 발레의 여러 명품들이 알기 쉽게, 그리고 직접적으로 전달되면서 발레 동작이나 마임에 대한 관객의 이해도를 높여 발레의 대중화에 크게 기여한다. 이 공연에서 개안된 천재적인 발레 예술가들이 생길지도 모른다는 전망이 리뷰어를 즐겁게 한다.

현역 무용예술가들이 처한 열악한 조건들

발레계의 남성 스타 하면 이원국, 김용걸을 떠올리는 사람들이 대부분이다. 그들보다 앞선 선배인 제임스 전, 김긍수, 백영태 정도를 제외하면 현역으로 뛰고 있는 한국의 스타 발레리노는 국립발레단과 유니버설발레단의 수석무용수 등 손꼽을 정도다. 여성 발레 스타로 독일의 슈투트가르트발레단의 강수진을 떠올리는 팬들은 지금은 은퇴한 김혜식이나 현재 유니버설발레단장인 문훈숙, 국립무용단장인 최태지 외에는 대개는 대학무용과 교수들을 연상한다. 한예종의 김선희, 이화여대의 신은경, 충남대의 조윤라, 성신여대의 김순정 외 경성대의 신정희, 서원대의 김명회 교수 등이 내가 아는 발레리나들의 전부다.

대학 무용과의 발레 전임 교원이 되어버린 스타는 이제 스타가 아니다. 그렇다고 무용학원을 운영하고 있는 왕년의 스타들을 거명하기는 그들의 위상이 너무 멀다. 그런가 하면 현역으로 활약하고 있는 젊은 발레리노, 발레리나들은 또 너무 젊다. 그러나 속내를 털어놓으면 그 젊은 스타들이 발레 애호가들을 잡아주어야 할 예술적 원동력이다. 그들의 매력으로 무용예술의 진수가 관객들을 사로잡아 인간적 품격을 가다듬게 만들어주어야 하는 것이다. 예술은 속된 우리의 품격을 가다듬게 해주는 여의주가 아닌가!

젊은 남녀 발레 예술가들이 어느새 중견들이 된다. 젊은 스타가 중견이 되어서도 명성을 유지하기가 한국 사회에서는 아주 힘들다. 그만큼 후원회 제도나 사회보장제도가 되어 있지 않다. 스포츠 분야에서는 국제대회에서 메달이라도 따면 상금과 연금이 따르지만 예술 분야에는 그런 혜택이 없다. 자기가 좋아서 한 짓이라 발레 같은 격렬한 연습량을 소화하고 고난도의 기량을 익히다가 스타급으로 성장하지 못한 채 머물고 마는 발레 예술가들이 예술 교육자로 방향 전환을 해서 재능을 사회적으로 환원, 봉사할 수 있는 시스템이 도대체 되어 있지 않다.

그래서 재빠른 무용수들은 공연으로 업적을 쌓고 대학원에서 석·박사 학위를 딴다. 각 대학들이 마구잡이로 무용학과를 설립하던 지난 1980년대의 '황금시절'에 무용학 박사며 교수들이 대량 생산된 반면,

무용예술은 교과 수준 이하로 전락되어버린 것이 우리 현대 무용사의 비극이었다. 예술가들이 월급 받는 교수가 되어 생활이 안정된 만큼 현실에 안주해버리자 예술작품의 창작 작업들이 오히려 저조해졌다. 정부 지원이 나오지 않으면 공연 활동을 접어버리는 얄팍한 예술 의지는 속물근성이 아닐 수 없다.

하드웨어의 정비와 함께 극장 공간은 각 지역에 문화회관이니 예술회관이니 하는 이름으로 늘어가는데 문화 공간 운영은 정부나 지자체 지원이 없으면 더 어려워지고 지원에 길들여진 예술가들은 힘든 작업에 도전하지 않는다. 간헐적인 창작으로 잊혀지는 예술가들의 이름이 장기적인 작업으로 연명되기를 기대하는 마음 간절하다.

예술의 대중화를 모색한 공연 〈사랑〉

무용의 대중화가 질적인 저하를 전제하는 것이 아니라면 기획 면에서 젊은 세대들의 호응을 얻기 쉬운 행사 마련을 마다할 이유가 없다. 초콜릿에 의한 2월의 밸런타인 데이의 상업주의를 예술의 대중화로 전환시키려는 시도 가운데 하나가 대전시립무용단의 젊은 무대 〈사랑〉(예술감독 정은혜, 대전예술의전당 앙상블홀, 2.14~15) 공연이라 할 수 있다.

밸런타인 데이에 맞춘 젊은 세대들의 사랑은 어떤 초콜릿 맛일까. 발레 이주희의 〈세 가지 필름〉, 현대무용 장혜주의 〈1+1=1〉, 한국무용 옹영신의 〈바람의 여행〉, 대전시립무용단 상임 김임중의 〈바람이 분다〉의 모티브들은 아슴한 사랑의 빛과 그림자다.

이주희의 사랑은 아가페, 에로스, 그리고 플라토닉 러브 같은 전형적인 유형을 그리려고 하지만 관념적인 지식은 체험이 바탕으로 깔려 있지 않아서 공감의 전달력이 약할 수밖에 없다. 빨간 에로스의 전개에 보다 강력한 자기 스토리텔링이 형상화되었으면 감동이 컸을 것이다.

장혜주의 〈1+1=1〉은 사랑이 공식이 아니라는 사실을 강조한다. 둘이 모여 하나가 되는 온전함을 추구하는 과정에는 불편함도 있고 부족함을 채워주는 감격도 있다. 그런 전제가 인연으로 묶인 장의(長衣)와 소매의 상징이다. 오방색과 흑의의 색감이 젊은 육신의 정감을 장식하는 외형뿐이라는 사실을 젊은 그들이 예측이나 할까. 사랑의 성숙과 더불어 인식해나갈 노숙의 전경(前景)을 보는 듯 했다.

옹영신의 한국무용은 좋은 의미에서 컨템포러리 댄스다. 그 말은 안무력에 극적 구성이 보인다는 것이다. 처음 원의 테두리 안에서 움직이던 시작은 붉은 스폿에 초점을 맞추어 확대되어 3인무로 이야기를 전개시켜가다가 마지막 다시 원으로 돌아가 마무리된다. 한국무용의 경우 그런 구성이 쉬운 듯하면서 쉽지 않은 것이 보통이다. 그리고 그 시작부터 무르녹는 전통무용의 태(옹영신)와 싱싱한 서구적 몸매(민병주)의 대비가 바로 드라마틱한 바람의 여정을 상정케 한다. 사랑은 자유로운 바람으로 살랑대며 불어와 우리를 유혹하고 그렇게 우리를 농익게 성장시키는 생명체 같다.

같은 바람이라도 김임중의 〈바람이 분다〉는 전형적인 관념 세계, 혹은 추상 개념의 표출이라서 바람은 사랑으로 해석되거나 삶의 방황과 고뇌로 환치될 수도 있다. 그렇게 되면 주제가 일관되지 않는다. 일관되지 않는 이미지는 극적 구성을 유지하지 못하기 때문에 이미지 자체가 바람 부는 대로 흔들린다. 따라서 안무가가 구체적 형상 만들기가 쉽지 않고 보는 관객들도 애매모호한 자기 주관대로 받아들이기 마련이다. 그런 제멋대로의 해석, 그런 자유가 바람이라는 사랑의 관념에 담뿍 담겨 있다.

밸런타인 데이의 사랑 관념이 상업주의를 벗어나 예술의 경지에서 노닐게 되면 여러 장르에서 변용(變容)이 가능해진다. 아직 자리 잡지 못한 젊은 사랑이 발레가 되거나 현대무용이 되거나 한국무용 장르에서 어떤 모습으로 자리매김할는지, 무용만이 아니라 모든 예술 장르에서 어떤 그림으로 그려질는지, 그 작은 하나의 예증(例證)이 대전시립무용단의 〈사랑〉에서 어렴풋이 떠올랐다고 할 것이다.

아르코에 입성한 부산 김옥련발레단의 〈분홍신 그 남자〉

부산 지역에서 활동하고 있는 김옥련발레단의 서울 나들이는 지역문화투어 형식으로 중앙에서 지방으로, 지방에서 서울로 순회하는 매우 유의미한 문화예술 활성화 프로그램으로 실현되었다. 그것도 지역차가 심한 열악한 환경에서 어렵게 연명하고 있을 발레예술을 생각하면 부산 김옥련발레단의 〈분홍신 그 남자〉(아르코대극장, 2.17) 서울 입성은 환영할 만한 문화 행사가 아닐 수 없다.

분홍신 하면 모르는 사이에 춤추는 여인의 토슈즈처럼 여겨지고 있다. '그 남자'라면 발레리나의 남자 애인일까, 아니면 발레리노를 가리키는 것일까. 이야기는 1980년대 계엄령하의 비상사태와 산업화 등 세상풍파 다 겪은 다음 요양소에서 치매를 앓고 있는 한 발레리나의 환상을 좇는다.

예술가의 노후 문제는 지금 우리 사회의 복지 문제와 직결되어 있다. 따라서 이 작품은 꽤 사회의식이 짙은 편인데 〈분홍신 그 남자〉에 집중된 연애 감정으로 사회의식은 편린으로 떠돌고 병원 입원 환자들로 꾸며진 춤과 라이브 음악과 영상과 탱크 및 처져내린 팔뚝 조형 등 미숙한 총체예술의 집합체처럼 없는 게 없는 무대로 꾸며졌다.

총체예술이 없는 게 없는 무대는 아닐 것이다. 부속 요소들은 주제의식을 강화하기 위한 수단일 뿐이다. 발레의 연애 감정을 부풀리는 것은 주역들, 김옥련과 이원국의 대결에서 이루어져야 한다. 1부에서는 라이브 음악이 환자복 차림의 음악가(성악 임성규 · 김현애 · 박미은, 아코디언 송용창, 바이올린 박광식, 기타 고충진)들에 의해 연주되고 연기와 춤과 음악적 흐름에 공백이 생겨 마치 아마추어 공연처럼 어색한 측면이 눈에 설었다. 그런데 2부에서는 차라리 음악가들의 정장 차림이 현장감을 살려낸다.

김옥련발레단이 주도한 주역 역할은 이원국발레단의 이원국과 조한얼, 최예원 팀에 의해 완전히 독점, 보좌된 인상이었다. 그만큼 주역들의 파드되, 조역들의 2인무가 그들을 빼면 보는 재미를 끌어올리지 못했다는 것으로 기본 구성인 김옥련, 안유리, 최연순, 임정인 등 원정팀의 노고가 더 두드러지지 못한 게 아쉽다.

비교적 관객들이 많았던 것은 원정 팬들, 아니면 1회 공연으로 끝나는 기획이 아쉬운 남도 출향민의 향수 때문이었을까, 제대로 된 공연이라면 1회성 공연으로 끝내버리는 발레 공연은 낭비가 아니면 억지 기획의 인상이 짙다. 김옥련발레단이 창단한 지 13년이 되었고 창작발레 〈분홍신 그 남자〉(초연 2008년) 외 그들만의 고정 레퍼토리도 다수 확보하고 있을 터이므로 세련되고 격조 높은 그들만의 발레예술 창조로 매진하기 바란다.

서울예술단의 정체성과 국립무용단의 존엄

: 〈15분 23초〉와 〈Soul, 해바라기〉

서울예술단의 댄스뮤지컬 〈15분 23초〉

서울예술단의 이른바 '댄스뮤지컬' 〈15분 23초〉(LG아트센터, 4.17~23)
는 우리 공연예술계를 휩쓸다시피 유행하고 있는 음악극·뮤지컬 제작
물의 또 다른 변형일까, 아니면 서울예술단의 정체성을 밝히는 필연적
인 궤적일까.

작년 '극장 용'에서 처음 선보였던, 견우직녀 설화와 백 스테이지의
비화를 엮은 서울예술단의 〈15분 23초〉를 초연으로 치면 이번 공연은
재공연이다. 그러나 이번 작품이 전작의 핵심을 현실적 인물들의 사랑
이야기와 무너진 무대의 개막 복구 형식으로 개작한 환골탈태의 새 작
품으로 간주하면 제2의 작품 〈15분 23초〉가 앞으로 또 다른 제3의 동명
새 작품 탄생의 여지를 열어놓았다고 볼 수도 있다. 이른바 버전의 연
계는 가능하다는 것이다.

문제는 노래와 무용이 핵심이라고 해서 다 '뮤지컬', 혹은 음악극이냐

하는 것이고 무용이 중심에 있으면 굳이 '댄스뮤지컬', 멋있어 보여서 '댄스컬'이면 어떻고, '뮤지컬댄스'나 뮤지컬, 혹은 음악극, 가무악이라고 명명한다 해서 크게 양식이 바뀌는 것도 아니라는 사실이다. 명칭, 이름 따위는 붙이기 나름이다.

뮤지컬이나 뮤지컬댄스, 혹은 댄스뮤지컬 같은 음악극이나 가무악은 연극 위주의 종합예술, 총체예술 사조를 이어받는 전 세기 이후의 공연예술적 양식운동이라 해도 지나치지 않다. 스토리텔링 중심의 연극 양식이 극장을 지배해왔던 지난 세기의 연극, 혹은 발레나 오페라 형식을 뛰어넘어 무용이나 음악이나 미술, 혹은 애니메이션이나 동영상, 패션, 극단적으로는 과학 기기로 창조되는 조명 효과 등 변경의 매체가 예술 전반의 중심이나 핵심에서 주도하거나 선도하게 되는 새로운 예술 운동은 연극적 총체예술 대신에 무용적 총체예술, 음악적 종합예술, 혹은 무용음악적 새 양식을 만들어낼 수 있을 것이다. 그런 시도의 손쉬운 방식이 무용적·음악적 뮤지컬 경향이라면 이해가 쉬울까.

음악이 주도하는 뮤지컬이나 뮤지컬댄스 대신 무용을 대입시키면 댄스뮤지컬, 댄스컬 양식이 된다. 무용이 선도하고 주도하는 종합·총체예술 양식은 연극적 종합·총체예술의 서사적 이야기 전개 방식에 비하면 무용의 추상성과 형상미, 그리고 흐르는 이미지가 어떻게 드라마성(性)을 유지·창출하느냐가 관건이다. 당연히 이때의 '드라마'는 방송 영화의 드라마가 아니라 연극을 구성하는 극성(劇性)을 의미한다.

〈15분 23초〉의 제2버전은 연극성이 강조되었던 제1버전에 비하여 전반적으로 춤이 전면에 나와 흐름을 주도하고 음악의 활력이 높아 뮤지컬 지향성이 강해졌다. 극단적으로 말하면 무용과 음악의 강세로 크게 연극성이 후퇴했다고 말할 수 있고 그런 경향은 댄스뮤지컬 지향으로 봐서는 바람직한 현상이라 할 것이다. 연극이 주도하던 총체성에서 무용 언어로 주어가 바뀌고 술어로 음악이 들어왔다는 사실은 하나의 시도치고는 성과를 거둔 셈이다. 서울예술단(예술감독 정혜진)의 정체가 한국무용의 뿌리(안무 손미정)에 있고 견우직녀의 설화를 까치의 군무와 대열로 정비하는 과정에 우리 문화 콘텐츠의 근원인 서정성을 장은정의 현대무용과 우현영의 재즈 음악이 활력으로 드높인 사실도 평가할 부문이다. 그런 경우에 왜 한국무용 집단이라고 해서 그랑 파드되까지는 몰라도 독무·솔로나 파드되 형식의 이인무쯤의 극화 구성은 곁들여질 수 없는 것일까.

이번 작품에서 가장 빛나야 할 부분인 '하나의 캐릭터, 두 연기자(one character, two players)'의 플래시백 구조가 가장 연극성이 약했다는 사실은 아이로니컬하다. 현재에서 과거를 바라보며 동시 진행 무대에 다른 시공간이 공존하는 극중극 형식의 무용적 안무력은 두드러져 보이지 않는다. 여기서는 견우 역(최정수)이나 직녀 역(10년 전 직녀 역 장성희/승희 역 도정주·여정옥) 등 전설상의 사랑이 주축이 아니라 현장 무대상의 연정이 주제로 떠올라 극중의 승희와 현 예술감독 역의 불일치, 조감독 규완 역(임병근·이경준)과 현 무대감독 역의 캐릭터 이입 문제가 걸림돌이 되었다. 양분화된 두 캐릭터가 분리·분산된 채 무대 위에 드러나 있고 물리적 회상에 잠겨 있다. 그런 면에서 견우직녀라는 설화의 주제보다 현장 무대에서 만난 예술감독과 무대감독 두 인간관계의 연계와 심리 상태에 대한 갈등과 복선이 약하다.

10년 전 무대를 떠난 승희의 갈등 구조가 선명하게 드러나지 않고 예술감독으로 돌아온 그녀에 대한 무대감독의 정서 또한 극적 효과를 못 올린다. 그런 의미에서 무용과 음악이 연극을 밀어냈다고 말할 수 있다. 무용 주도의 총체극에서 성격 이입과 무용수 간의 감정 이입 및 교류가 문제로 떠오르는 대목이다.

무용적·음악적 폭발력은 무대를 넘쳐 객석으로 밀려오는데 무대장치와 조명은 오히려 그런 에너지를 구속하는 억제 기능을 한다. 다양한 장면을 연출할 수 있는 기능 대신 흑과 백의 심플한 무대와, 강도를 줄인 조명은 뮤지컬의 활력을 극점으로 몰아 올리지 못한다. 그와 동시에 분명히 해두어야 할 지적 사항은 백 스테이지 공연 형식의 방향과 감각이다. 객석을 보고 있어도 그 방향은 반대라는 사실은 상식이 아닐까.

이런 점을 고려하면 제3버전으로서의 〈15분 23초〉쯤 되면 '댄스뮤지컬'로 독자적 행보를 내디딜 수 있을지 모른다. 서울예술단의 아이덴티티가 처음부터 춤과 노래의 공연단체 지향이었으므로 수장인 대표들과 예술감독들이 서울예술단의 성격을 음악극, 총체예술, 가무악, 그리고 뮤지컬 지향으로 규정해온 것은 구호의 표현이 다를 뿐이지 근본적으로 엉뚱한 노선으로 예산이나 정력을 낭비한 것은 아니다. 문제는 총체적 공연예술 인재들을 오디션 형식으로 스카우트만 할 것이 아니라 무용, 연극, 음악 등을 총체적으로 배울 수 있는 교육 시스템을 구축하고 그 운영을 서울예술단 자체가 기획 실천하는 길을 찾아야 하는 것이다.

국립무용단의 문화 기호 읽기

국립무용단의 기획공연 〈Soul, 해바라기〉(국립극장 대극장, 5.20~23)는 한마디로 말해 전통무용의 현대화를 통한 문화 기호 읽기라면 이해하기가 쉬울까.

무속적 통과의례인 삶과 죽음의 상징을 제의로 푸는 이런 예술적 기호읽기는 그만큼 우리 문화를 해석하는 방법들이 심화되고 다양해졌다는 증좌가 될 것이다. 그런데 이런 한국문화 읽기의 방법이 그냥 전통적 양식과 기법에만 의존하지 않고 실험적으로 현대음악과 전통무용으로 어우러졌을 때 그 성과에 대한 반응이 문제이다. 국립무용단의 권위와 존엄을 퓨전댄스의 실험으로 맞바꿀 수 있느냐, 하는 문제 제기에 대한 국립극장으로서의 대답이 준비되어 있어야 할 것이다

삶과 죽음에 대한 무당 굿놀이 형식의 통과의례는 이제 상투적 예술 방식이 되었다. 특히 무용에 있어서 그렇다. 그래서 살아생전의 기원굿이나 죽은 사후의 진오귀굿의 살풀이나 씻김 같은 낱말들은 아예 근거 없는 홀로 서기마저 단행한다. 그래서 중구난방의 '전통의 현대화'가 시험대에 오른다.

공연예술로서 원초적 제의의 재구성이 시도되는 까닭은 어떻게 한국적 특수성을 넘어서 세계적 보편성을 획득하느냐 하는 어려운 길목에 우리 예술가들이 안고 가야 할 과제가 가로놓여 있기 때문일 것이다. 그 대열에 반드시 국립극장의 존엄을 건 국립무용단이 끼일 필요가 있느냐는 논란의 여지가 있다. 그러나 개인적 취향으로서는 한국 전통예술의 핵심체인 국립무용단이기 때문에 전통의 현대화를 시도하는 작업은 신중히, 그러나 전위적으로 이루어져야 한다는 데 격려를 보낸다.

이번 공연은 살타첼로 밴드가 현대 재즈 음악(작 · 편곡 피터 쉰들러, 음악감독 변희석)에 한국의 무속 제의적 움직임을 실어 살아 있는 자들의 풀지 못한 한과, 죽은 자들의 풀어야 할 한을 '맺힘과 풂'이라는 문화 기호로 엮는다.

기호 읽기의 매체로 춤을 택한 숨은 뜻은 반드시 무용과 음악의 합의에 의해서라기보다 원초적 제의적 이미지와 살타첼로의 근원 회귀 같은 리듬으로 극대화된다. 서로 다른 두 차원이 만나 열리는 시공에서 창출된, 공감의 상승 효과 같은 측면을 무시할 수 없다. 이 점은 문화인

공연예술의 품격과 한국춤의 흐름

류학자 사이드가 말하는 이른바, 미화된 '오리엔탈리즘'의 예술적 성과
일 수도 있을 것이다.

그냥 전통 예능으로서의 무용의 현대화가 방향 감각을 상실한 채 풍
토병처럼 맴돌기 쉽다면 거기에 현대 대중예술로서의 섬세하고 경쾌한
리듬이 장식해주는 패션 감각 같은 것은 서로 이질적인 두 예술 장르의
교류를 보다 용이하게 하는 마이더스의 손길이 될 수도 있는 법이다.

영혼으로 만난다는 뜻에서 Soul을 붙인 제명(題名)은 해바라기 같은
그리움의 정감을 한(恨)에 플러스한다. 이 작품은 사실은 두 작품으로
볼 수 있다. 제1부가 제명 그대로 동서의 정감을 담는 〈Soul, 해바라기〉
의 무용과 음악의 합작·퓨전 작품으로 독립되어 있다고 봐도 된다. 현
악의 구슬픈 정서에 실려 한지로 만들어진 한복을 걸친 여인들이 그 옷
을 남겨놓고 삶과 죽음의 격리처럼 백색의 순화된 여인들로 그리움을
체현하는 여자 살풀이, 그리고 남자 살풀이 — 10여 년 전만 해도 국립
무용단 남자 무용수들은 탈춤패나 사물놀이패 출신이면 수준급이었고
지역의 민속 농악대 출신이 대부분이었다. 이들의 예술적 성장은 눈부
시다.

제2부는 따로 독립된 한국무용 창작 장기자랑 수준. 소품 모음으로
손뼉춤, 아박춤, 북어춤, 부채 방울춤이 선보여지는데 죽은 자들의 혼
령들이 벌이는 제의춤이라 한다. 제2부의 조직적 구성은 '천도, 피날레'
가 제1부와 연결된다.

한의 정서에 더해진 전통무용의 인간적 그리움도 전형적인 억제와
통제의 리듬에 실린다. 활력이 솟는 부분은 남성 무용수들의 등장으로
시작되면서 예술감독 배정혜의 기량이 이번 안무의 독무, 듀엣, 그리고
대형 구성 등에서 두드러진 전시 효과를 올리고 이 부분은 여성 무용수
들의 긴 리치를 활용한 선형 조성과 아름답고 선명한 대비를 이룬다.

어느 연말의 무용 관람

: 〈내일을 여는 춤〉, 〈묵향〉, 〈스크루지〉, 〈행.간〉 외

김매자, 국수호, 배정혜의 〈내일을 여는 춤〉

(사)창무예술원 창립 20년, 무용 전용 소극장 포스트극장 개관 20주년, 그리고 무엇보다 무용 전문지 월간 『몸』 창간 20주년을 기념하는 〈내일을 여는 춤〉(포스트극장, 12.2~21) 첫날 공연은 무용계 중진들인 김매자, 국수호, 배정자 세 사람의 보기 드문 작품 상호 교류의 장이었다. 중진들의 작품이 상호 학습으로 어떻게 재현되는지, 그런 시도는 일종의 실험이 아닐 수 없다.

그들은 우리 무용계가 여태까지 기획하지 못했고 비슷한 세대끼리 학습되리라고 기대하지 않던 개개인의 작품 상호 교류를 유연하게 실현시켰다. 예컨대 김매자의 작품 〈숨〉을 국수호가 표현하고 국수호의 작품 〈입춤〉을 김매자가 자기류로 재현하는 식이다. 그렇게 배정혜는 김매자식 황무봉류 〈산조〉를 학습 재현한다.

개성 있는 중진들의 창작 작품들을 그들식으로 배우고 익혀 표현하

기란 쉬운 일이 아니다. 실현되기 어려운 예술가들끼리의 긍지와 자존심 대결을 배우는 일념으로 접었기 때문에 그런 실험이 가능했다고 평가됨직 하다.

'자기식' '자기류'라 하더라도 원형이 따로 있으므로 아무래도 김매자류 국수호의 〈입춤〉이 되고 국수호식 김매자의 〈숨〉이 될 수밖에 없다. 전통무용에서 인간문화재가 된 한영숙류 살풀이나 이매방식 승무의 이수자들이 스승의 오리지널을 전수받아 아무개 전수자 칭호를 얻고 어느 날 그 전통무용 무형문화재 기량으로 인간문화재가 되는 그런 고식적 시스템은 인간문화재 지정 무형기량(無形技倆) 자체가 시간의 흐름에 따라 조금씩 바뀌어간다는 사실에 눈을 감는다. 그런 블랙홀을 뛰어넘듯 중진 무용수들끼리 그들 상호 간의 창작 명품 고전에 대한 전수를 시도했다는 사실이 놀라운 것이다.

최현의 〈비상〉 같은 작품을 좋아하는 팬들은 그의 유작이 상연되기를 바란다. 무형문화재보호법의 혜택을 받지 못한 중진 예술가들의 창작 작품에 대한 평가와 예우로서 적어도 개화기 이후 30년 이상이 되어 작품성이 확정된 중진들의 명작 고전, 혹은 신문화재 설정을 권유하는 여론들이 많다.

그러나 낡은 무형문화재 발상에서 벗어나지 못하는 탁상행정은 인간문화재들의 움직이지 못하는 낡은 기량을 버리지 못하는 동시에 새로 돋아나는 신인간문화재 발견과 지정을 굳이 외면한다. 인간문화재들도 언제까지나 인간문화재 급수로 머물지 못한다. 그 기량도 점점 쇠퇴하는 까닭에 전수를 통해 다음 세대로 학습되는 것 아닌가.

무형문화재급 기량은 영원하다는 식의 기존 관념에서 벗어나지 못하는 문화정책은 고인이 되거나 일세를 풍미한 신문화재 선정 같은 새로운 발의(發意)의 전향적 자세에 동참할 엄두를 내지 못하고 있는 것이 우

어느 열정의 무용 편력

리의 현실이다. 그런 무용계의 정체현상을 과감하게 실천적으로 타파한 기획이 이번 〈내일을 여는 춤〉이고 중진 무용수들의 시범적인 작품 학습 재현과 교류의 유연한 정신이라 할 것이다.

제1부에서는 그렇게 김매자의 국수호 〈입춤〉 학습과 재현, 국수호의 김매자 〈숨〉 학습과 재현, 그리고 배정혜의 황무봉류 〈산조〉 재현이 이루어졌다. 배정혜의 〈산조〉 재현은 김매자식 황무봉류 〈산조〉의 2차적 재현이어서 1차적, 2차적 학습과 교류 또한 의의가 없지 않다. 제2부에서는 그 세 사람의 창작무용 — 국수호의 〈남무〉, 배정혜의 〈율곡〉, 그리고 김매자의 〈삶〉이 선을 보였다. 새로운 창작무용에 관심이 많은 내 눈에는 국수호의 남성적 활달함, 배정혜의 지나친 심오함보다 김매자의 〈삶〉이 훨씬 가깝게 다가온다. 그 삶은 우리 일상의 삶을 깊고 높게, 그리고 성찰적으로 바라보게 만드는 청결의 무늬가 그려진다.

기획의 일관성으로 봐서는 배정혜의 국수호, 김매자 작품 학습 재현도 실현되었어야 했다. 덧붙여 욕심을 말하면 원형(오리지널)의 시범이 선행되었거나 동시적으로 연행되었으면 그들 중진들 간의 상호 교류와 학습이 어떻게 작품상에서 달리 그려져나가는지에 대한 구체적인 공부도 되었겠다는 생각이 든다. 김매자나 국수호의 상대방 명품의 학습과 작품 교류 표현의 호흡법이라든지 미세한 움직임의 차이까지 따라가며 짚어가며 감상할 정도가 아닌 평범한 춤 애호가들로서는 아무개류, 아무개식 중진 예술가들의 작품이 제자들에 의한 전파와 함께 같은 동료에 의해 학습 재해석되어 공연될수록 우리 무용계의 폐쇄적인 분위기를 바꾸는 데 일조하게 될 것이라는 기대를 갖게 된다.

〈내일을 여는 춤〉 스케줄 전체를 따라갈 형편이 못 되므로 내 스케줄에 맞추어 보게 되는 작품 가운데 윤수미 안무의 〈움(Sprout)〉(12.4)이 특히 눈에 띄었다. 이 창작은 생명의 뿌리와 근원에 대한 질문을 움트는 이끼의 푸르스름한 판에 담고 있다.

빛의 발원지인 어둠 속에 투영된 사각의 광맥을 따라가던 모던한 현대 의식은 언 땅에서 생명의 물줄기를 만난다. 2009년 초연 작품을 압축한 만큼 이미지의 밀도가 아주 높다. 대지의 생명을 보듬고 있는 갈색 의상의 두 여인(임지애, 최윤실), 그리고 푸른 의상의 세 여인(이정은, 서은지, 박현정)에 의해 대지의 생명이 성장하는 과정을 갈등과 대결 양상으로 형상화한다. 그 극적 효과는 무용 형상으로 더 높여진다. 특히 무대를 압도하며 확대되듯 커지는 착시현상을 일으키는 임지애의 성장이 신기할 지경이다. 그와 맞서 춤추는 푸른 여인들은 춤의 진행에 따라 드라마의 긴장감을 움직임 가운데 끼워 넣는다. 생명으로 돋아나기 위한 준비의 대비와 새 환경에 맞서 커가는 성장이 대결이라면 싹트는 움의 생명력은 바로 생명의 '대결'이 아닐 수 없으므로 이 부분은 키워서 한 시간짜리 작품으로 다듬을 소지가 크다.

대지와 움의 푸른 생명력을 현대 의식으로 풀이하는 안무는 현대문명의 의식(意識)과 전통의 의식(儀式)으로 양분했던 의식을 하나로 묶어 나갈 긍정적 조짐을 보이고 있다.

패션쇼 같았던 국립무용단의 〈묵향〉

묵향(墨香)이란 먹 향기를 뜻한다. 따라서 서도(書道)의 문인화가 연상되고 조선조의 선비들이 치던 사군자와 함께 선비춤이 절로 떠오르게 되어 있다. 사군자의 서화와 선비춤이 어울려졌던 무용 작품을 꼽으라면 고(故) 최현의 〈군자무〉와 〈비상〉 이상이 없다. 나야 감상자로서 그렇다 치고 윤성주 예술감독은 같은 무용예술가로서 최현의 〈군자무〉를 모델로 삼아 스승을 추모하는 자기 작품을 얼마든지 새로 만들어낼 수 있을 것이고 국립무용단의 〈묵향〉(국립극장 대극장, 12.6~8)도 바로 그런 작품 계열이다. 병풍 화폭에 그려진 사군자 — 매화, 난초, 국화, 대나무를 최현식으로 무용화했던 〈군자무〉 모티브를 확대시켜 극장 무대를 패션 쇼장처럼 이미지화한 〈묵향〉에는 연출 겸 아트디렉터 정구호의 입김이 '세게' 작용한 것으로 보인다.

패션쇼장화는 좋을 수 있고 나쁠 수도 있다. 그런 평가와는 별도로 복식 디자인 전문가의 연출은 아무래도 패션 디자이너의 연출이고 무대 디자이너나 조명 디자이너 연출이라면 또 그들대로의 연출 방식이 있을 것이라는 전제 아래 무용 공연에 이런 복식 융복합예술 형태가 일상화되어간다는 감회를 버릴 수 없다.

연출 영역이 어디까지인지는 몰라도 복식 디자이너 정구호의 영향력이 안무에까지 미치면 '춤'을 보러 갔던 관객들은 의상 색깔과 봉긋해진 여성 치마 디자인 때문에 안무력의 제한된 후퇴를 눈여겨보지 않을 수 없다. 특히 나처럼 무용예술의 바탕에 잠재적 드라마를 느끼고 싶어하는 관객이라면 패션쇼장화된 극장 무대에서 감명을 받기가 어렵다.

그래도 막이 오르고 하얀 네 폭의 화면을 바탕으로 한 청백(清白)의 분위기는 맑은 기운으로 시선을 끌어당긴다. 최근 무용 공연에서는 거의 반드시라 할 정도로 프롤로그(序)가 붙고 에필로그(終)의 마침표가 붙는다. 그럴 당연성이 있을까. 그림으로 치면 제시와 전시로 끝내면 될 것을. 동양적 선비정신인 사군자 그림의 무용 형상화는 그 자체로 완결되기 때문에 서종(序終)은 사족(蛇足)일 수도 있을 것이다.

남무와 여무의 독무, 2인무, 3인무, 5인무와 군무의 코르데 대오(隊伍) 만들기라든지 선비정신의 사군자 같은 핵심적 무용 이미지의 형성이 아트디렉터의 강력한 동영상 색채에 밀리는 까닭은 매화, 난, 국화, 대나무 같은 장(章)의 중추가 아름다운 그림일 뿐 그 정신을 드러내기가 관념적이고 추상적이기 때문일 것이다. 그런 바탕에 국화의 노란색이라든지 대나무의 잿빛 컬러 같은 것이 지나칠 정도로 강력하게 작용해 들 수 있고 그만큼 사군자의 형상 이미지는 영상 색채에 밀린다. 그저 복식이 服飾이건 複式이건 우리 생활 주변에서 일상화되어 가고 있다는 사실만 실감하게 된다.

발레창작산실 지원 선정작 〈스크루지〉와 〈Blue Bird〉

연말이 다가오면 〈호두까기 인형〉 공연이 성행한다. 아기예수 탄생이 크리스마스의 중심 모티브라면 크리스마스 캐럴 리듬을 타는 구두쇠 스크루지의 참회 이야기가 빠질 수 없고 영원한 희망을 찾아 헤매는 파랑새 모티브도 발레 공연의 레퍼토리로 손색이 없다. 그 스크루지 참회록의 발레 공연, 「파랑새」 동화의 발레 버전 하나 없다는 게 오히려 이상할 지경이다.

2013창작산실 지원사업 선정작인 조윤라발레단의 창작발레 〈스크루지〉(아르코대극장, 12.13~14)와 함께 문영철 창작발레 〈Blue Bird〉(아르코대극장, 12.21~22)를 통해 한국발(發) 발레 명작 버전을 생각하는 것은 스크루지 스토리텔링이나 파랑새 이야기가 발레화되고 전세계로 전파되면 한국발 스크루지 버전과 파랑새 버전, 혹은 창작발레니까 첫 안무자인 조윤라 버전이나 문영철 버전쯤으로 예술사에 남을 가능성도 배제할 수 없는, 그런 기대를 가져도 되지 않을까 해서이다. 이미 김선희 안무 〈인어공주〉 창작발레를 두고 그런 전망을 펼쳤던 나는 세계명작의 발레화를 도모하고 한국 컨템포러리 창작발레를 통해 한국발 창작발레 버전, 그리고 한국 발레 안무가 이름이 붙은 세계적 발레 버전을 꿈꾸는 버릇을 포기하지 못한다.

이번 조윤라 안무 창작발레 〈스크루지〉 버전과 문영철 창작발레 〈파랑새〉 버전은 정부의 창작산실 지원사업으로 선정된 만큼 그만한 지원 요건이 갖추어졌을 것이다. 재정적으로는 과거의 다액 지원 방식이 살아나고 문화체육관광부 관료 시스템 운영에서 사무국의 독립을 전제로 한 제3의 기구가 국립발레단, 국립현대무용단으로 옮겨진 처사도 발전적이다. 문제는 이제 한국 발레계의 작품 창작 능력이다. 거기에는 우리 문화 역량이 그대로 반영된 한국발 발레 버전의 발진 청신호가 켜져야 한다.

그런데 창작발레의 현황은 어떤가. 〈스크루지〉는 주인공의 캐릭터라든지 역할, 생활 환경의 조성이 어수선하다. 극화가 치밀하지 않다는 것이다. 마치 서툰 시인의 집중되지 않은 이미지 좇기처럼 안무자의 무용 영상 나열만 있고 스토리텔링적인 장면 승계 없이 시놉시스는 단순히 과거, 현재, 미래로 구분된다. 어머니인지 연인인지 캐릭터가 분명치 않은 김주원은 이원철, 강선구의 고약한 구두쇠 성격의 에피소드들을 축적시키는 모멘트가 되지 못하고 있다. 인물 조형과 상관없는 춤의 서정성만 부각시켜나가기 때문에 그의 비중이 살아나지 못한다. 오히려 노숙한 조윤라의 실연이 있었으면 어땠을까. 무엇보다 대단원의 개과천선 파티가 발레 잔치 치고 그렇게 허술할 수가 없다. 〈Blue Bird〉의 경우는 더 심했다. 발레예술의 스토리텔링다운 일관성이 구축되어 있지 않아서 1, 2, 3장의 구별도 의미가 없어 보인다. 거기에 크리스마스 이브를 내세워 연말을 겨냥한 창작산실 지원 신청자들의 속내를 드러내보이는, 전혀 압축되지 않은 구성은 대학 발레학과의 아마추어 동문 경연 수준에서 벗어나지 못하고 있다.

어쩌면 호흡이 긴 한국발 창작발레, 발레의 한류, K발레의 성장을 위해 발레창작산실의 기능을 대학 동문 수준의 지원보다 전문 민간 발레 단체의 집중 육성으로 전환하기를 권하고 싶다.

창작산실의 현대무용 우수작들

발레창작산실과 함께 진행되고 있는 현대무용 '2013창작산실'의 자화상은 어떨까.

창작집단 Collective A의 〈Fake Diamond〉(대학로예술극장, 12.19)의 막장은 두루마리 화장지로 범벅이 된 인간 군상의 속내를 펼쳐 보이는 광대의 경고 ─ 다이아몬드도 돈도 권세도 다 한낱 표피의 황홀일 뿐 찬란한 유리구슬에 홀리는 육체조차 창백한 정신주의 눈으로 보면 흘러가는 가상(假象)의 강물에 지나지 못한다는 개똥철학이다. 차진엽 안무는 그런 광대의 경고조차 볼거리가 풍성한 창작산실의 우수작으로 변모시키는 재치와 성숙이 있다.

『적과 흑』의 줄리앙 소렐이나 김중배, 심순애의 다이아 반지 같은, 장식품에 집착하는 여성 심리는 외관(外觀)을 분식시키기에 바쁜 아이들이나 미개인처럼 빛나는 금붙이에 관심이 많다. 결국 외형은 허황하다라는 동양 사상의 '나비 꿈'(莊子) 같은 이야기를 줄줄이 엮어내는 무대에는 도시의 흐르는 겉빛 같은 찬란한 동영상도 뜨고 다이아몬드 광산의 으슥한 지하 갱도도 나오고 보석의 정령들(남 2 여 5)과 그 의인화, 그리고 그 곁에 산문(散文)적인 종자(從者)가 따라다니는 포인트도 시선을 끈다. 다이아몬드 보석 상자를 과대 포장한 함 속에는 광대들의 옷가지들이 들어 있다. 전반부의 철학적 관념론보다 후반부로 갈수록 무용 보는 재미가 더해진다. 가짜 다이아몬드도 아니고 허황된 보석이라 할까. 그 〈Fake Diamond〉의 진실을 보여주는 창작집단 Collective A의 실력은 믿을 만해 보였다. 앞부분을 못 보고 놓친 또 다른 창작산실의 우수작 〈행,간(PA,USE)〉(12.17)은 하얀 제복의 문명과 옷을 벗은 원초성(原初性)의 대결처럼 다가오고 때때로 천장에서 무거운 중압의 철근 설치물이 내려와 압박을 더한다. 리케이댄스의 이경은 안무는 스피드의 시대에 행간을 챙기며 '파우제'에 점을 찍어 그 숨길을 끊어보려 하며 거기에 자기대로의 컨셉트를 띄운다. 그러나 컨셉트는 작품이 창조된 다음에 객관적으로 명명되면 되는 것이기 때문에 안무자가 자신의 주관을 너무 선행시킬 필요가 없다. 과감하게 상의를 벗어던지며 관념과 추상성에 구체적 육체를 더해 주제를 명확히 하려는 열의를 평가하고 싶다. 예효승의 〈I'm so tired〉(12.21)는 세상 사는 우리 모두의 지친 일상이고 그래서 다장르 융복합예술로 반영시켜볼 만한 소재로 여겨진다. 그러나 하루 한 번 공연, 그것도 하루 건너뛰며 공연 시간대도 달리해서 끝나버리는 창작산실 기획으로는 아쉽게 놓치기가 쉽다. 그렇게 놓친 대어는 월척일 가능성이 높다.

서울문화역에 펼쳐진 '영웅'들의 퍼포먼스
: 서울문화역 퍼포밍 아트 2016년 하반기 작품들

서울문화역 〈페스티벌284〉의 주제는 '영웅본색'. 홍콩영화 제목 같지만 구 서울역의 고전적 영웅은 사라지고 그 자리에 들어선 문화 공간에서 벌어지는 영웅들의 본색은 이채롭다, 그 가운데서도 특히 퍼포밍 아트 스케줄 가운데 눈여겨볼 작품들이 많다. 특히 신예술감독과 강낙현 PD에 의해 선별된 유럽의 압축된 최신 자유로운 공연 형태들은 신선한 자극이 되고도 남는다.

네덜란드의 쿠엔타인 릴로우의 40분짜리 작품 〈그럴 수는 없잖아〉(옛 3등대합실, 2016.10.20~23)는 전화(戰禍)에 죽어나는 이슬람 난민들, 지중해를 건너다 바다에서 죽는 아프리카 난민들의 극한에 처한 비극의 일상화가 TV 화면으로 얼마나 감정의 밀도를 떨어뜨리고 있는가를 경고한다. 난민들의 선별을 심판자의 입장에서 여유 있게 자행해온 유럽인들이 유럽인의 눈으로 뒤집어 보이는 현대의 설화를 통해 아프리카 남아공화국에 들어가다가 난민수용소에 격리되는 과정에서 난민으로 심판받는 자가 되어 겪게 되는 에피소드가 역설적이다. 권력과 심판에 대한 이지러진 진상이 백일하에 드러난다. 난민수용소라는 어긋난 온정주의의 냉소적인 허점이 신랄하게 비판받는다. 자비라든지 동정, 인권이라는 이름의 이기주의는 어디까지가 위선이고 어디까지가 참 '선'인지 알 수가 없다.

영국의 퍼블릭 트랜스포트 시어터의 〈우리는 브론테〉(옛 3등대합실, 10.27~29)는 브론테 자매를 가장한 남녀 광대에 의해 『폭풍의 언덕』이 작은 에피소드로 분해되어 경쾌한 꽃가루처럼 우리의 재채기를 자극하는 느낌이다. 나의 거친 메모에 의하면 남녀 광대는 때로 진지하고 때로 코믹하다. 연극이면서 실물 인형극적인 표정과 분장으로 장터를 떠돌아다니는 유랑극단의 유머와 애상의 정서가 서울문화역의 문화재적 전아(典雅)함과 잘 어울린다.

배우로 분장한 두 남녀는 관객들의 반응에 따라 재빨리 반응한다. 그들의 소도구는 여행용 가방, 그 속에서 풀어져 나오는 마술의 도구들이 그들을 변신시키는 매체이다. 그들은 내러티브를 앞세워 현실과 상상의 시공을 넘나들며 우리가 잃어버린 히스클리프의 우울한 하늘과 언덕과 자연을 연계시키며 브론테의 노처녀 같은 우울과 사랑과 집념과 복수심을 맑고 단순한 해학으로 변모시킨다. 히스클리프는 뻐꾹새였다. 나는 새가 아니라서 잡아둘 그물이 없다는 식의 주술 같은 시운(詩韻)이 감도는 가운데 두 광대의 섬세하고 다양한 연기술이 예술감독 영거스 바의 연출력의 산물임을 나중에 가서야 깨닫게 된다. 연극이되 인형극적인 표정과 문장, 그리고 장터를 돌아다니는 보헤미안적인 유랑극단의 유머와 센티멘털리즘과 코믹한 낙관주의가 잔영(殘影)으로 남는다.

스코틀랜드의 로비 톰슨의 작품 〈트랜스포머 XFR-〉(옛 3등대합실, 11.3~5)은 수백만 볼트의 고전압을 발생시키는 테슬라 코일을 이용해서 시각적 전기파를 소리의 음계로 바꾸어 음원(音源)과 광원(光源)의 작용을 동시에 깨닫게 한다는 것이 특징이다. 번개처럼 눈에 보이는 전기의 신비롭고 극적인 그림이 다양한 악기를 활용한 음악과 어우러져 독특한 조명적 음악적 시계(視界)로 펼쳐진다. 빛, 곧 조명의 바탕인 광원을 번갯불의 변화무쌍한 굴절로, 소리의 바탕인 음원과 연계시켜 점, 선, 원의 도형과 예능의 근본에 맞닿게 하는 재능은 과학자의 것이라기보다 예술가의 창의성이 아닐 수 없다.

이 첨단 과학의 예술은 '소리의 빛화(化)'라 할까, 빛의 소리화라 불러야 할 것이다. 그러니까 예술의 어느 장르에 귀속시킬 수 없는 일종의 빛과 소리의 이 설계도는 조명이기도 하고 음악이기도 하고, 그런 차원에서 설치예술이며 기계를 조작한다는 면에서 톰슨의 퍼포먼스이기도 하다.

장소특정형 음악극 〈빛이 떨어지는 곳〉(전관 이동식. 제한인원 30명, 11.9~13)에서는 특정 장소, 특정 인원수라는 구속력이 낯선 체험을 가능케 한다. 장소는 구 서울역 일대, 함께 어울릴 수 있는 인원은 30명. 캐서린 이레튼과 한국의 배소현이 그들의 음악과 무용적 짓거리로 관객을 유인하며 모래 그림을 그려 보여주기도 하고 옛 서울역의 대합실을 내려다보는 2층에서(말하자면 옛 영웅들의 궁정이다) 사라진 자취들을 회상시키며 계단에 몸을 기대어 후조(候鳥)처럼 날아다니는 자유로운 예술가들의 영적 창조를 함께하다가(왜 그때쯤 모두가 아는 민요 가락으로 함께 합창하는 음악극의 진가를 발휘할 수도 있었을 텐데) 장소특정적 작은 음악극은 끝나고 빛이 떨어지는 곳 — 옛 영화(榮華)의 그림자를 밟고 관객들은 서울역 문화 공간을 빠져나와 현실의 서울역 일각을 밟으며 집으로 돌아간다. 가녀린 멜로디가 이끄는 회상의 그림자 밟기의 짧은 30분이었다.

제이미 우드의 〈오 노!〉(옛 3등대합실, 11.17~19)는 부정(否定)의 노!가 아니라 비틀스 멤버 존 레논의 여인 오노 요코를 빗댄 관객참여형 모노드라마이다. 관객참여형 공연물은 한국만이 아니라 동양인이 일반적으로 꺼리는 형태라서 대체로 유럽 예술가들이 극장 현장에서 시도하더라도 분위기가 많이 침체되는 경향이 짙다. 길거리나 탈춤판 등에서, 혹은 집단시위 군중의 한 사람으로서 그렇게 용감한 관객들이 군중의 익명성이 벗겨지면 그냥 그때부터는 전신이 마비된 듯 연행(演行)의 흐름에서 빗겨나는 까닭을 나 자신이 이해하지 못한다(그러면서 그런 자리에 마주서면 익숙한 내가 왜 그렇게 전신이 마비된 듯 꼼짝을 못 하게 되는지). 익명성에 숨어 뜻밖에 용감한 대중 집단 속의 개체들이 특정 장소에서 수줍어하고 쭈뼛거리고 어울려 놀기를 꺼리는 생리적 관행이 생겨버린 탓일까. 그러나 다행히 최근의 참여나 창조의 예술교육을 통해 젊은 세대들의 생활 리듬이 차츰 그런 소극성을 극복해가는 차제에 제이미 우드는 시작부터 관객들이 연기자와 벽을 허물도록 신체적 접촉을 마다하지 않은 점이 평가할 만하다. 퍼포머와 관객이 어우러지도록 소리의 공감대를 타진하고 각종 대화와 소통의 수단을 펼쳐놓고 있는 점도 모노드라마들이 유의할 부분이다. 그러나 뭐니 뭐니 해도 이 공연의 핵심은 비틀스의 음악이고 존 레논의 음악이고 오노 요코의 무모한 낙관주의에 기댄 작가 겸 연출자이자 연기자의 아방가르드 예술 형식 — 여기에서 우리는 한국 전위예술가 백남준과 함께 전세계, 전지구, 전우주적 동시 방송의 초단을 연 존 케이지의 전위예술과 고전, 그리고 그 속에 흐르는 자유로운 히피 정신 — 만약에 그런 것이 아직도 상존해 있다면 — 이 아닐까 한다.

퍼포머이자 연출가인 우드가 진가를 발휘한 것은 1시간 30분에 걸친 관객과의 소통 끝에 분위기에 익숙하지 않은 관객들로부터 지휘, 각종 악기의 합주, 그리고 합창까지 이끌어낸 솜씨에 있지 않았을까 한다.

공연예술의 품격과 한국춤의 흐름

욜란다 로엘만의 〈미친 목소리〉와 찰리 드나의 〈봉지 안의 손〉(3등대 합실, 11.24~26)은 유럽 계몽기의 작은 시골 유랑극단을 보는 듯하다. 로엘만의 아크로바틱한 현대무용판이 끝나면 드나의 비닐봉지 인형극 같은 독불 합작의 두 작은 공연이 서로의 연계성도 없이 광장의 관객들에게 잠시의 여흥을 즐기도록 한다. 특히 비닐봉지를 활용한 드나의 무언극은 인형극. 바람에 날리는 일상의 쓰레기봉투가 드나의 손끝에서 마술 같은 생명력을 얻어 알이 되고 새가 되고 어미 새가 되어 상상의 이미지를 부풀어나가게 한다.

촛불 관념의 우주적 확대

: 김영희무트댄스의 〈촛불〉

김영희무트댄스 2016년 신작 〈촛불〉(이화여대 삼성홀, 6.6~7)은 그동안 정치적 사회적 시위로 오염되었던 촛불 관념의 본연의 세계를 보여주며 그 우주적 확대를 제대로 시현하는 동시에 본연의 세계로 돌아온 무용가 김영희의 귀환의 증거로 제시될 만한 작품이라 할 수 있다.

우리의 촛불 관념은 전통적으로 너무 좁고 이기적이다. 혈연의식, 가족관계로 불을 밝히는 촛불은 그 원형이 원초적 제의에서 출발함을 모르는 사람이 없고 새벽 정화수 떠놓고 비는 손비빔이나 냇가 바위 구석에 흐르는 촛농의 눈물 같은 굿의 흔적은 원시적이기조차 하다.

그래서 촛불의 우주적 확대를 기대하는 나는 제명(題名) 〈촛불〉이 '촛불의 바다'나 '촛불의 우주'였으면 김영희의 예술세계와 맞물려 제대로 된 그의 본연의 세계 귀환이 되지 않았을까 생각한다. 김영희의 〈촛불〉은 그 시작은 비록 느리고 미약했어도 그 끝은 장대해서 압도적인 피날레의 뭉게구름 같은 거품 장치, 아니면 촛농, 촛불의 눈물은 바다처럼 출렁이고 그 하얀 파도 속으로 빨려 들어가는 무희(舞姬)들은 갑작스런

암전으로 흑백의 잔상을 남긴
다. 관객들은 붉은 주무(主舞)
조차 하얀 촛불의 바다에 잠기
는 환각에 사로잡힌다. 그만큼
〈촛불〉은 여운이 깊다.

김영희무트댄스, 〈촛불〉

〈촛불〉의 구도는 1부 보이
지 않는 길 — 어두움, 무서움,
두려움, 2부 잃어버린 길 —
좌절, 보이지 않는 길에서 촛
불을 켜고, 3부 새로운 길 —
촛불을 켜고 새로운 길을 찾아
— 로 이루어진다. 이렇게 풀
이하면 길을 찾는 수도사의 내
면 기록이 될 것이다. 다행히
예술은 해설이 아니어서 무대 위에서 벌어지는 음악과 무용수들의 움
직임은 점차 달아오르는 예술의 열정에 엑스터시를 주고받으며 좌우
조명의 열셋 선(線)과 천장의 조명 효과와 어우러진 벽면의 동영상 이
미지에 따라 촛불의 내면적 격정이 폭발하는 바다 물결로, 혹은 우주의
창조신화를 확대하는 컬래버레이션 연상(聯想)으로 관객들을 깨운다. 관
객들을 각자 자기 세계에 몰두하게 만들며 결국 자기 자신의 세계로 돌
아오게 만드는 순례의 등불인 촛불은 하나로 흔들리다가 집단의 파도
처럼 우주의 에너지로 끝을 맺는다.

그런 감명이 하나가 되는 계기를 마련해준 창조의 작가(作家)는 절제
가운데 강력한 에너지를 무대 전체에 조화롭게 배정했고 압도적인 피
날레로 클라이맥스를 이룬다.

동서양 신화를 수용한 두 편의 발레 공연

: 〈무산 신녀〉와 〈메시아〉

조기숙NEW발레단 〈여신 시리즈 3〉은 동양 신화상의 서왕모와 항아에 이은 〈그녀가 운다 : 여신 무산신녀〉(이화여자대학교 삼성홀, 2016.5.13.~14), 곧 무조(巫祖) 전승의 발레화다. 무산(巫山)이라는 산 이름이 무속 계열이고 거기 신녀(神女)라면 무당일 수밖에 없다. 신성한 굿과 무녀 — 무조전승의 핵심은 국무(國巫)의 제도적 성립과 제정일치 시대의 권력의 창출에 있을 것이다.

그러나 조기숙NEW발레단과 손잡은 동양신화학자 정재서 콤비는 제정일치 시스템에 앞서 여성에 의한 남성의 영성(靈性) 부여에 의미를 실은 운우지정(雲雨之情)의 사랑에 비중을 둔다. 운우지정의 사랑이라면 그야말로 본능적인 남녀의 엑스터시를 향한 질주밖에 없다. 그 엑스터시를 조정하는 여인은 남자의 야성에 영성을 부여하는 제의와 정치의 달인이어야 할 것이다. 그런 측면에서 무산의 신녀는 발레라는 무용의 과학으로 이성의 차원에 섰고 그런 차원에서 보면 왕이나 장군 같은 남성들의 야성은 한낱 노리개의 발동 장치에 불과하다.

염제 신농의 요절한 딸 요희는 사랑을 맺어주는 요초라는 꽃으로 태어났다가 다시 무산의 신녀가 된다. 이런 논리 체계가 신화 세계의 자유로운 '가능의 논리'다. 불가능이 없는 신화 세계는 현실과 꿈의 혼재마저 용납한다. 무산의 요초가 망설임 없이 사랑하라 속삭이고 무산의 여인이 구름처럼 가볍게 다가와 비처럼 쏟아지는 사랑을 하도록 꼬신다. 비가 울어주고 헤어지는 아픔은 선택일 뿐이다. 비로소 사나이들의 권력 의지가 엑스터시를 겪고 나서 싸늘하게 계산의 키를 두드린다. 무산의 신녀가 그랬다가 이제는 그 과정을 배운 남정네가 권력의 묘미를 알고 여인을 버리고 권력을 선택한다. 그러면 신화 세계의 질서는 이제 유리알처럼 깨어지고 발레무용이라는 예술적 과학에 의하여 재편성된다. 힘든 작업이 아닐 수 없다. 동양 미학의 근원에 다가가되 신화의 표출을 서양예술의 문법에 의존하는 까닭에 그 두 차원의 명백한 경계를 제시하기가 쉽지 않고 발레의 스토리텔링적인 서사화도 상상력의 트레이닝을 많이 요구한다.

발레 〈무산신녀〉는 남녀의 운우지정을 주제로 삼는 것이 아닐 것이다. 초회왕 같은 영웅호걸의 야성을 영성으로 다듬는 과정은 예술적 표현의 고비가 아닐 수 없다. 이른바 '서정적인 관념의 세계' — 바로 한국 현대 창작무용의 아킬레스건으로 발목을 잡고 있는 이 대목의 극복과 맥락을 함께하는 관념과 형상화가 문제로 떠오른다. 무산이라는 영성의 감도가 높은 성스런 장소에서 얽히는 신성(神性)의 인간화를 위해 1장 요희의 꿈과 2장 초회왕과 신녀의 운우지정은 서정적 관념의 언어적 유희에 불과하다. 말하자면 이 부분에 피와 살이 떨리는, 그리고 뜨겁게 사랑하고 비가 되어 내리는 리얼리티의 악센트가 요구된다는 것이다. 이 부분을 분리해서 두 개의 독립된 장면으로 갈라놓은 발레 구성상의 문제가 서사적 감동, 곧 발레예술의 드라마를 형성하는 계기가 된

조기숙NEW발레단, 〈그녀가 운다 : 여신 무산신녀〉

다는 점을 감안한다면 예술의 극화보다 관념화에 기울어진 점을 지적
하고 싶다.

그런 신화적 요소의 형상화를 거론하다 보면 이화여대 창립 130주년
기념 발레 〈메시아(MESSIAH)〉(세종문화회관, 5.16.~17)를 놓칠 수 없다. 성
서상의 신화적 인물은 말할 것도 없이 예수 그리스도다. 뮤지컬 〈지저
스 크라이스트 슈퍼스타〉를 육완순 교수가 도입한 무용극 〈슈퍼스타〉
는 성인군자나 영웅, 위인들의 예술적 형상화를 쉽사리 대중문화 형식
에 담아 널리 알려졌다. 그런 경우 오리지널(원작)의 수입 번역본이나 영

상이 어쩔 수 없이 모델이 되고 국내 상연 작품들은 모작(模作)이 되어 창작 작품으로 간주되지 않는 것이 일반적 상식이다. 모작이나 번역본도 일종의 창작이라는 논란은 세기말의 포스트모더니즘 논쟁에서 많이 들던 화두였다. 왜 이런 말을 하느냐 하면 모방이 창작으로 횡행되는 세태 속에서 창작이 얼마나 어려운 작업인가를 창작발레 〈메시아〉를 통해 전혀 거론된 적이 없기 때문이다.

우리나라 각 대학 동문 무용단들 가운데 두 개밖에 없는 발레 전문 동문 단체는 고 홍정희 교수가 토대를 만든 발레블랑과 현직 신은경 교수 제자 집단인 이화발레앙상블이다. 클래식 발레를 토대로 컨템포러리 창작발레에 주안점을 두고 있는 이대 신은경 교수의 발레앙상블이 성경 복음서의 역사적 행간에 숨어 있는 사실적 상징적 의미를 2막 14장의 시놉시스로 정리해낸 것이 〈메시아〉의 대의(大意)이고 무엇보다도 그 점이 창의적이라는 사실이 지적되어야 할 것이다.

예수의 탄생부터 사탄의 시험, 용서받는 여인, 예루살렘 입성, 감람산의 기도 등으로 이루어진 1막과 베드로의 예수 부인, 골고다 언덕의 고행길과 처형, 다음 부활과 갈릴리 바닷가의 열두 제자들에게 당부하는 소명과 승천의 2막 가운데 흔들리는 몇 장면만 제외해버리면 무엇보다 강민지의 예수상의 수난이 돋보이고 막달라 마리아와 어머니 마리아 역의 이은미·김정은·김하예린, 사탄 역의 임지은 등이 훌륭히 자기 역할과 성격 표출에 기여한다. 선교 목적이 선행된다 해도 무엇보다 위인의 일생을 서사 형식으로 드라마화한다는 작업이 단순한 안무 형식으로는 표출되기 어렵다. 그런 측면에서 신은경 안무자의 연출력이 뛰어나다.

열네 신으로 압축한 신화적 인물의 행적을 발레 언어로 표출해낸 신은경의 안무력은 문학적 서사화를 꿰뚫고 있어서 행간의 고비마다 감동을 낳고 신이 별 이질감을 느끼게 하지 않는다. 그러면서 한 위인의, 한 영웅의, 그리고 한 신화적 인물의 탄생과 죽음에 이르는 과정이 에피소드별로 점철되고 발레의 드라마를 고조시킨다. 예수와 중요 등장인물들과 성령들이 춤추는, 헨델 음악과 만나 협연을 이룬 80명의 댄서들이 필수적인 로마 병사만이 아니라 예수 자신을 포함하여 남성 발레리노들 차출 없이 이루어낸 이화발레앙상블의 숨은 노고가 감동적이기도 하다.

중요 등장인물들과 군중 처리, 그리고 성령들의 교차적 투입으로 전등석화처럼 스쳐 지나가는, 예수 그리스도라는 한 '인생'의 가장 극적인 에피소드 추출이 사랑과 희생이라는 대전제를 깔고 있음을 제시하는 안무자의 큰 의도가 이만한 대작으로 열매 맺을 수 있었던 것은 대학이라는 교육기관의 한계를 넘어선 문화예술적 창조 행위가 아니면 이루어질 수 없는 작업이 아닐까 하는 생각도 든다.

이국 취미와 관광 취향의 프랑스식 퓨전 무용

: 몽탈보의 〈시간의 나이〉

한국 전통 민속무용이 품기는 특징의 하나는 방정맞은 양기의 발산이다. 특히 굿거리나 탈춤판이 그렇다. 그 에로티시즘은 세련된 관능미가 아니라 원초적인 본능 자체라서 문명의 이름으로 그런 요소들을 깡그리 잃어버린 선진 문명국 시선으로 보면 이런 이국 취향이 현대인의 아카익한 의식을 자극할 수는 있을지 모른다.

우리 세대처럼 양학(洋學)으로 교육을 받고 반(半)서양식 합리주의로 길들여져 성장해온, 이른바 한국의 지식 계층은 전통문화의 이런 '시간의 나이'를 이국 취향쯤으로 여겨 머리로는 이해해도 생리적·감각적으로는 쉽게 따라가지 못하고 동화되지 못한다.

결국은 수용의 문제다. 나 자신도 우리 전통문화의 현장을 꽤 조사하고 다녔지만 굿의 현장 연구와 향토축제에 쏟은 열정과 관심의 결과는 비판적 괴리감을 더할 뿐 세련되지 않고 움직임만 요란한 굿판이나 탈춤판의 흥과 신명만으로는 도무지 채워지지 않는 전통문화의 계발되지 않는 어둠의 세계가 끝내 아쉬움으로 남는다는 사실을 어떻게 해볼 도리가 없다.

　프랑스의 안무가 조세 몽탈보가 한·불 상호 교류 130주년을 맞아 전통과 현대의 영상 교류전으로 의미를 부여한 무용 공연 〈시간의 나이〉(국립극장 해오름대극장, 2016.3.23.~27)는 과거와 역사의 누적이 현대와 미래가 된다는 다소 진부한 주제를 펼치는 가운데 몽탈보 자신의 무용적 미학을 1장에서는 한국 전통무용의 계보로 풀고, 2장에서는 안무가의 철학으로 영상화하고, 3장에서는 서양 볼레로 음악과 한국 전통무용 기법으로 양자의 통합을 모색하는 과정들을 보여준다. 이런 경우 큰 주제인 시간의 나이가 집중적으로 탐색되기보다 세 개의 작은 파트로 분산되어버리는 위험을 감수해야 한다. 나는 그가 한국의 전통문화에 대한 어느 정도의 레퍼런스를 가지고 있는지 확신이 서지 않는다.

　국립무용단이 윤성주 단장 시절에 국립무용단의 신무용 위주의 구태를 씻어내려는 과감한 시도로 감행한 외국 현대무용 안무가 초빙 작업이 있었고 폴란드 테로 사리넨의 〈회오리〉는 국내 한국무용 전문가들에게 큰 충격을 안겨주었다. 그것은 전통무용의 유려한 움직임 대신에 역동성을 무대 전반에 뿌려대는 것이었으며 무용에 내재된 드라마성(性)을 밝혀내고 음악과 의상, 장치, 조명에 협업의 창조성을 부여했기 때문일 것이다. 무엇보다 주제에 집중된 일관성의 추구는 국립무용단의 구태 — 곧 드라마성의 회피에 정면으로 도전하는 방식이었다.

　그렇다면 이번 몽탈보의 〈시간의 나이〉에서는 그런 시도가 성공적으로 이루어졌는가. 우선 3장으로 분산된 주제가 충격을 집중적으로 모으지 못했다고 지적할 수 있다. 첫 장 자체에서 몽탈보의 시선이 전통 민속무용의 이국 취향에 분산되어 현대적인 취합으로 나아가지 못한 데다가 2장에서는 지금은 뻔해진 동영상에 너무 비중을 두었고 3장 볼레

162

공연예술의 풍경과 한국춤의 흐름

로 음악에 한국무용을 도입한 것이 이미 국수호, 김선미 등 한국무용 전문가들에 의해 일찍이 시도되었다는 사실조차 정보로서 갖고 있지 못했다면 현대무용 안무가로서는 큰 실책을 범한 셈이 된다.

그런 의미에서 〈시간의 나이〉는 국립무용단의 외국인 현대무용 안무가 초빙작으로서는 실패했다고 할 수밖에 없다.

이구 취미와 관광 취향의 프랑스식 퓨전 무용

정보사회의 고립성과 폴스타프적 인간 유형

: 연극 〈빛의 제국〉과 〈헨리 4세〉

같은 극장 무대라 하더라도 연극 공연 다르고 무용 공연이 다르다. 흔히 말하기를 연극은 직설적이고 무용은 추상적이라지만 반드시 그런 일률적인 잣대로 작품을 논할 수 없다.

오랜 세월 많은 작품들을 보며 평론의 한구석을 차지해온 나의 경험으로 보면 공연예술은 그 자체로 직접적인 공명과 감격을 느낄 수 있는 보는 즐거움이다. 그래서 이 나이에 이르도록 1주일에 한두 번은 극장 무대에 이끌려가고 감명을 기록으로 남기는 버릇이 생겼다. 연극 공연이나 무용 공연에 특별한 차이를 느끼지 못하는 내가 무용 작품의 기록보다 연극평론의 기록에 별반 관심이 없어진 까닭은 뚜렷한 계기가 있었던 것이 아니다. 1970~80년대에 연극에 빠지고 최근 한 20년 동안 무용에 시선이 많이 간 것은 우연일지도 모른다. 게재지와 발표 기회가 무용 쪽으로 기울어지는 시대 흐름도 있었다.

흐름을 돌이키기 위해 이번에는 오래간만에 연극 두 편에 시선을 집중해본다.

역설적으로 회색과 어둠의 〈빛의 제국〉(명동예술극장, 2016.3.4.~27)은 김영하 원작이니까 먼저 읽을거리로서 정평이 난 작품이라 할 수 있다. 소설을 극장 무대로 편입하기 위해 프랑스의 발레리 므레장과 아르튀르 노지시엘이 대본을 꾸미고 노지시엘이 연출하였다. 이런 수순은 우리의 공연 수준이 외국과의 합작을 당연하게 생각할 정도로 높아졌다는 의미도 된다. 한국의 현대소설에 외국 연극인들이 관심을 가졌다는 사실은 소설적 상황이 그만큼 그들의 의식 세계에도 와닿는다는 사실의 방증이 될 것이다.

한반도의 비극적 분단은 현대사의 유일한 역사적 사실로 드러나 있다. 그 상황을 드러내는 거울은 여러 각도에서 반사되어 어쩌면 진부해져버린 느낌마저 든다. 그런 정황을 한 소설가가 '잊혀진 스파이'의 케이스로 환치시켜 인간관계의 고독-고립성으로 투망한다.

북한에서 파견된 스파이가 남한에서 10년 동안 방치되어버렸다. 긴장의 끈을 놓을 수 없는 간첩의 일거수일투족은 첩보물의 기본이다. 그의 행적을 좇는 것 자체가 서사적 사건의 기본적 구상인데도 말이다. 그런 기본적 구상을 뒤집은 것이 작가 김영하의 안목이다. 첩보물로서의 긴장과 반전과 복선을 스파이 활동이라는 일상의 과제에서 생략해버린 채 잊혀진 인간 존재의 고립성으로 환치시킨 작가의 뇌리에는 대중사회의 '군중 속의 고독'이라는 사회학적 명제가 대치되어 박혔을는지 모른다. 남북한의 이념적 대립이 아닌 '이념 부재'의 상황을, 잊혀진 스파이의 사명으로 환치해서 인간 사회의 숙명적인 고립과 고독으로 정면 대결케 한 이 작품의 특이성에 주목한 국립극장 예술감독 김윤철의 도전정신이 각색과 연출을 프랑스식 지성에 맡긴 최대의 역점이 되었을 것이다.

그래서 명동예술극장 무대는 회색의 조명으로 둘러쳐지고 우선 주인공 주변을 감도는 인물들은 사건을 만들어나가는 방송사의 스태프진들처럼 한 뭉텅이 집단으로 즉물화된다. 가장 인간적인 스파이와 그 가족들은 무대의 핵심에서 튕겨져나와 있고 화면의 동영상이 간신히 인간관계의 부조리성을 '즉물적(an sich)'으로 투영해낸다. 작가의 시선과 프랑스 지성의 연극적 잣대의 이중, 삼중의 거리 두기는 극단적으로 말하면 서사극의 브레히트적인 소격화 효과를 확대한 것이다. 그런 측면에서 보면 관습적인 연극 기법이 도외시되어서 이념의 대립에 익숙해져버린 현장의 남북한 관객(국민, 혹은 시민)들은 어리둥절한 상태로 이념 부재의 군중과 연극적 향방에서 당혹감을 감추지 못한다. 그러니까 이런 메시지에 익숙하지 못한 관객들은 잘 들리지 않는 발성조차 관습적 기법의 도외시라 생각해서 참고 넘긴다. 그러나 낮추어진 발성이라 해서 들리지 않는 것은 연기자들의 수련 부족이 아닐 수 없다.

공연예술의 풍경과 한국춤의 흐름

　셰익스피어 서거 400주년을 기념하는 서울시립극단 김광보 연출 〈헨리 4세〉(세종문화회관 M씨어터, 2016.3.29~4.14)는 셰익스피어라는 걸출한 극작가가 만들어낸 탁월한 작중 인물 창조의 한 전형인 폴스타프(Falstaff)에게 시선을 모아도 그럴 만한 충분한 가치가 있다. 폴스타프는 희극적 성격의 인물로 출연하지만 그는 인간의 본능을 체현한 한 전형으로 그려진다. 그는 똥보에다 걸신들린 것처럼 먹고 마시고 싸고 쏟는 본능 덩어리라서 좋게 말하면 자연 그것이고 그만큼 건강한 반면, 동물적이라서 윤리 도덕과 상관이 없는 한 인간 유형의 보편성을 드러낸다.

　이런 인물의 출현은 드라마 — 고전적 희곡 정신에서는 배제되어 있던 부분이다. 그리스 비극에 없는 그런 전형은 르네상스기를 거쳐 1532년부터 라블레의 『가르강튀아와 팡타그뤼엘』에서 비롯된다. 중세 암흑기를 지나 연극의 르네상스를 거쳐 코메디아델알테의 즉흥술에서부터 이른바 민속민중의 활력이 정신의 품위를 걷어차버리고 본능과 자연과 대지의 건강미를 재평가하면서 폴스타프적 인간 유형이 정립되기 시작한다. 라블레는 해묵은 민속적 대중문화 속에서 가장 외설스러운 모습들을 자기 책에 다시 끌어내와서 먹칠을 해댄다. 말하자면 아름다움의 예술이 미추(美醜)의 진면목을 그리는 예술적 보편성을 추구하게 되면서 셰익스피어의 폴스타프적 인간상의 이중성이 조명을 받게 된 것이다. 폴스타프적 인물의 등장은 민중들의 비판 의식 — 권력 취향이나 부의 독점욕, 사회구조의 모순과 윤리 도덕의 허구를 정면으로 공격한다.

어느 민족이나 본능과 자연과 대지의 건강미 흐르는 아케타이프의 조형(祖型)은 전승되어 나오기 마련이다. 게걸스럽게 먹고 마시고 생리적으로 싸고 생산하며 그만큼 교활한 인간상의 아프리카식 원조를 스토리텔링식으로 탐구한 폴 라딩(P. Radin) 교수의 『거룩한 사기꾼』에 의하면 동물 우화의 경우 그 원조는 아프리카 여우 기원론으로 소급된다. 아프리카 폴스타프적 존재인 여우는 종족에 따라 토끼가 되거나 뱀이나 원숭이가 되거나 멧돼지가 되기도 하고 곰이나 악어가 되기도 한다. 이른바 종족의 성수(聖獸) 의식이 반영된 토테미즘은 반신(神)/반인(人)/반수(獸)의 히에로파니(hierophany) 이론으로 설명이 가능해진다.

역사적으로 망각되어 있던 본능적 인간 유형이 400년 전 셰익스피어의 〈헨리 4세〉 속에 창의적으로 등장했다는 사실이 놀랍다. 유럽 중세 암흑기를 지나 변방이었던 러시아 민담(民譚)에 채록된 민중적 영웅으로서의 폴스타프적 유형이 각광을 받는다는 사실. 러시아적 이인(異人)들, 한국식으로 말하면 이른바 먹보, 떡보, 술보, 뚱보, 혹은 민속극의 주인공들 취발이, 말뚝이 유형들이 민중 사이에서 활보를 시작한다. 그 변형으로서의 오입쟁이, 바람꾼, 색보(色甫)가 희극적 요소로 삽입된다. 「춘향전」의 방자, 월매, 그리고 「심청전」의 심 봉사 등쳐먹는 뺑덕어미 등 우리 주변에도 부정적 인간상의 희화화가 이루어진다.

폴스타프적 유형은 권력에 대한 정의의 그림자, 윤리 도덕에 대한 자연의 목소리를 비틀어 그려낸 비판의 몸부림이다. 그래서 정사(正史)에 실리지 못한 야사(野史)의 진실처럼, 미추의 예술에 시너지 효과를 높여 진리의 진면목을 보여주는 추(醜)의 전형이 마침내 산적 로빈 후드나 『수호지』의 걸물들, 임꺽정, 장길산 같은 악한(惡漢)소설의 모델로 발전하는 것이다.

김소희의 성장을 보는 역할놀이 형식의 듀엣

: 연극 〈사중주〉

칠순이 된 채윤일의 섬뜩한 연출력과 게릴라극장 대표인 김소희의 배우로서의 성장세를 직접 보고 나서 오래간만에 연극에 대한 나의 글쓰기 의욕이 솟구쳤다. 1970~80년대의 극심했던 탄압과 저항의 민주화 과정에서 젊은 연극연출가 채윤일은 청바지를 입은 햄릿으로 하여금 권총으로 의붓아비인 왕을 쏘아 죽여야 하게 했던 치열한 정신의 소유자였다. 김소희는 배우로서보다 소극장 운영이 제격인 '못생긴' 연극 마니아로 더 기억에 새롭다. 오래 그들을 못 보는 동안 채윤일은 칠순이 되었고 김소희는 〈느낌, 극락 같은〉, 〈맥베스〉, 〈하녀들〉, 〈혜경궁 홍씨〉 등을 통해 뛰어난 여배우로 성장하면서 동아연극상, 대한민국연극상을 수상하는 등 연극예술가로서의 위상을 굳혔다.

독일의 극작가 하이너 뮐러의 작품 〈사중주〉(대학로게릴라극장, 2015. 11.6.~29)는 음악의 현악사중주를 울리는 것이 아니라 두 남녀가 협주하는 에로스의 성기(性技)를 언어로 추상화시킨 난해한 작품이다.

표면적으로는 짙은 에로스가 물씬거리고 입과 손가락으로 더듬는 감촉의 젖은 관능이 온 무대를 채우고 있기 때문에 늙은 노작가가 현실적으로 실현할 수 없는 자연스런 본능을 말로 대리만족하는 착각을 불러일으키게 하는 언어의 유희 속에 연극적 구성이 착실한 효과를 올린다.

먼저 김소희가 연기하는 메르테이유는 프랑스혁명 전의 살롱이 배경이 된 타락한 상류사회 — 어쩌면 여권운동사의 한 단면을 떠올리게 하기도 한다. 그녀는 현실적으로 사랑하는 정인 발몽으로 하여금 극중극 속에서 메르테이유 부인이 발몽이 되고 발몽은 대통령 부인 트루벨 역을 맡아 역할 전도라는 연극의 보도(寶刀)를 통해 죽고 죽이는 남녀 대결의 끝장을 낸다.

나이 든 여인이 연하의 정인으로 하여금 다른 연하의 여인을 꼬드기게 해놓고 그런 관계의 현실적인 성립은 용납하지 못하는 여성 심리의 저 밑바닥에는 권력 투쟁과 같은 역사인식도 가미될 수 있을지도 모른다. 그러나 그런 해석은 너무 멀리 나간 역사인식일 것이다. 단순히 아들 못 낳는 전통 봉건사회 종갓집 대주가 혈통을 잇기 위해 첩을 들이게 했다가 시샘으로 첩을 독살하는, 또 다른 역사의 한 단면을 떠올릴 수도 있을 것이기 때문이다.

남녀의 성적 대결 의식 — 직접적인 남녀의 대립과 죽임 형식으로 전개되지 못한 채 제3의 여인, 혹은 첩의 축출이나 독살로 변형되는 것이 동서 여권운동사의 차이라면 차이, 특색으로 읽을 수도 있을 것이기 때문이다.

메르테이유의 역사적 배경이 된 프랑스 혁명 전의 타락하고 부패한 귀족 사회나 메르테이유가 발몽이 되고 발몽이 대통령 부인 트루벨 역을 맡는 제3차 세계대전 이후의 벙커(《사중주》의 무대지시문)의 저류에는, 극중극 도중 정인 발몽을 독살하는 연상의 여인 메르테이유 부인의 심리에 변형된 노작가 하이너 뮐러의 굴절된 노인 심리가 섬뜩하게 떠오른다. 임포텐트는 바람을 부추기고 바람둥이 애인의 여인 편력을 끝내게 할 정도로 사랑을 독점하는 형식이면서 그녀가 역할 전환으로 발몽이 되어 바람둥이의 근성, 말하자면 권력의지의 변형인 연하의 연인으로부터 얻게 되는 에로스와 쾌락의 대가로 목숨을 잃게 만드는 드라마의 과정은 남녀의 죽고 죽이는 사중주 형식으로 남녀의 역할 전도, 극중극 형식에 실려 오묘한 에로스를 발산한다. 에로스가 바로 연극적 놀이극 형식 아닌가. 놀이이기 때문에 바로 관능적 에로스물이면서 남녀 대결의 치열한 코미디물이 되는 모순된 논리를 지닌 노작가의 굴절된 본능이 내 싸늘한 의식 아래 드러나 보인다.

그 한가운데 여배우로서 완숙성을 갖춘 김소희의 빛나는 연기력이 있고 발몽 역 윤정섭의 지원이 늙은 채윤일의 여전히 섬뜩한 연출력을 돋보이게 했다.

장애인과 비장애인이 어우러진 〈아리랑 팩토리〉

장애인문화예술진흥개발원(이사장 이철용)과 윤덕경무용단의 20년된 합심이 아리랑 대합주를 이루어내었다. 무용 작품 〈아리랑 팩토리〉(용산 아트홀, 2015.10.14)는 장애/비장애를 가리지 않는 예술가집단 '저너머 비욘드 예술단'의 이름으로 최신 공연계 화두인 융복합 무대 형식을 무리 없이 성취해냈다는 데 가장 큰 의의가 있다.

용산아트홀 무대에는 특수학급에서 공부하는 장애 학생들이 불편한 사지와 부족한 의식에도 불구하고 비장애 무용수들과 함께 부족한 부분을 메꾸어나가며 사랑으로 이루어진 아리랑의 세계를 펼쳐낸다. 장애/비장애 예술가들의 공연 형태는 바탕에 인간에 대한 사랑이 없으면 전개되기 어렵다. 그저 장애아들의 특별활동 정도로 생각하면 취지가 살지 못한다. 장애를 극복하는 예술적 열의와 그들을 일으켜 세우려는 이웃들과 비장애 예술가들의 사랑이 어우러지면 장애와 비장애가 그 자체로 훌륭히 예술작품의 한 부분으로 녹아들 수 있고 그런 신념을 확증시켜준 무대는 그대로 감동을 준다는 사실이 증명되었다.

윤덕경무용단, 〈아리랑 팩토리〉

　총예술 감독 윤덕경 교수 외 그동안 장애인문화예술진흥개발원과 호흡을 같이하며 노하우를 익히고 특수학급 학생들에게 무용을 수업해온 오명희, 이영란, 반호정, 정유진, 김하림, 김해인 등이 무용 지도와 함께 출연한 이번 〈아리랑 팩토리〉 공연은 장애/비장애인 예술가들이 '아지랑이 넘어'로 몸풀기를 하면서 제2장 '물길 아리랑'으로 강강술래를 만들어낼 수 있다는 사실에서 놀라움을 더했다.

　비장애 예술가들이 감싸는 대열에 싸여 장애 예술가, 곧 특수학급에서 무용 교육을 받아온 초등학생들과 중학생, 고교생들이 대열을 갖추고 손발의 움직임을 맞추고 일어서고 움직이는 균형성과 일제성(一齊性)은 그대로 예술의 시작이었다. 관람 체험을 솔직히 털어놓으면 줄을 맞추고 일제히 손발을 들어 올리고 고개를 젖히고 시선을 고정시키는 그들의 춤추는 모습을 보며 손발이 안 맞고 일어서는 순서가 엇갈리고 움직임이 느리다 해도 전체적으로 보면 그런 형태가 하나의 무용 동작으로 전혀 밉지가 않고 오히려 미소를 띠게 만든다는 것이 새로운 발견이었다.

제3장 '아리랑과 베사메무초'는 사이클 소통이었다. 〈아리랑〉처럼 유네스코 문화유산으로 등재된 국제적인 민요와 〈베사메무초〉처럼 널리 알려진 민요가 서로 소통되며 교류되며 영감을 주고받을 수 있으면 그만한 정서 순화도 없을 것이다. 욕심을 부린다면 〈베사메무초〉의 가락과 어울리기에 아리랑의 애조(哀調)가 깊다. 그런 정감을 덜기 위한 밀양 아리랑의 반복보다는 K-Pop으로 변화되고 있는 젊은 세대의 활달한 감각을 크게 도입하는 것도 방법으로서는 나쁘지 않겠다는 생각이다.

4부 '아리랑 팩토리'의 희망의 몸짓은 태극무늬의 설레는 청적(靑赤) 색깔의 나부낌과 함께 장애/비장애인 예술가 집단의 꽃다발 하이라이트로 마무리되었다. 어린 장애인 예술가들의 꽃다발 대열은 그 꽃과 함께 사랑을 나누는 장애/비장애인 예술가들의 '비욘드 예술단' 발족을 축하하는 팡파르였다.

현대무용에 반영된 푸가 양식

: 정영두의 〈푸가〉

모던발레의 안무자 나초투아토는 남성의 몸 위에 여성의 몸이 마치 바이올린의 현처럼 겹친 작품 〈멀티 프리시티〉에서 푸가 음악에 실린 육체의 악기 영상으로 치명적인 망막 자극을 이루어냈다. 그러나 음악과 발레는 다 같이 클래식 양식 가운데서 시도된 것이다. 그것도 그런 시도가 처음이었기 때문에 충격적일 수 있지 않았을까.

현대무용에 접목된 클래식 음악의 고전 양식은 어떤 양상으로 나타날 것인가. 바흐의 열한 개 푸가 작품에 춤의 움직임을 입힌 현대무용가 정영두의 안무는 메시지가 없는 이미지의 구축이 전면에 나온다. 현대무용가들의 몸 쓰는 방법을 고전음악 양식에 맞춘 푸가 멜로디는 고전발레에 익숙한 발레 예술가들에게는 음률의 구속과 자유가 그다지 힘들지 않을 수도 있었겠지만 자유로운 동작에 익숙한 현대무용가들에게는 구속의 연장일 수밖에 없는 부자유의 선율이었을 것이고 발레무용가들은 몸 쓰는 법이 다른 현대무용의 안무자에 의해 푸가라는 고전음악을 몸으로 표현하기가 쉽지 않았을 것이다.

안무자 정영두는 1990년대의 마당극 세대 출신이고 마당극→민족극 계열의 탈춤놀이가 지닌 양식 파괴, 바꾸어 말하면 원초적 종합예술 양식에 익숙한 전통예능 수순에서는 장르 넘나들기가 비교적 손쉬운 연극에서 무용으로의 월경(越境)처럼 같은 장르 내에서의 현대무용과 발레 통합도 그다지 불가능해 보이지 않을 수도 있다. 그렇게 해서 클래식 음악을 적용한 고전발레와 현대무용이 바흐의 푸가로 엮인 것으로 이해할 수 있다. 거기까지가 현대무용가 정영두 안무의 〈푸가〉(LG아트센터, 2015.10.9~11) 공연에 대한 나의 견해이다.

그러나 〈푸가〉 무용 공연과 푸가 음악은 보이는 것과 들리는 것만큼 차이가 날 수 있다. 음악은 들으며 감흥에 적고 영상 이미지를 자유롭게 떠올리면 된다. 그러나 푸가 음악을 배경으로 깔아도 무용 공연 〈푸가〉는 〈푸가〉로서 관객의 눈에 들어오는 형상 그림이 잡혀야 할 것이다. 춤으로서의 표현이 드러나야 할 것이라는 말이다.

문제는 그 표현이다. 그 표현에서 이데올로기를 읽고 메시지를 읽고 사회비판적 개혁 의지를 읽는 자유는 각자의 몫이다. 그 표현에서 막연하게나마 시를 느끼고 시상을 가다듬게 되는 것도 각자의 자유다. 그 표현이 물고기의 움직임을 나타내거나 바람에 흔들리는 나뭇잎을 연상시킬 수도 있을 것이다. 그런데 안무가가 의도했던 것과 관객이 받아들이는 수용의 차이를 어떻게 할 것인가.

나는 현대무용 〈푸가〉를 보면서 무대라는 오선지 위에 뒹구는 몸이라는 무용수들의 자유로운 음표를 보았다. 그렇게 받아들이는 나의 자유를 막을 사람은 없다. 그러나 안무가는 그런 의도가 아니었을지도 모른다. 그는 푸가 음악에 따르는 고전양식에 발레무용수와 현대 무용수가 그들의 상투적인, 혹은 일반적인 표현 기법에서 벗어나 무엇을 그려낼 수 있는지 실험해본다. 푸가 음악에 맞는 안무자 독자적인 상상력을 동원한다. 그렇게 해서 안무가 정영두의 고유한 무용 공연 〈푸가〉가 탄생한다. 그 상상력은 안무자 것 따로, 무용수 것 따로 — 발레무용수 것과 현대무용수 것이 다를 수 있고 관객 것 따로 — 그렇게 수많은 다른 것들이 생겨날 수 있을 것이다.

그런 시도를 현대무용가 정영두가 했을 때는 어떤 영상, 혹은 이미지가 망막에 남을까. 안무가로서 그는 그런 모든 상상력을 집합시키고 표현 하나하나를 통합해서 자기대로의 무용 〈푸가〉를 창조해낼 것이다, 라는 것이 나의 기대였다.

바흐의 푸가 11곡이 일곱 명의 무용수들에 의해 정영두의 현대무용 기법으로 무대에 오르면 그 하나하나의 영상이 전체적인 한 작품으로 통일될 것으로 믿었던 나의 불찰은 바흐의 푸가를 모르는 무지의 소치로 치더라도 뛰어난 발레, 혹은 현대무용가 한 사람 한 사람, 혹은 듀엣이나 3인무, 7인무들이 그들이 출현한 장면에서 무엇을 표현하고 어떤 형상이나 이미지를 보여줄 것이냐를 기대하는 것은 결코 관람자의 과욕이 아닐 것이다.

안무자는 댓바람에 메시지는 없다고 했다. 그러면서 대담 끝머리에 "물고기의 움직임, 나뭇잎이 바람에 날리는 것이 아름답지 않느냐"고 반문했다. 그러나 그런 영상이나 이미지를 만들어내는 것이 바로 무용의 표현이며 이미지 형성 능력이라면 그런 표현들의 집합과 이미지 형성과 나열이 그대로 무용 언어로서 관객에게 문장으로, 혹은 시구처럼 예술적 그림이나 표현력으로 다가오고 관객의 상상력 안에서 발효되어야 할 것이다. 정영두의 무용 공연 〈푸가〉는 음악만큼 섬세하다. 특히 발레리나 김지영, 발레리노 엄재용, 윤전일은 현대무용가 김지혜, 최용승, 도황주, 하미라와 함께 서로 다른 표현 기법을 조화시켜 저마다 독특한 개성을 살리는 방향으로 앙상블을 이루는 체험들을 즐겨 피력하였다. 그런 경험들이 그들 각자의 무용 세계를 심화시키고 확대했을 것임은 말할 나위가 없다.

그런 의미에서 정영두의 현대무용 〈푸가〉는 오선지 위에 춤추는 음표 기능으로서의 무용수들의 춤이 있고 그런 측면에서 음악적인 부드러움이나 유연성이 서정성으로 강하게 품겨 나올 뿐, 그래서 아름다운 여울 같은 움직임이 돋보인다. 그런 반면 무용 작품으로서의 고유한 표현이나 상상력의 발언이 없다는 의미에서 음악에 맞춘 무용이 음악만큼 아름다울 수 있느냐는 실험되었을지라도 아름다움의 차원이 다른 두 영역의 무용수들이 자기 고유 영역을 벗어나 색다른 체험과 기법 수련 과정을 보여준 것이 전부가 아닐까. 가령 1990년대 극단 '현장'의 마당극 세대였던 정영두가 연극에서 발레 조희숙의 무용 공연에 참여하면서 몸의 가능성에 눈떴다면 장르의 한계를 넘어서기 시작했다는 뜻이 되지만 현대무용가 정영두가 현대무용 기법에 발레를, 혹은 발레무용수들에게 현대무용 기법을 시범 연습시킨다고 했을 때 과연 현대무용수가 발레 고전 기법을 습득하고 고전발레에 익숙했던 발레무용수들이 오히려 그들의 근본, 예도(藝道)를 흐트러버릴 위험은 없겠는가 물어보고 싶다.

아랍과 신라의 천년 서사시

:〈그 사람 쿠쉬〉와 〈천〉

『아라비안 나이트』의 황당한 이야기처럼 망명 아랍 왕자와 신라 공주의 혼례기(婚禮記)는 각박한 현대를 사는 우리조차 당혹스럽게 만든다. 그런 꿈같은 이야기가 고대 페르시아와 아득한 극동의 신라 사이에 가당키나 한 것인가.

그러나 고대 페르시아의 구전 서사시 「쿠쉬나메」를 학술적으로 탐구, 현대적으로 번역하는 과정에서 대본 작가 이희수 교수는 「쿠쉬나메」 서사시에 신라로 망명한 아비탄 왕자와 서라벌 출신으로 추정되는 프라랑 공주 사이의 로맨스를 풀어 엮었다. 부부가 되어 다시 고국으로 돌아간 그들의 아들 페리둔이 페르시아의 영웅으로 떠오른 아랍 왕조사는 실제 극동의 한국 실정으로 봐서는 낯설 수밖에 없다. 아무리 시적 상상력이라 해도 도무지 꿈같은 아랍과 신라의 혼례기는 현실적으로 가능하기가 어렵다.

2천 년 전 고대 그리스 호메로스의 『일리아스』의 담시(譚詩) 내용을 고고학적 발굴로 증명해낸 독일의 슐리만은 상상력을 역사적 사실로 풀어냈지만 이슬람 고대 페르시아 기록에 신라의 공주가 연관되어 있다는 사실 자체도 아랍 세계를 현실적으로 제패한 듯한 야릇한 흥분을 불러일으킨다. 「쿠쉬나메」의 프라랑이 반드시 신라 사람인지 극동의 다른 나라, 류큐나 일본 사람은 아닌지 확실치 않다지만 아랍 연구의 권위자가 하는 말이 까닭 없이 허황되지는 않을 것이고 보면 아랍 고대 서사시의 신라 공주에 대한 우리의 상상력이 시로, 소설로, 드라마로 비약하지 않을 수 없고 음악으로 울리고 미술로 그려지고 무용으로 춤추어지지 않는 것이 오히려 이상하다.

그렇게 〈그 사람 쿠쉬〉(국립극장 하늘극장, 12.3~4)가 무용서사극이 되었고 1천 년의 시간적 경과를 다룬 〈천〉(아르코대극장, 12.21일)의 무용이 되었다.

최지연무브먼트가 주최한 무용서사극 〈그 사람 쿠쉬〉는 최지연이 안무한 무용극 형식이어서 야외무대인 하늘극장이 구조상 적합하다. 그렇게 아랍의 서사시가 역사상 처음으로 한국 무대에서 춤추어졌는데 우선 쿠쉬의 성격 규정이 애매했고 주제 방향이 너무 산만했다는 점이 아쉽다.

이 무용극은 이색적인 아랍 망명 왕자와 신라 공주의 사랑이 주축을 이룬다. 무용은 그 주제만 도와주면 성공적일 수 있다. 그러나 이 작품은 너무 많은 것을 노린다. 영웅 쿠쉬의 일대기, 이역에서의 로맨스, 그의 선과 악, 그리고 아랍의 왕조사 — 거기다가 서사시의 현대적 번역과 학자의 연구 성과마저 다 담아내려고 한다. 의욕 과잉일 수밖에 없다.

그렇게 드러난 결과는 하늘극장 각종 부대시설물을 활용한 마당놀이 스타일 — 정면 두 면에 투사된 동영상 화면은 서사극의 이미지 조성상 로맨스의 꽃비와 전투 장면의 뭉게구름 형상으로 작품 구성에 참여하고 내레이션으로 줄거리의 진행을 돕는다. 그러나 영웅 쿠쉬의 성격이 선악으로 규정되어 있고 그 선명한 분리가 이루어지지 않은 채 무대에 올려졌기 때문에 관객들의 이해와 수용에 혼란을 가져온다. 대본의 의욕 과잉이 무대에 드러나 그 아마추어리즘이 서사시의 서정을 정체시킨다. 종장에서는 그를 내세우지 않더라도 익명의 그 누가 두 나라 사이로 오가면 된다.

그렇게 보고 나면 무용의 흐름, 그것이 집단 군무가 되든 독무나 2인무이든 줄거리를 끌어가지 못하고 지엽적인 가지 이야기에서 멈추어서는 느낌이다. 아랍의 망명 왕자와 신라 공주의 로맨스만이 주축으로 남을 수는 없겠지만 관객들은 너무 많은 먹거리에 체증을 느낀다.

서사극의 연극적 극성(드라마)에 여러 장르의 컬래버레이션(협업)이 끼어들어 — 춤과 연기와 영상과 음향들이 제각기 살아서 그 극성을 해지시키는 면도 있다. 최지영 가족의 총출동에서 최 안무의 바닥을 긁는 끈질긴 개성적 흡착력도 살려지지 못하고 연기자 손병호의 원숙성도 끌어내지 못해 이희수 교수의 학문적 아바타 역이라든지 두드러지려는 어설픈 아마추어리즘만 돋구어낸다. 흐트러지는 줄거리의 가지들을 따라가다 보면 무용 자체가 서사시의 미사여구식 장식적 효과밖에 내지 못한다. 춤이 볼 게 없어진다.

여러 측면으로 열려 있는 등·퇴장 통로의 활용은 하늘극장이 가지고 있는 야외극장적인 구조적 기능의 장점이다. 바다로 향해 노 젓는 선박 구조물의 무대 중앙 진출 기능 도출은 안무가의 몫이 아니라 연출의 시선을 뜻하는 것일까.

〈천〉은 같은 소재인 아랍 쿠쉬나메 서사시를 창무예술원 예술감독이자 김선미무용단의 대표인 김선미가 안무한 작품이다. 두 작품이 비교되는 것은 당연하다. 두 안무가가 다 같이 창무회 출신 중견들이기 때문에 작품의 흐름에 당연히 창작무용적인 컬러가 어떻게 프리즘 빛깔로 확대될는지도 궁금하다.

뿐만 아니라 창작무용이 한국의 현대무용인 한, 천 년 전 먼 페르시아 구전서사시의 무용화와 어울려 어떤 형식으로 가다듬어질지 한국무용의 글로벌화를 위한 시금석으로 간주될 수도 있다. 전통을 바탕으로 새로운 표현 기법과 현대적인 정서를 담고자 하는 현대 창작무용의 슬로건은 작품 〈그 사람 쿠쉬〉나 〈천〉이나 다 함께 영상, 회화, 연극을 비롯한 다른 예술 장르와의 접목을 통해 한국적인 몸의 표현 영역을 확대해나간다. 창무예술원의 두 안무자 김선미와 최지연의 라이벌전처럼 된 〈천〉에 〈그 사람 쿠쉬〉의 안무자가 출연한 것이 시선을 끈다.

나는 무용창작산실이 뭘 하는 어떤 기구인지에 대한 정보를 가지고 있지 않다. 그러나 2014년 우수작품으로 지원된 작품 〈천〉도 그 결과가 실패할 수도 있고 지원 효과를 못 볼 수도 있다는 사실쯤은 안다. 결과적으로 보면 〈천〉은 비교적 무용 공연을 많이 보는 내 시각으로 봐서 최근에 드물게 흡족한 충만감을 느끼게 한 작품이었다. 복잡한 서사 줄기에서 가지들을 쳐내고 집중적으로 서사시의 서정을 부각시키면서 그 핵심에 넋들임 굿으로 전후를 마감한 깔끔한 안무 솜씨가 작품을 살렸다.

김선미의 춤은 관념적이라서 춤의 언어적 구성에 선명성이 떨어질 때가 많다. 그러나 이번 작품에서는 처음부터 무속적 넋들임 굿 형식에 빨간 겉옷을 걸쳐 포인트를 잡은 만신 김선미는 주무(主巫)가 되어 천 년 전의 신라 공주를 실크 사막의 주렴 아래 모셔낸다.

연출과 대본(이재환)은 서사적인 이야기로 겨루려 하지 않고 무대의 무용적 높낮이로 리듬을 만들어나가는 안무를 돕는다. 불교의 영산재(靈山齋)가 죽은 넋의 천도(薦度)에 있고 산 자와 죽은 자의 회향(回向)이

김선미, 〈천〉

라는 영적인 힐링에 초점이 맞추어진다면 김선미의 억제되고 보다 단
순화된 이미지 컷의 형상들은 아랍 왕자와 신라 공주 사이의 사랑 같은
로맨스에 초점이 맞추어졌다기보다 공주와 부왕(父王) 간의 정겨운 심상
(心象) 풍경에 주안점이 향하는 것 같다. 그래서 춤의 서정성이 영웅담의
오리지널리티를 덮으며 달래며 흐른다. 그만큼 김선미를 위시하여 전
체적인 앙상블이 잘 이루어져서 관객의 시선을 빨아들이는 요소요소에
망명 왕자의 전투, 사랑의 로맨스, 신라의 군사 원조 같은 이야깃거리
들이 아랍 이슬람 모스크 사원의 돔 천장 무늬 조각처럼 은은한 부조(浮
彫)가 되어 치유의 안개처럼 피어오른다.

혼례기의 하이라이트는 영산 작법의 바라춤 바리에이션. 네 명의 바
라춤재비들은 사물 농악대 다음을 잇는 네 개의 바라를 치고 춤추는 사
물패가 될 것 같다.

바우하우스의 우주적 삶의 전시 공간

: 강낙현과 댄스위의 전시 연계 퍼포먼스

국립현대미술관 서울관 전시장에는 바우하우스 멀티 프로젝트라는 이름으로 독일 바우하우스의 정신을 기리는 기획이 이루어지고 있다. 역사와 기억을 전시하는 무모한 큐레이터가 어떻게 미술전시관을 극장처럼 입체화할 것인가 고민 중이다.

다 알다시피 20세기 초두에 바우하우스는 미술의 개념을 건축 분야, 산업디자인 분야로 확대한 총체예술의 교육장이었다. 현재 20세기의 총체예술은 다원예술로 바뀌어나가고 있다. 재작년부터 독일 바우하우스 데사우 재단과 서울현대미술관이 협약을 통해 〈바우하우스의 무대 실험〉 기획전을 전시하고 있다는 사실을 아는 문화계 인사들은 많지 않다. 이 기획은 데사우 재단의 기존 전시 목록 분야에다 새롭게 무용 등 퍼포먼스 분야를 더한 실질적인 현대 다원예술 전시 기획이지만 한국 측의 이해와 수용이 어느 정도인지는 담당 큐레이터나 알까, 책임 있는 미술관 행정공무원들이나 알까.

미술가들의 고요한 전시회에 익숙한 보수적인 관객들은 현대미술 작가들의 일탈 행위 · 설치 · 영상 · 애니메이션 미술에 고개를 갸우뚱한다. 지난달 〈바우하우스의 무대실험〉 개막전 행사의 전시장에 퍼포머 안상수는 그의 한글 타이포그라피 한 장을 달랑 들고 나왔다. 독일에서 파견된 큐레이터는 그들의 기존 방침에 충실한 듯 퍼포머들의 움직임에 꽤 제동을 걸었다고 전해진다. 바닥에 그려진 평면의 바우하우스 건축 설계도는 움직이는 퍼포머들의 라인에 아무 의미를 부여할 것이 없다. 따라서 그런 전시장에서 다원예술의 실험적 설계도가 투영되어도 의미가 없는 것이다.

그러나 〈바우하우스의 무대 실험〉 제1회 연계 퍼포먼스(12.20)는 무대실험의 일환으로 많은 가능성을 보여주었다(이 기획은 내년 2월 22일까지 세 차례 더 개최된다). 개막식에서 그렇게 무능했던 멀티 프로젝트 전시장은 2천 장의 종이상자로 미로가 열리고 거주 공간이 세워진다. 2층에서 내려다본 멀티 프로젝트 전시장은 지붕을 걷어낸 우주의 주거 공간으로 전경(全景)이 한눈에 들어온다. 미로 같은 삶의 거주 공간으로 들어서면 우리는 죽은 자가 되어 진시황의 병마총이자 파라오들의 피라미드 등의 사후 세계로 인도되는 듯하다가 상설무대 한가운데 들어서면 현재적인 삶의 동영상이 투사된 현실로 돌아와 어떤 거주 공간에서 음악을 듣고 다른 거주 공간에서는 춤을 보다가 어울려 함께 춤을 출 수도 있다. 어느 방에서는 희미한 전등불빛에 흔들리며 소녀가 꿈꾸고 어느 방에서는 주거 공간을 개축하는 작업이 이루어지고 있다. 이 우주 공간에서는 신화처럼 모든 삶이 가능하다. 어느 방에서는 그림을 그리고 또 다른 방에서는 술을 마시고 요리를 하고 사랑을 나누기도 할 것이며……

이 삶의 우주 공간은 바로 활기찬 삶의 만화경이다. 그래서 이 바우하우스 실험무대는 무한대로 확대되는 극장 공간의 상상력을 하늘로,

땅으로, 지하로 방사해서 미술전시장을 극장으로, 축제장으로, 우주로 탈바꿈시킬 수 있다. 강낙현의 제2, 제3 연계 퍼포먼스에는 어떤 살아 있는 설계가 그려지고 있을까.

체호프의 〈갈매기〉가 재미없는 이유

이상하게 우리나라 연극들은 리얼리즘 취향이 강하다. 리얼리즘이라 해도 해석하기에 따라 문예사조사적인 내용이 담기는 것이 아니라 자연주의, 사실주의 등 현실에 가까운 사상(事象)을 무대 위에 모사한다는 것이 주요 골자인데 실제 현실 생활에 질려 있는 관객들이 그 많은 현실들을 극장 무대에서도 강요당하는 리얼리즘 연극은 현실을 모사하는 사실주의 연극으로 현실을 다시 반영하는 까닭에 연극 공연들은 진지하기 이루 말할 수가 없다. 심각한 표정을 한 연출가며 배우며 평론가들은 리얼리즘 연극이야말로 현실을 구원하는 구원의 촛불인 양 그런 현실주의 연극들을 미사여구로 찬양하기만 한다. 그래서 더욱 재미없는 연극에 주눅이 든 관객들은 한마디 항변도 못 하고 박수의 뒷줄에서 고개를 숙인다.

그러나 사실은 리얼리즘 연극이라면, 이데올로기적인 사회주의 리얼리즘 경향이 대세를 이루었던 역사적 논쟁 시대에의 향수를 불러일으킬 뿐 이제 리얼리즘 논쟁도 시대퇴행적일 수밖에 없다.

대표적인 리얼리즘 연극으로 꼽히는 체호프의 〈갈매기〉, 〈벚꽃동산〉, 등과 미국의 〈뜨거운 양철지붕 위의 고양이〉나 〈세일즈맨의 죽음〉의 현실주의라 할까, 사실주의 경향에 영향을 준 입센 계열의 연극들은 프랑스나 독일의 사실주의나 자연주의적 현실의 모사에서 지치지도 않고 진지한 반복을 되풀이한다. 그것은 어쩌면 우리의 신연극 도입의 수순이 일본에 의해 사조의 순열 없이 들이닥친 다음 토월회 집단의 자연주의, 사실주의 — 통틀어 현실주의 — 리얼리즘에 압도당한 사조 도입의 후유증이 오랜 세월에 반복되어 나온 상흔이 아닐는지 모른다.

그렇게 되어 잊을 만하면 사실주의적, 자연주의적 리얼리즘의 복고조가 우리 연극 무대에 되살아난다. 국립극단이 루마니아의 연출가 펠릭스 알렉사에게 연출을 의뢰한 체호프의 〈갈매기〉(명동예술극장, 2016.6.4~29)의 현실주의 성향이 그동안의 감성적 공백을 메워줄 시기가 다가온 것으로 보인다. 서구식 현실주의와 맞먹는 한국의 리얼리즘은 연극은 과거 지향적 회고 방식을 거쳐 거친 현실의 모사에 관객들이 지칠 만하면 다시 서구 지향적 현실주의로 복귀한다. 어느 시대의 체호프인가. 100년 전 체호프 시대의 현실을 리얼리즘 연극으로 다듬은 연극 무대에 올려 진지하다 못해 종교적 귀의의 제의를 드리는 2016년 6월의 국립극장 제작 〈갈매기〉는 고전이라는 이름에 현혹된 현대 연극의 한 예시일 뿐이다. 그러니까. 재미있을 리도 없고 오늘을 사는 현대의 우리 감성이나 생리에 와닿을 것도 없고 전 세대의 철학에서 얻어 가질 아무것도 없는 것이다.

연극계만 흥분해 있다. 그만큼 지금의 한국 연극계가 떠벌일 이슈가 없다는 것이 아닐까. 그렇게 세계의 문예사조에 민감했던 한국 연극이 선도할 한류가 없다 보니 부조리극, 서사극, 심지어 한국의 마당극, 굿과 제의극, 그리고 포스트모더니즘 같은 세기말 전후의 잡다한 사조이름에다 급조된 통섭이론과 융복합 사조, 그리고 컬래버레이션에 이르기까지 한류가 주도할 수 있는 사조의 꿈과 끼가 엉뚱하게 현실주의 리얼리즘으로 역류하고 있지 않다고 단언할 수가 없다. 100년 전의 체호프가 어쨌다는 것인가. 그가 꿈꾸었던 연극적 끼가 지금의 우리에게 어떤 현실적 의미가 있고 현대 연극적 메시지를 전달한다는 것인가.

갈매기는 일찍이 그 시대 권태로운 사람 손에 엽총 맞아 죽었어야 했고 그 마을 가족의 일가들도 이제 죽어 없어졌다는 것이, 현대의 우리에게는 구원의 메시지로 남는다. 그런 정황을 만들어내기 위해서 땀 흘린 제작진과 연기자들만 불쌍할 뿐이다. 그렇다! 모든 것은 허상일 뿐이고 허상을 만지작거리며 리얼리즘이니 현실주의니 하는 것은 정신병자의 헛소리다.

그리고 보니 사조의 이름을 찾아 마그마처럼 지표 아래 들끓고 있는, 규정지을 수 없고 이름 붙일 수 없는 카오스의 물결에 확고한 이름을 붙여 꽃을 피울 시대를 우리는 갈망하고 있는지 모른다.

잡힐 듯 잡히지 않는 내면 속의 빛과 그림자

: 성경희의 〈그림자와 달〉

최근 들어 국제 페스티벌이라는 이름의 행사 참가 작품들을 보면서 이름만 국제 행사지 실속도 없는 국제 페스티벌에 지원을 아끼지 않는 문화당국의 구태의연한 자세와 온정에 어떤 합당한 성과가 나오고 있는지 회의를 금할 수 없다. '국제'라는 접두어가 붙어야 지원이 되고 병역 혜택도 주어진다고 해서 시골 행사라도 이름만은 요란한 국제 페스티벌들은 특히 예술 장르에서 허장성세가 심하다. 이럭저럭 그런 행사들도 세월의 때가 끼어 20~30주년 기념 행사로 성장했으니 역사적 팩트를 근거로 없애버리기도 아깝다. 그러나 그 성과에 대한 심층 분석은 하고 넘어가야 할 때가 된 것 아닌가 싶다. 아무런 업적도 쌓지 못한 국제 예술제가 창립 20주년, 30주년 해봤자 역사의 쓰레기밖에 될 것이 없다.

그냥 막연한 국제 페스티벌도 아니고 국제 무용 페스티벌만 하더라도 장르별 명무전 따로 있고 안무가전 따로 있고 신인전, 원로전, 중진 페스티벌 따로 있는 데다가 무용 단체별로 따로 있고 해서 여간 헷갈리는 것이 아닌데 극단적인 표현을 쓰면 몇 년 이상 된 낡은 것들은 쳐없 애고 몇 년 안 된 것들도 지원을 끊고 장르별로 하나씩만 남겨 무용단 체들이 한 표씩을 가진 주주로 참가케 하는 것이 하나의 정비 방법이 될 듯도 하다는 생각도 든다.

각설하고, 즐비한 무용 페스티벌을 다 볼 수 없는 것이 아쉽다. 행사 의 성격을 전적으로 훑어보려면 참가한 작품을 다 보고 난 다음 논평하 는 것이 정도(正道)라는 사실쯤 모르는 것도 아니다. 어쩌다 글자 그대로 '우연'히 마주친 공연에서 감명을 받거나 화젯거리, 혹은 쓸거리를 얻어 내 〈이상일 읽기〉 블로그에 글을 남기는 것으로 블로그의 성격을 특징 지우기로 한 것은 무용 전문지에 월평 게재하는 데 질려서 절필(뭐 대단 한 절필이라고!)을 선언하고 나서부터였다.

성경희의 〈그림자와 달〉(아르코소극장, 12.7일)도 그렇게 여러 국제 무용 페스티벌의 수십 개 공연물 가운데 우연히 눈에 띄었고 그 안무 방식이 나 참신한 발상에 나의 경륜을 보태기 위해서라고 하면 괜히 어른 행세 하는 짓이라 욕먹지 않을까.

이 작품은 안무가 성경희가 경험한 내면의 어둠과 그 그림자를 달빛 어린 연못의 물결에 흔들리는 파문으로 파악하여 다시 그것을 거울 삼 아 자아를 반영, 투사시킨 빛과 그림자의 교향시다. 이렇게 묘사하면 대단한 작품으로 평가하는 것 같지만 전체 50여 편 작품이 출품된 서울 국제안무가전에 내가 감상한 당일 하루만 해도 1, 2부 7, 8편의 공연물 이 상연되었으므로 보는 입장에서는 지칠 만도 하다. 운영 행정상 일반 감상 작품과 페스티벌 평가 작품별 구분이 안 되는 프로그램 압축은 관 객 입장으로 보면 불친절하기 이루 말할 수가 없다.

그건 그렇고 〈그림자와 달〉은 현대적인 선과 공간 형성이 드물게도

성경희, 〈그림자와 달〉

산뜻했다. 성경희의 내면적 자아를 그린 예종의 노정우가 내면적 명암의 터널을 섬세하게 표현한다. 그것도 딜빛에 어린 밤의 어두운 그림자를 오롯이 담은 연못의 파문 같은 흔들림으로.

달빛, 그림자, 그리고 연못 수면에 반사된 빛으로 흔들리는 그것들은 인상파 화가들의 색조를 떠올리게 하면서 내 내면의 터널을 무대 위의 그림자로, 움직임으로, 그리고 무대 세트에 조형되는 그림자극으로 서로 조응시킨다. 아니다. 〈그림자와 달〉에서는 현대무용으로 그려진 우리 내면의 빛과 그림자가 달빛이 되고 달빛에 묵화로 그려진 그림자가 되어 연못의 작은 물결이 되고 파문이 되어 나의, 그리고 너의 내면에 어리는 빛이 되고 그림자가 되어 노정우와 성경희의 교감하는 선이 되고 그들의 터널이 나와 너의 터널로 이어진다.

어둠 속에서 고요를 덧칠하는 까마귀 울음과 나를 부르는 휘파람소리가 달의 깊은 어둠을 더 짙게 만든다. 노정우의 깨끗한 움직임이 파문의 흔들림 같은 파장을 키워갈 때 무대 후면의 세트에 가려진 검은 그림자는 노정우의 섬세한 손목 파문과 쌍을 이루는 하얀 다리가 그대로 포인트다. 그림자의 포인트는 플래시가 인도하는 육체의 존재를 과시한다. 몸의 실존감이 파문이 되어 번져가는 달의 그림자를 실재하게 만드는 내면의 빛과 그림자를 비추는 거울의 반사광은 더 담대해도 된다. 안무와 실연은 무대 위에서 스스로 자신감을 가지고 과감하게 승부수를 던질 만하다.

나의 거울, 나의 연못에 담긴 자화상이 바로 나의 세계이며 나의 우주가 아니겠는가. 잡힐 듯 잡히지 않는 우리 내면 속의 빛과 그림자는 자아의 반영인 것이다. 빛과 어둠의 터널을 지나가듯 명암이 실타래처럼 풀려나가는데 그 논리의 전개가 느닷없이 몇 군데서 까닭없이 끊어지면 안무의 논리가 깨어진다. 안무 시간이 더 자유롭게 주어져서 현대무용으로서의 명암을 뚜렷이 덧칠하거나 보태서 숨은 드라마의 이미지 구성 같은 안무가의 담대함을 드러내 보여주었으면 한다.

무속과 일무 연구를 넘어선 예술적 현대무용의 결산

: 임학선댄스위 〈문·무·꿈·춤〉의 의의

어쩌면 임학선댄스위 〈문·무·꿈·춤〉(아르코대극장, 2017.1.18.~19) 공연은 임학선 교수의 성균관대 무용학과 정년퇴임과 성균관 문행 석좌교수 취임 축하의 뜻과 함께 무용예술가 임학선 개인의 필생에 걸친 연구 업적 및 무용예술 창작, 그리고 교육 성과에 대한 결산까지 두루 걸친 중요한 전시장이 아닐 수 없다.

〈문·무·꿈·춤〉은 일무(佾舞)의 문무(文舞)와 무무(武舞)를 복원한 임 교수의 연구 성과를 토대로 창작무용 〈위대한 스승 공자〉과 〈영웅 이순 신〉을 기리는 제의(祭儀)의 현대무용이다. 이 제의의 현대무용은 한국의 굿과 무속에서 발원하여 태극 원리에 이르고 동양 고전의 수맥(水脈)에 뿌리를 담근 임학선무용 세계의 기본 열쇠를 갖추고 있다. 그 열쇠를 따라 작품 〈위대한 스승 공자〉와 〈영웅 이순신〉의 주제를 따라가면 일 무의 문무(文武) 두 전형에 어리는 안무자의 꿈이 춤으로 서린다. 그러므 로 임학선에 있어서는 이 두 작품이 그의 창작무용, 현대한국무용의 예 술적 결산이 아닐 수 없다.

임학선댄스위, 〈문 · 무 · 꿈 · 춤〉

익히 알려져 있다시피 임 교수는 1980년대 이후 한국 현대무용을 풍미하는 창작무용의 기수 창무회 창립 세대이다. 창작무용 기수들은 전통과 현대를 그들의 작품 세계 안에 함께 지닌다. 전통을 지키면 인간문화재가 되고 현대를 표현하면 무용예술가가 된다. 한국 현대무용은 그런 과도기적인 소용돌이 가운데서 성장해왔다고 해도 과언이 아니다. 창작무용의 예술 창조 작업에 빠졌던 그가 성균관대학교 무용학과 교수로 부임하면서 그에게는 또 하나의 새로운 과제가 부과되었다. 이른바 교육과 연구 작업이다.

전통문화에 대한 학술 연구의 계기는 민족문화의 뿌리라고 할 수 있는 굿/무속에서 한국춤의 연원을 찾고 한국을 넘어 동양 무용의 근원에 대한 어프로치로 발전 · 전환된다. 성균관의 학통을 잇는 근간에는 성인 공자가 있고 그를 모시는 석전의례에는 일무가 있다. 이른바 문묘일무(文廟佾舞)라 불려지는 문무(文舞) 양식은 전주이씨의 종묘일무(宗廟佾舞) 절차상의 무무(武舞)와 대비를 이룬다.

중국이 문화혁명으로 전통과 함께 공자를 훼손하며 과거를 지우고 있었을 때 성균관의 석전에 의해 연명된 동양의 춤과 음악이 일무와 편경(編磬)이라는 사실을 아는 사람들은 많지 않다. 임 교수는 일무 연구로 중국과 동양 문화에 크게 기여하는 역설적인 성과를 올렸다. 중국 본토에서 잊혀진 전통 동양 무용 일무의 새로운 발견이 그것이고 그로 인해 공자의 고향 곡부와 북경 올림픽에 일무가 부활한다.

현대무용으로 부활한 일무는 어떻게 되었을까. 그 구체적 방증이 〈위대한 스승 공자〉에서는 소도구 약적 ― 꿩깃과 피리의 문무로 부활한다. 약적이 선비의 춤을 드러낸다면 〈영웅 이순신〉의 무무에서는 간척 ― 도끼와 방패가 장군의 기상을 더 높인다. 꿩깃과 피리의 조화가 공자 이야기의 스토리텔링 같은 콘텐츠를 보조할 수 있으면 그 서사구조는 이번처럼 유혹의 남자부인 장면을 제외할 수도 있고 동시에 도끼와 방패의 이순신 이야기에서는 서사구조의 강조보다 제의적 의례 대열에 초점을 맞출 수도 있다.

결국 한국의 현대무용이 세계문화와 가까워질 수 있는 콘텐츠 개발의 계기를 일무를 통해 마련케 해주면서 또한 임학선 교수가 현대적인 창작무용, 〈위대한 스승 공자〉와 〈영웅 이순신〉을 필생의 대표적 작품으로 재연한 것은 그의 잠재된 꿈을 춤으로 결산한 것이다. 그렇게 〈문·무·꿈·춤〉은 무용가 임학선 개인의 무용 세계를 정리했다고 볼 수 있다.

무속과 일무 연구를 넘어선 예술적 현대무용의 결산

임학선의 현대무용 〈영웅 이순신〉

고대 중국의 은(殷)나라를 치고 새 왕조를 이룩한 주(周)나라의 무왕은 은 이전의 악무(樂舞) 대무(大武) 제도를 통해 전란과 전후의 살벌한 민심을 수습하는 것이 무엇보다 시급하다고 간주하였다. 정치적 이데올로 거들은 춘추전국시대를 거쳐 한(漢) 왕조를 수립하는데 있어서도 싸움으로 지샌 거칠어진 민심을 달래, 말 잘 듣는 신민(臣民)으로 순치시키기 위하여 칼과 창, 도끼 같은 무기들을 거두어들여 농기구로 벼리고 유교의 의례로 군신 상하의 위계질서를 가르쳐 이른바 평화의 시대를 구가하게 만들고 싶어 했다.

주 무왕은 아직 간척(干戚), 곧 방패와 도끼를 든 채 전후수습책으로 평화가 왔음을 선포하는 뜻에서 대무(大武)라는 춤을 추었다고 전한다. 그는 새로운 왕이자 정복자이고 장군이자 영웅이다. 고대 중국의 춤 일무(佾舞)는 그렇게 유교적 제의를 올리는 제례무(祭禮舞)로서 인덕과 선비정신과 글을 숭상하는 문무(文舞)와 더불어 군인정신과 영웅호걸, 왕의 기상을 계승하는 무무(武舞)의 일무로 나누어져 봉헌되었다. 그런 의미에서 본다면 일무도 전란의 먼지가 풀풀 날리던 살기 가득한 싸움의 무무 양식 다음에 마음을 가라앉히는 평화의 선비정신인 문무 양식으로 옮겨간 경위를 엿보게 한다.

무무가 양손에 방패와 도끼를 들고 춤춘다면 문무는 피리와 꿩깃, 이른바 약적을 들고 춘다. 이 고대의 동양 무용 양식은 공자의 제사인 석전(釋奠)에 남아 있지만 중국의 석전이 문화대혁명기의 혼란으로 그 역사적 궤적을 찾기가 어려워지고 일본에는 아예 그런 형식이 없다. 오직 우리나라 성균관 석전에서만 그 고전적 양식이 승계되고 있을 뿐이다. 그러나 우리나라 석전제의 절차의 수순도 일제 탄압기에 그 전통이 중단당하기도 한 상태로 현재에 이르고 있어서 일무 자체에 대한 일관된 학술적 연구 성과와 원형 복원 및 현대적 활용이 무용계의 대세가 되지 못한 안타까움이 남아 있다.

다행히 유교의 스승들을 기리는 성균관의 석전제와 전주 이씨 종묘제례에 제의의 춤으로 동양, 동시에 세계 최고(最古)의 고전무용인 일무의 무무와 문무가 잔존되어 있어서 명(明)대의 문헌 조사 연구 결과와 대비해볼 수 있다. 그 학구 작업을 꾸준히 해온 성균관대학교의 임학선 교수는 일무의 선비춤 양식인 문무의 원형을 복원하고 현대적으로 적용시켜 임학선댄스위무용단의 현대무용 작품 〈위대한 스승 공자〉(초연 2004년, 예술의전당 오페라극장)로 상연하여 국내외적으로 화제와 충격을 일으켰다. 2006년 성균관 석전에는 문무와 무무의 원형 복원이 이루어졌다. 그리고 마침내 이번 2015년 〈영웅 이순신〉 공연에서는 일무의 전투적 무무가 임진왜란의 수군통제사 이순신 장군의 인간적 품격의 궤적과 함께 무용적 주제로 현대무용 작품 〈영웅 이순신〉에 활용되어 관객의 시선을 사로잡게 될 것이다.

임학선댄스위무용단의 한국 현대작품 〈영웅 이순신〉은 창작무용 계열이다. 그러나 한국 창작무용은 이제 한국의 현대무용이라 일컬을 정도로 위상이 높아졌다. 그런 〈영웅 이순신〉이 고대 중국의 주나라 일무의 무무 양식 일변도일 수는 없을 것이다. 무무의 전투적 기백, 부정과 부패를 척결하려는 의지, 그리고 무질서와 혼란을 쓸어버리고 질서와 평화를 심으려는 잠재적인 영도력이 정신적 배경이 되고 춤의 핵심이 될 것임은 당연하다. 따라서 무구(舞具)는 무무의 도끼와 방패를 차용함으로써 작품 〈영웅 이순신〉에서는 이순신의 장군다운 기백과 군신(軍神) 모습을 안개처럼 피워 올려 문무의 상징적 무구인 대나무 피리와 상서로운 꿩깃과 크게 대비를 이룬다. 그것은 문무를 활용한 〈위대한 스승 공자〉와 무무를 활용하여 군신다운 이미지를 보여주는 〈영웅 이순신〉의 현대무용다운 형상미(形象美)의 극치를 끌어내 보여주는 작업이다.

　　현대무용 〈영웅 이순신〉과 일무의 무무에서 유념할 대목은 현대무용의 극적 구성 요소와 춤사위의 움직임 vs 일무의 대열 방식이라 할 것이다. 일무의 대열은 가장 규모가 큰 여덟 줄의 팔일무(八佾舞) ─ 그것은 천자의 춤으로 예순네 명의 집단 무용 형식이다. 육일무는 제후의 춤으로 마흔여덟 명 출연, 사일무는 대부(大夫)의 춤으로 서른두 명, 그리고 이일무는 선비의 춤으로 열여섯 명, 이러한 구성은 고대 동양의 사회적 배경을 반영한다.

　　현대무용이기 때문에 출연진 숫자는 어느 정도 자유롭고 문헌 연구의 성과는 안무자의 해석 여하, 그리고 무대 조건에 따라 달라질 수도 있다. 현대무용 〈영웅 이순신〉의 무무 대열은 서른여섯 명 ─ 제후 대접이라면 마흔여덟 명이 등장해야 할 것이다. 그러나 군신으로 숭배되는 이순신이면 천자보다 상위계층으로 승격되어 가장 규모가 큰 팔일무의 대접을 못 받을 것도 없지 않을까.

　　무무의 움직임은 정연한 대형, 움직임의 힘과 억제력의 과시, 그리고 진퇴의 양식미이다.

대열에는 극적 구성 요소가 없다. 그런 의미에서 현대무용 〈영웅 이순신〉은 드라마가 있는 무무 형식이라고 규정할 수 있을 것이다. 우선 프롤로그의 거북선 출전과 에필로그에는 일반 무용에서 볼 수 없는 의례(儀禮)의 춤인 일무의 정연한 대형과 도끼와 방패를 든 군무 형식의 힘찬 억제력의 진퇴가 시선을 끈다. 제2장 승전과 어머니 수연(壽宴) — 조선조 임란기 수군 총사령관이 의외로 효자상(像)으로 부각되어 3장의 빈 어머니 상여를 따르는 백의종군의 이순신 민얼굴과 맞물려 있다.

이순신은 페미니스트였을까. 어머니의 상(喪)을 소리 없는 통곡으로 받드는 그는 4장 난중일기에서 사랑하던 여인 여진의 수난(受難)으로 트라우마의 상처를 입으며 제5장 열두 척의 판옥선은 스스로의 목숨을 사르는 페미니스트의 전범(典範)처럼 부드러운 심성을 장군의 위상 속에 풍겨주고 있다.

목숨을 바친 영웅은 자기가 받들어 모셔야 하는 통수권자 선조의 자의(恣意)에서 연약한 여심을 읽고 절망한 것은 아니었을까. 그 절망을 이기게 한 울돌목의 격전에는 돌을 나르던 행주산성과 명량해전의 강강술래 조선 여인들의 휘날리는 치마폭이 강렬한 이미지로 떠오른다.

에필로그에 해당되는 제6장에서 드라마는 역전된다. 이순신의 죽음으로 막이 내리는 것이 아니라 전란을 극복하고 평화를 심는 민의(民意) 한가운데 스스로를 녹여 동화시키는 〈영웅 이순신〉은 일무의 무무 형식 가운데 살아난다. 그러므로 영웅 이순신은 죽음으로 생을 마감하는 것이 아니라 영생하는 생명감으로 우리들 한가운데 우뚝 서는 것이다.

그렇게 영웅 이순신은 현대무용을 통해 고대 동양 고전의 양식을 원형 복원하는 일무 한가운데 가장 인간적인 면모를 드러내며 사랑의 보편성을 제시하고 있다.

발레 〈지젤〉과 여섯 커플의 향연

: 유니버설발레단 창단 30년에 부쳐

민간예술단체로서 이 30년 사이에 가장 눈부신 발전을 거듭한 유니버설발레단은 한국의 발레예술 수준만 격상시킨 것이 아니라 국제적으로 예술을 통해 한국의 국격을 몇 단계 높여준 공로가 크다. 대중문화의 홍수 속에서 예술의 품격과 고고함이 퇴색해가는 안타까운 현실은 갈수록 거친 폭력과 외설의 본능만 드러나게 만든다. 클래식 발레의 양식미가 어쩌면 인류 문화유산이 마지막 보루로 간직하려는 고전과 교양의 핵이 될 수 있다.

유니버설발레단 창단 30년을 기념하는 〈30년 유니버설발레단의 스페셜 갈라〉(2.21~23)를 보면서 한 세대의 역사—30년의 아름다움을 간직한 유니버설발레단과 함께 살아온 '동시대인'으로서의 감명을 적은 내 글은 어쩌면 정치 경제 군사적 물리력에 좌절한 동시대인의 문화예술에 대한 헌사라고 말할 수도 있을 것이다.

이 30년 동안 유니버설발레단이 걸어온 예술적 행적을 보거나 단장 문훈숙의 일관된 개인적 활동 궤적으로 봐서 이제 종교적 주박(呪縛)은 한국발레 역사에서 지워버려도 될 때가 온 것 같다. 어떤 다른 종교집단이나 사회단체도 문화예술적 기여도로 봐서 유니버설발레단만 한 업적을 쌓은 적이 없고 그만큼 한국 발레의 발전상은 유니버설발레단을 제쳐놓고 말할 수 없기 때문이다.

—『몸』2014년 4월호

예술이 이기는 세상이 되어야 세상은 구원을 받을 수 있는 것이다. 그런 구원의 메시지는 유니버설발레단의 모든 레퍼토리 — 〈백조의 호수〉라든지 〈로미오와 줄리엣〉, 〈오네긴〉, 창작발레 〈심청〉 등등 클래식 발레에서 두드러진다.

그 가장 오묘한 살아 있는 숨결이 낭만 발레 드라마 〈지젤〉에서 정령의 의인화로 절정에 달한다. 지젤은 사랑에 목숨을 바친 순결한 소녀의 이름일 뿐. 그 소녀의 이름은 유니버설발레단의 스타 주역이었던 문훈숙 단장의 '영원한 지젤'이 되기도 했고 현재의 주역 스타 황혜민의 이름이자 그 뒤를 잇는 젊은 유니버설발레단의 발레리나들 이름이 되고도 남는다.

발레 마니아들은 윌리의 숲에 떠도는 귀기 어린 정령 발레리나들이 하얀 치마폭을 펼치는 로맨틱 튀튀 군무 장면을 보고 싶어한다. 땅과 하늘로 이어지는 정령들의 영기(靈氣)를 확인하기 위하여 그 장면을 보고 또 보고 싶어 한다. 그 접신(接神)의 엑스터시는 지젤이나 상대역 알브레히트를 넘어 두 영혼이 몸소 가슴에 전달받고 싶어 하는 감격의 교신일 것이다. 그렇게 사랑하는 사람과 함께 구원의 나라로 영적인 여행을 떠나고 싶어 하는 간절한 소망이 발레 드라마 〈지젤〉의 핵심 주제가 아닐까. 아름다운 춤추는 소녀의 정감에 감싸이고 싶은 염원이 로맨티시즘의 극채색(極彩色) 화폭에 담겨 있는 것이다.

발레 〈지젤〉과 여섯 커플의 향연

발레를 통해 그런 그림과 이미지를 형성해낸 장 코라이와 쥘 페로의 안무는 올레그 비노그라도프의 연출력에 힘입어 아주 선명한 선과 색채로 완성된다. 섣부른 애인 알브레히트의 배신으로 현실에서는 비극적 여인으로 미쳐가고 마침내 죽은 그 아픈 영혼은 애인과 사랑을 지키는 윌리 정령이 되어 숲 속을 떠도는 소녀 지젤의 심리적 행적을 그리는 극적인 캐릭터 변화는 드라마틱하지 않을 수 없다. 사랑의 에너지는 살아 있는 목숨의 숨결이라서 그 기(氣)는 영력(靈力)이 떠받치는 에너지가 되어 지젤은 초월적 존재가 되어 사랑하는 알브레히트의 '세속적 인간' 주변에 강물처럼 바람처럼 안개처럼 떠돈다. 사람과 자연이 그렇게 얽힌다. 그 오묘한 신비의 매듭은 예술이 아니면 표출될 길이 없다. 클래식 낭만 발레에 담긴 조소(彫塑)된 지젤의 모습은 구원의 여인상(麗人像)으로 갈고 닦여 사랑이 구원하는 인간상이 된다. 여성스런 부드러움으로 욕심 많은 인간도 구원이 가능해진다는 사상은 순결한 소녀 그레트헨의 비극을 통해 발전해나간 파우스트적 인간상의 메시지이기도 하다.

회한의 남자는 정령 윌리들의 마술적 저주와 유혹으로 쓰러져 숨이 끊어질 때까지 춤을 멈출 수 없는 형벌에 처해진다. 윌리들의 숲에서 춤의 동심원에 갇혀 죽을 때까지 춤을 멈출 수 없는 배반의 알브레히트는 춤 안에서 죽는, 이 지상에서 가장 행복한 사람일지도 모른다. 춤만 추고 있어야 하는 남자는 어쩌면 영원히 죽지 못한 채 난파선상에서 떠돌아야 하는 불사(不死)의 저주를 받은, 바그너의 '방랑하는 네덜란드인'일 수도 있다. 그런 남성들에게는 죽음이 구원일 수 있는 것이다.

이번 〈지젤〉 공연은 유니버설발레단의 초창기 주역 무용수였던 문훈숙 단장의 기념비적 일본 공연(1996) 실황 DVD 발매와 때를 맞추고 예술의전당이 추진하는 '공영 영상화 사업'의 일환으로 발레 대중화 측면에서 공익화 사업에 동참한다.

　무엇보다 총 7회 상연되는 이번 〈지젤〉 공연에는 여섯 커플들이 주역을 맡아 그들의 재능을 발휘하는 '스타들의 향연'으로 펼쳐진다는 점이 부각되어야 할 것이다. 가능하면 여섯 커플들이 주연하는 〈지젤〉을 다 감상하고 비교하고 싶어지는 유혹을 뿌리치기 어렵다. 한국 발레계의 톱스타들인 황혜민-엄재용 부부 커플이 그들의 부드러운 내면 연기와 완벽한 캐릭터 창조로 정면에 서고 거기에 새로 부부 커플로 탄생한 강미선-콘스탄틴 노보셀로프 커플이 뒤를 받친다. 김나은-이고르 콜브 외 김채리-이동탁, 이용정-이승현, 김주원-이승현 커플들 등 다음 세대 주역들의 데뷔장이 화려하지 않을 수 없다. 그들의 성장하는 모습을 지켜보는 다음 세대 발레 마니아들은 〈지젤〉의 주제인 사랑과 구원의 함수관계를 지니고 있다. 젊은 발레 예술가들의 성장을 지켜보는 재미가 '동시대인'으로서 함께 미래를 살아갈 다음 세대 발레예술 애호가들의 큰 그림판에 동화되었으면 한다.

몸으로 전시된 장르 총체성과 모션의 마성

: 영상전시와 〈사자의 서〉, 그리고 〈Motion Five〉

몸과 미디어 사이

영화의 역사를 읽으면 영상을 통한 신체의 움직임에 주목한 초창기 작가들 이름이 남아 있다. 르네 클레르라든지 페르낭 레제, 마르셀 뒤샹 등이 그들이다. 1920년대에 이미 영화 프레임과 속도의 현란한 교체(〈막간〉, 1924)나 매체의 반복과 리듬(〈기계적 발레〉, 1924)만으로, 혹은 광학적 실험으로 환영적 움직임의 극치(〈빈혈영화〉, 1926) 같은 영상을 가지고 유사 군무 필름을 만들어내기도 했던 그들이다.

그렇게 100년의 시간이 흘러 영상 이미지를 활용하는 무용가들은 많아졌지만 작품 효과를 노리는 수단과 방법 이상을 추구하는 무용작가는 그닥 많아 보이지 않는다. 그래서 역설적으로 국립현대무용단의 기획전시 〈¡No Dance!〉(대학로 제로원 디자인센터, 12.23~31)는 춤을 거부한 채 부제(副題)가 '몸과 미디어 사이'이다. "¡No Dance!"의 이중 강조는 영상이나 무용이 핵심이 아니라 몸이 중심이라는 안목이다.

무용예술의 매체인 몸을 바로 전시할 수 없으니까 일찍이 조각이라는 양식을 통해서 극적인 순간을 포착 전시했던 고전 미학은 무용 같은 지속적 움직임을 전시할 엄두를 내지 못했다. 몸의 전시, 무용의 전시가 가능해진 것은 미디어의 영상 포착이 기록되면서부터 ─ 그래서 무용이나 연극 같은 극장예술이 유럽에서 **하룻밤의 축제**로 불린 것은 흘러가는 시간을 움직임과 더불어 정착시킬 수 없었기 때문이었다.

최근 들어 영상 미디어의 예술 창조 기능은 획기적으로 높아졌다. 그러나 우리나라 무용예술가의 의식은 많이 달라진 것이 없는 듯하다. 전위예술가의 비전 가운데 그 편린들이 잡혀 있지만 전시 큐레이터의 친절한 해설과 지시와 포인트 제시가 없으면 여전히 무용과 전시는 상관없는 영역으로 치부되고 무용 영상의 전시에는 〈¡No Dance!〉라는 이중 강조의 감탄부호가 찍힌다.

그러나 반드시 그렇지만은 않다. 현대예술은 몸을 전시하고 전시된 몸은 연극이나 음악이나 미술, 심지어 영상 화면에 몸의 리듬과 호흡과 이미지들을 통해 인간과 자연과 세계와 우주를 담아내고 있는 것이다. 모든 것이 몸이고 춤이다 ─ 이중 강조의 감탄 부호가 붙은 〈¡No Dance!〉는 〈All Dance!!〉로 바로잡힌다. 그렇게 필름영화에 잡힌 몸의 움직임이 〈공장을 나서는 노동자들〉(뤼미에르, 1895)에서도 진보적으로 다가와 보인다. 의도적으로는 현대작가이자 안무가인 파로키(H. Farocki), 이본 레이너(Y. Rainer), 빔 반데키부스(W. Vandekeybus), 윌리엄 포사이스(W. Forsythe), 레베카 호른(R. Horn), 비토 아콘치(V. Acconci)의 무용 영상 전시가 좁은 무용예술의 영역 확대를 좁은 전시 공간에서 시도한다. 제로원 디자인센터 지하 전시장은 너무 좁다. 그러나 그 좁은 공간에 한국의 구동희, 정금형, Sasa(44), 옥인 콜렉티브 팀의 전시 참여도 신선해서 굿의 종합예술 DNA를 물려받은 젊은 세대들의 총체예술적, 융복합예술적 관심과 호응은 뜨거워 보인다.

그런 전시 공간에 퍼포먼스 〈Goblin Party〉(지경민, 임진호, 이경구), 〈Nobody〉(김보라, 전혁진), 〈시간이 흐르지 않는 방〉(김명신) 등 의식이 앞선 젊은 세대들이 선배들의 후진 의식에 앞선 삽질 노릇을 하고 있는 풍경이 미소를 머금게 한다.

새가 되어 비상하는 꿈이 담긴 〈Bird's Eye View 2〉

버즈아이뷰(Bird's Eye View)는 공중을 나는 새들의 비상을 전제로 해서 지상을 내려다보는 시선이다. 따라서 조감도, 곧 새의 눈으로 그린 지도라는 번역은 잘못된 것이다. 새가 부감(俯瞰)해서 그린 지도는 상상의 산물일 수밖에 없다. 지금은 애드벌룬, 비행선, 헬리콥터, 인공위성, 우주선에서 찍은 영상 등으로 실측(實測)이 가능해서 공중에서 내려다보는 Men's Eye View의 실감이 현실이 되었고 오히려 극장 안에서 창작되는 무용 영상 〈Bird's Eye View〉가 상상과 현실 사이를 오가는 무언의 메신저 노릇을 한다.

임학선댄스위의 이 무용 영상 작품은 연극이고 미술이고 음악이고 패션이며 이미지 덩어리이고 영상 그 자체이다. 그런데 이 영상 창작댄스는 몸이 중심에 있고 춤의 움직임이 리듬이 되어 색깔이 되고 떨림이 되어 우주 영역으로 확산되어간다. 조감도의 제한된 시야가 인감도(人瞰圖)로 확대되어 사람이 새가 되고 새가 되어 비상하는 꿈이 담긴다.

시연 이후 이 작품은 강낙현의 첫 작품 〈Drive-Thru〉와 마찬가지로 몇 번을 변신하며 새로 제작되고 재창조되고 있다. 영상미학의 변화무쌍한 바리에이션이 〈Bird's Eye View 2〉(두리춤터, 12.26~29)의 소용돌이 속에 공기처럼 가볍게 부유한다. 변형이 이루어질 때마다 그때그때 출연자들이 일부 바뀌고 무대가 바뀌고 영상 이미지도 바뀐다. 이번에는 한국 전통문양과 내려다보이는 지상의 스피디한 화면 영상(여태까지는 그 포인트가 연출감독 강낙현의 강점이었다)이 많이 후퇴하고 새들의 미니멀한 날갯짓의 손가락 마디마디의 꿈틀거림과 아름답고 힘찬 긴 리치의 리드미컬한 무용수 개개인의 작태와 그룹별 군무의 표상(表象)이 영상 이미지와 함께 맞물려 나간다.

한 편의 강력한 소품영화를 보듯 새들의 윤무가 저 하늘 위에서 세상을 내려다보며 여운을 남긴다. 시작의 첫 순간 무대가 어두워질 때까지 동양적 정태(靜態)의 극한인 안코쿠부토(暗黑舞踏) 같은 부동(不動)의 허수아비 패션쇼 도입과 영상 이미지 안에서 비상하는 김보경의 화면이 선녀의 날개옷 같은 의상의 질감을 달리했고 고전 문양 이미지와 지상의 문명도시적 스피드 영상이 억제된 대신 스토리텔링적인 장(場)의 설정이 장마다의 각을 훨씬 부드럽게 깎아놓는다. 깜박이는 등댓불빛을 원경(遠景)으로 섬을 밟아나가는 무대의 형상은 여전히 압권이었다. 총예술감독 임학선과 연출 강낙현, 그리고 협동안무 정보경, 음악 고지인과 더불어 박지선 · 김주빈 · 김동민 등 전 출연진의 앙상블은 여전히 높이 평가 받을 만하다.

단테의 지옥도와 강강술래 달놀이

'사자의 서'라고 써놓고 보면 무슨 뜻인지 헤아리기 어렵다. 사자가 죽은 자를 뜻하는 사자(死者)이고 '서'가 글 서(書) 자라는 것을 알면 굳이 일본식 어체(語體)를 빌릴 것 없이 '죽은 자의 글'이라 하는 것이 훨씬 낫다. 나는 작품 주제에 매료당하기 일쑤이고, '죽은 자의 글'이라는 난해한 티베트 불교의 밀교적 저승길 인도서(引導書) 해설 대신 황재섭의 무용 작품 〈사자의 서〉(대학로예술극장, 12.28~29)에서 무엇인가 얻을 것이 있을까 궁금해했다면 그게 정직한 고백이다. 그러나 국립무용단 주역 무용수 출신의 황재섭이 안무한 '죽은 자의 글'은 단테의 『신곡』에 나오는 '지옥여행'의 지옥도(地獄圖)에 투영된 삶의 여진(餘塵)을 털어내 보이는 안무자 나이의 인생 철학이 중심을 이룬다. 따라서 설익은 철학이나 인생론을 펼치며 "실체적인 죽음의 의미를 넘어 근본적인 인간의 존재와 삶의 이유를 현실에서 찾고자" 한다는 깨달음의 관념을 무용적으로 체계화시키기에는 극적 무용적 구성이 약했다. 우선 장(章)의 순서와 질서부터 이미지의 체계화로 이루어져야 할 일이었다. 지옥의 문을 열고 들어서는 인상적인 프롤로그와 종장의 에필로그의 비연계성은 1장 지옥, 3장 욕망, 4장 죽음 이외는 안무자의 주관과 이미지의 관념성만 상생시키는 것으로 보인다. 스크린의 글자 영상이 〈사자의 서〉라는 '서'를 인상짓게 한다.

그런 구성의 관념성은 윤미라의 창작 공연 〈2013 달굿〉(아르코대극장, 12.30)에서도 대비를 이룬다. 달을 대상으로 삼은 '달굿'은 어감과 이미지가 하나가 되는데 여기에서도 상투적인 프롤로그와 에필로그 프레임 안에 이미지 1, 2, 3, 4 ─ 제의와 놀이와 신화와 신명의 장면들이 논제(論題) 아래 논문 목차 구성처럼 무의미하게 쌓여 있을 뿐이다. 장면들은 부제(副題)를 달고 있으나 그 이미지들의 형성과 상호 연계는 고려되지 않는다. 단편적으로 제의와 놀이와 신화와 신명이 서로 따로 논다는 식으로 해설하면 알아듣기가 쉬울까. 집중적인 스토리텔링적인 주제 추구보다 네 개의 이미지들이 저마다 각기의 빛깔로 따로 놀아서 통합적인 '달굿'의 분위기는 흐트러지고 호리존트의 달 영상마저 일관성이 없어진다. 무엇보다 에필로그의 강강술래 장고춤은 멋없이 길었다.

서막과 종장은 한 포인트의 악센트로 끝내야 여운이 강력해진다는 것이 나의 체험론적 조언이다.

내재된 마성을 끌어내는 〈Motion Five〉

무용수들의 내재된 데몬(Daemon, 魔性)을 불러내어 꿈틀거리는 형상을 만들어낸 미나 유의 안무력이 예술 장르 확대를 꿈꾸는 SPE집단의 비전과 맞아떨어진다. SPE는 System on Public Eye의 약자. 대중문화의 수준에서 여러 장르 사이의 벽을 허물고 동시에 현대적인 양식의 탄생을 꿈꾸는 젊은 꿈은 아름답다. 한마디로 말하면 한예종의 또 다른 기재(奇才)들 모임일는지도 모를 SPE그룹에 현대무용 파트의 미나 유 교수가 몸의 움직임으로 명주 같은 피륙을 짜낸다, 그것도 극채색으로.

그래서 무용예술가들 몸속에 내재된 마성의 데몬을 불러내는 표현법으로 '괴물'이니 '요괴'니 '거인'이라고 부르는 요새 젊은 야구팬들의 용어인 'monster'를 나는 고전적(古典的)인 'daemon'이라고 부르는 것이다.

굳이 해설조로 풀면 〈Motion Five〉(M무용소극장, 2014.1.8~11)의 제1부는 스크린과 TV 화면에 투영되는 인체의 움직임, 즉 모션의 움직임과 영상으로 잡힌 움직이는 춤의 표정 위주로 새 총체예술을 지향한다. 고정된 M극장 좁은 공간이 그 무대이다. 그리고 제2장에 이르러 다섯 개의 몸의 움직임, 모션들이 저마다 하고 싶은 대로 데몬들의 육성을 들려주기 시작한다. 자세히 들여다보면 2부에는 여러 개의 장(場)들이 설정되어 있다. 그렇게 여러 장들의 이미지 숲 속에서 예술 양식 사이로 옷감을 짜듯 수제(手製)의 소박한 베틀에 펼쳐진 원사(原絲) 사이로 춤이

라는 바딧집과 북이 오가며 현대적인 강력한 극채색의 명주 옷감을 짜
내는 것이다.

다섯 가닥의 무용적 개성들 — 김성용, 기은주, 김지형, 최수진, 김영
진 등이 직제(織製)되어 어떤 옷감이 만들어질 것인가를 시험하는 연구
소 실험실 작업장 같기도 한 것이 SPE이고 M극장 무대이며 안무가 미
나 유의 세계이다. 출발은 소박하지만 그 끝은 장대해서 현대무용의 장
르 극복과 대중 소통의 매개 역할을 톡톡히 해낸다.

무대가 리얼한 현실이라면 영상 이미지들은 비현실이다. 그렇게 리
얼리티와 예술적 환영이 교체된 다음 제2부에서는 현실 무대 공간에서
다섯 무용수의 개성적인 춤의 원사가 서로 얽히며 춤꾼의 리얼리티가
비현실적인 예술 공간의 작품성을 강조한다 — 그래서 나는 "리얼한 몸
이 비현실의 영상에 갇히는 꼴을 안무자는 어떻게 보는지" 묻고 싶어졌
다. 좁은 무대 위의 현실은 출연자들이 숨을 만한, 혹은 그들의 정체를
가려줄 여지조차 없는, 말 그대로 순백의 정직한 공간이었다. 그래서
그들은 그들의 마성을 숨기지 못한다.

다섯 춤꾼의 개성이 만들어내는 첫 장면의 즉흥성과 구조적인 도형
의 스피디한 변화는 컬래버레이션의 음악과 조명과 동영상 등으로 다
섯 무리의 입상(立像)과 형상(形象)을 이룬다(왜 그 그림을 잡는 리얼한 영상의
현실이 없는지. 2부에서는 전혀 영상 투영 없이 춤이 무대의 핵심이 된다). 〈Motion
Five〉는 다섯 무용수의 움직이는 동선과 소리와 어긋지는 부동성(不動
性), 그리고 개개의 이미지들을 씨줄로 해서 날줄인 바딧집과 북 같은
안무자의 시선을 주안점으로 잡는데, 장면이라 할까, 이미지 장(場)들은
복합적으로 중첩되어 있다. 그 두 번째가 네 명이 개체의 움직임과 집
체(集體)의 모선을 자유롭게 전달해서 형성하는 '무용 데몬'의 해방감이
고 세 번째 장은 노래에 파묻힌 여인의 광란 — 그것은 치열한 현실에서

의 도피와 저항을 담은 무용적 마성의 나부낌이다.

장면, 이미지, 장들이 연결되는 묘수를 쉽게 볼 수 없는 우리 무용 현장에서 미나 유는 연계되는 이야깃거리를 서슴지 않고 드러내 보여서 극적 효과를 높인다. 4장에서 남자 둘이 보태져 비로소 무대는 사람이 나와서 비현실을 현실로 바꾼다. 몸이라는 현실이 주도하는 둘의 섬세한 접촉과 소통의 의지는 독자적 모션이 바로 대결 의지이자 소통임을 강조한다.

어스름 불빛 아래 여인 하나가 아나운서 멘트 하나로 무엇이 일어날 것인지 예감케 한다. 그의 낭송, 연기, 아나운서 멘트가 총체예술을 시현하는 것이다. 외국어 같은 음향조차 이야기이고 그 서사성이 춤이다. 아마 이 부분이 SPE그룹과 안무자 미나 유의 접점이 아닐까 싶게 총체적 융복합예술의 진가를 드러낸다. 그런 총체적 배경의 마법적 깊은 계곡의 광장에 이야기를 구체화하는 남녀 세 명이 이미지에 지나지 않던 춤으로 리얼한 현실감, 중량감을 쏟아붓는다. 그렇게 4인무가 끝나고 보이는 것, 보이지 않는 것으로 마이크만 남고 남성 독무가 판치는 일곱 번째 이미지는 서사무용의 현실로 돌아온다. 마이크 위의 녹색 형광등 하나 — 마지막 장에서 다섯 모션이 움직이는 마성의 현대무용가들 — 김성용, 기은주, 김지형, 최수진, 김영진은 미나 유의 안무적 피날레를 위한 지휘 아래 질서정연한 '예술의 과학성'을 장엄하게 마무리짓는다.

본격 공연의 그늘 아래 들리는
소극장 공연들의 합창

: 〈몽금척〉, 〈소셜 스킨〉, 그리고 최성옥의 세 작품

민간 소극장의 작은 공연들에 대한 관심의 확대

본격적인 공연들은 가난한 소극장 공연에 비해서 여유 있어 보인다. 물론 실상을 캐면 반드시 그런 것도 아니겠지만 한 뼘이 될락 말락한 소극장 공간에서의 듀엣 공연은 손발이 벽에 닿을 지경이다. 소극장 구조도 여러 형태가 있고 따라서 공연 형태도 여러 가지다.

지난 3월부터 창무예술원의 지하 소극장 포스트극장에서 홀수달 마지막 주 월요일이면 포스트상설공연 〈몸 ― 조우하다〉가 열리고 두리춤터의 지하 소극장 블랙박스에서는 〈테마가 있는 한국춤〉 시리즈가 열두 테마로 나뉘어 매달 열린다. 말할 것도 없이 아르코예술극장이나 대학로예술극장 부설 소극장 공연들이야 활성적인 움직임을 보여준다.

작은 민간소극장 공연들이라고 해서 제쳐둘 수 없는 까닭은 무용 전용 소극장 M극장, 성암아트홀 소극장뿐만 아니라 소극장 '꿈꾸는 공작소', 성균소극장 같은 좁고 가난한 공간에서도 어쩌다 월척을 낚는 즐

거움을 맛볼 수 있기 때문이다. 소극장에서 첫발을 뗀 작은 작품들이 마치 미국의 오프오프브로드웨이에서 본격적인 브로드웨이 입성을 이루듯 그런 가능성이 열린 한국 무용계의 현실을 감안하지 않을 수 없게 된 것이 우리의 무용 전용 소극장 현황인 것이다.

그 많은 소극장 무용 공연들을 두루 다 살펴볼 수는 없다. 글자 그대로 '우연히' 시간 맞추어 그 자리에 가서 특정 작품과 만나게 되는 경우가 대부분인데 두리춤터의 11테마 '소극장 춤으로 보는 21세기 한국 창작춤의 흐름' 가운데 김미영과 유혜진의 〈두 점 사이의 거리〉와 〈관계자 출입금지〉(11.21)를 본 것도 그렇고 대학로 '꿈꾸는 공작소'에서 소극장 춤판 '2인무 페스티벌'(12팀, 11.7~12.2)의 남도욱 안무 〈염증〉과 이화석 안무의 〈Blessing — 해와 달〉, 그리고 김용철 안무의 〈밤에, 달 밝은 밤에〉(11.24)를 본 것도 작심한 것은 아니었다.

그러나 보고 난 다음 작은 공연들의 열기에 가슴이 뭉클해지고 그들의 땀 밴 합창에 박수를 보내고 싶어져서 이 리뷰가 씌어졌다. 그 불편한 좁고 가난한 공간에서 그런 작은 무용 작품들의 합창이 가능하다니! 그만큼 차고 넘치는 춤의 열기와 에너지가 소극장 공간을 채우고 넓은 공간으로 확대되어 나갈 것이라는 기대와 함께 좌절하지 않는 예술 의지가 없으면 이 힘든 행진은 이루어질 수 없을 것이라는 생각이 든다. 요는 불비한 환경 속에서 이루어지는 현재의 미흡한 작품성을 어떻게 극복해나갈 것인지를 한 가닥 노파심으로 걱정하지 않을 수 없다.

2인무 페스티벌과 안무가 시리즈 추천작

김미영과 유혜진의 공동 안무는 그들이 출연하는 두 작품에 드러나는 선명한 얼굴 표정 차이만큼 개성이 두드러져 보인다. 김미영이 감정을 드러내지 않는 궁정 귀인의 이지적 표정이라면 유혜진은 감정이 살아 있는 야성의 열정적 표정으로 대조를 이룬다. 둘의 얼굴만 보고 있는 사이에 작품의 주제를 놓쳐버리고 전에 본 적이 있는 〈두 점 사이의 거리〉와 〈관계자 출입금지〉가 각각 그들의 독립된 안무였던지조차 헷갈려버렸다. 그들에 이어 일주일 뒤 정향숙의 〈누가 살던 방〉은 코믹한 발상법으로 주목을 받았던 기연(旣演) 작품이라는 기억이 났는데 신작 〈빨간 구두〉(11.28)는 여인의 환경에 대한 경고 메시지가 담겨 있는 단편이었다. 빨간 사과, 끈, 그리고 빨간 구두로 이어지는 여인의 허영은 빨간 옷과 까만 옷을 입은 두 여인의 대립과 갈등으로 본색을 드러내고 남의 옷으로, 빨간 구두로 어울리지 않는 걸음을 떼는 문명 비판적 안목이 신선한 날을 세운다. 아쉬운 점은 춤맛이 덜하다는 것 정도.

소극장 '꿈꾸는 공작소'의 제2회 '2인무 페스티벌'은 한국춤예술센터(이사장 이철진) 프로모션이다. 12팀이 참가한 이번 행사 가운데 남도욱 안무의 〈염증〉은 그의 우수한 안무 능력과 무용 연기 능력을 과시하는 복합 무대를, 일부 보여주다 만 듯한 아쉬움이 남았다. 보다 선명한 잔상의 여운이 필요하다. 김용철 안무의 〈밤에, 달 밝은 밤에〉는 묘한 뉘앙스가 풍겨든다. 김용철의 무용적 인력(引力)과 김용선의 연극적 인력이 조화를 이루면서 전통 탈춤과 현대 관광문화사업의 세련된 맵시를 여행용 가방이라는 오브제에 담으며 달밤의 한 가닥 환시(幻視)적 꿈길을 걷게 만든다. 〈Blessing — 해와 달〉의 이화석 안무는 극적인 무브먼트에 초점을 맞추어 여러 장르의 춤을 수용하려 한다. 20세기의 총체예술이 그랬고 최근의 융복합예술 또한 그 길을 간다. 함께 출연한 안지혜의 등판 표정 연기가 인상적이었다.

사단법인 무용문화포럼(이사장 임학선)이 선정한 안무가 추천작 공연

(두리춤터 블랙박스, 12.1~3)에는 최종적으로 총 9개 작품들이 참가했고 경연 형식이기 때문에 작품 심사와 시상에 따른 긴장감이 더했다. 안무가 시리즈로 추천되어 이미 1년 동안에 겨루어진 48개 팀 가운데서 선정된 최종 안무가 시리즈 추천작 9개 작품들은 장혜주의 〈1 : 1.42〉, 서은지의 〈X〉, 하정호의 〈고독의 위로〉(12.1), 이명헌의 〈고리〉, 임민희의 〈한걸음〉, 박경숙의 〈비울 수 없기에 채울 수 없다〉(12.2), 정수동의 〈For What, For Whom〉, 김영은의 〈날개 깁는 여자〉, 송미경의 〈정거장에서〉(12.3). 그 가운데서 심사 결과 대상에 하정오, 작품상 이명헌, 안무상 3명에 장혜주 · 박경숙 · 김영은, 연기상에 정수동 · 임민희 · 송미경 · 서은지, 그리고 따로 문화포럼 임원들 이름의 상금이 걸린 예술상에 이명헌 · 정수동 · 김영은 · 하정오 등이 선정되었다.

여유 있는 본격적 작품들

이경호의 창작무용 〈두 손으로 — 태조의 꿈, 몽금척(夢金尺)〉(전주 소리문화의 전당, 11.29)은 컨템포러리 댄스였다. 한국 고전무용을 현대화하면 일방적으로 창작무용이라는 장르가 된다. 그 창작에 현대적인 옷을 덧입히면 컨템포러리 댄스가 되는 것인지. 두 형태가 다 한국의 현대무용인데 이름만 바꿔 다는 까닭을 알 수 없다.

태조 이성계에게 신이 금빛 자를 내렸다는 꿈 이야기 하나를 춤으로 꾸몄다. 『악학궤범』 권4에는 하늘의 뜻을 받들어 나라를 이룩했다는 이 정재(呈才)가 작대(作隊)와 회무(回舞) 그림도 있고 고전무용의 세 가지 대사라고 할 수 있는 치어, 창사, 구호도 남아 있다고 한다. 그만큼 현대적인 재구성 가능성은 많다. 그러나 컨템포러리 댄스로 꾸며내는 과감한 창작 의지는 무모하게 신의 소리에 인도되어 계시를 받으며 무대를 꾸민다. 중국『수신기』이야기에 나오는 귀신 등장처럼 무대 전면에는 아마추어 솜씨로 널브러져 있는 기왓장들과 호리즌트에 빗물 영상이 투사되는 장면이 〈전설의 고향〉 같다. 디테일에서 미비한 측면이 있지만 집단 구성과 대열은 열성이 넘치는데 핵심인 세 번째 신에서 백성을 다스릴 질서와 법도와 규율의 황금 자(尺)가 전쟁과 싸움의 검(劍)으로 탈바꿈되는 시점에서 태조 이성계는 턱시도를 걸친 젊은 현대무용가(신동엽)이고 여신(이해원)과 큰머리의 무당(이경호)은 캐릭터의 수수(授受)도 없는 혼미를 거듭한다. 도대체 무용극 정도의 줄거리 구상도 없이 태조의 꿈을 무용화한 〈두 손으로 — 태조의 꿈, 몽금척〉은 원형의 극화가 어디까지인지조차 알 수가 없어서 괜찮은 신체적 조건을 갖춘 이해원의 조력만으로는 임금과의 듀엣도 품위와 우아함을 살리지 못한다.

국립현대무용단의 안무가 초청 공연이 의미 없는 작업이라고 논평한 적이 있는 리뷰어에게도 '2012 해외 안무가 초청 공연'은 그런대로 의미가 있어 보인다. 한 팀으로 활동하는 이스라엘의 우리 이브기와 네덜란드의 요한 그레벤의 해외 안무가 초청 공연 **〈소셜 스킨〉**(아르코대극장, 11.30~12.2)은 저명한 해외 안무가의 비전과 안무 방법을 국립현대무용단원들의 신체적 조건 가운데 입력시키고 각인시킬 수 있다.

벌거벗고 태어난 태초의 인간이 옷을 걸치기 시작하면서 빈부의 차이를 드러내고 패셔너블한 감각의 계층을 이루게 되는 인류학적 안목이 무용에 도입되면 옷이라는 의상은 가면, 곧 사회적 피부에 다름 아니다. 옷이 사회다, 라는 가설이 적용되면 흰 살결, 누런 살결, 검은 살결 등이 모두 분파된 사회구조이고 그 안에서 모든 사회인, 인간, 그리고 무용수들이 그들의 체험을 그들이 걸치는 의상으로 표현해내기가 어렵지 않다.

깊숙이 무대는 가득한 옷으로 전시되어 있다. 처음 무대는 원시적 누드가 판을 채울 줄 알았다. 어쩌면 그런 통상적인 관념부터 깨고 들어가는 것이 재치 있는 안무가의 정도(正道)일지도 모르겠다. 패셔너블한 의상의 선택은 무대인들의 권한이고 그런 마술—옷이 날개다, 를 실천하는 무용단원들은 마음대로 그들의 날개에 맞추어 변신의 재주를 피운다. 이 측면에서는 안무는 춤추는 그들을 바라보고 있기만 해도 임무는 끝난다. 신명이 난 춤꾼들은 저마다 그들의 사회적 연륜을 유감없이 발휘할 수 있다. 무대배경이 바뀌는 것은 의상에 의해 소셜 스킨이 달라져 계급이 생기기 때문일까. 옷은 억압의 상징일 수도 있을 것이다. 그 갇힘에 대한 격렬한 신체적 동작이 한편에서는 섬세한 정서로 바뀌는 가운데 7, 8명이 집단적인 입체를 이루며 유연한 고체를 연상시키는 움직임으로 풀어간 대목 같은 데서는 국립현대무용단의 기량적 함량을 높이 평가할 만하였다. 소셜 스킨의 의식을 통해서 무용인 자체도 타인과의 관계를 인식하는 의식의 진폭을 높일 수 있게 되었으면 한다.

최성옥댄스프로젝트의 세 작품 〈In the Jungle〉, 〈Red moon〉, 그리고 〈**모래의 집**〉(12월7~8일, 아르코대극장)은 최성옥 무용을 체계적으로 일관되게 보려는 관객에게는 연계성이 없다. 글자 그대로 주제들이 다를 뿐만이 아니라 독립되어 있다. 〈In the Jungle〉은 안무자도 다르다. 내 보기에 무용가 최성옥의 춤도 그렇고 안무 스타일에서도 쉬르레알리즘 방식의 괴기(怪奇)가 승해 보인다.

〈Red moon〉의 독무는 월식 때 지구 대기를 통과한 붉은 빛이 굴절되어 달에 도달하고 그 빛이 다시 반사되어 붉은빛을 띠는 원리를 여성 자체, 아니면 최성옥 자신의 미묘한 감성의 움직임으로 반사시킨 독특한 춤사위가 돋보였다. 여성은 관능적일 때 가장 아름답다. 달도 붉을 때 가장 아름답게 보이는 것일까. 아니다. 달이 붉은색을 띨 때는 불길

최성옥 안무, 〈모래의 집〉(왼쪽)과 〈Red moon〉, photo by 이동헌

한 징조로 받아들여진다. 〈보이체크〉에서 살인이 일어날 때 달빛은 창
백했다기보다 붉은빛이었다. 이런 굴절된 감성이 어쩌면 쉬르레알리즘
의 괴기로 비치는 것인지도 모른다.

　　최성옥 안무의 〈모래의 집〉에서도 카프카의『변신』모티브가 개인,
가족, 사회구조의 의식화로 다루어지기보다 그런 '관계의 데포르마시
옹'이 섬뜩한 초현실주의 회화처럼 다가온다. 그만큼 무미(無味)한 한판
의 춤보다 으시시한 분위기의 조성이 긴장미를 더해주는 것이다. 무대
는 이중 구조로 무대 후면에는 시종 박명(薄明) 속에 카리스마의 검은 여
왕이 서서 지시하고 추상적인 주문 같은 시어(詩語)들을 들려준다. 무
대 전면은『변신』의 모티브처럼 어느 날 갑자기 벌레가 되어버린 인간
과 주변의 군상들의 일상적인 습속과 생활가구의 소굴 양상이 추상적
으로, 그러나 강력한 현실 감각으로 보는 이들의 시선을 사로잡는다.

초현실적 괴기는 비현실적인 애니메이션 형태로서도 다가온다 — 미술의 쉬르레알리즘이 무용이 되어 극장 무대에 **전시된 듯**한 묘한 느낌이 만들어져서 긴장을 돋구는 것은 앙상블의 묘미를 이끌어낸 최성옥 안무의 창의성 탓일 것이다.

김매자 춤 60년을 결산하는 공연 〈**봄날은 간다**〉(아르코대극장, 12.14~16)는 창작무용연구회 결성으로 최승희 신무용 시대를 창작무용 시대로 전환시킨 제1세대의 선두주자 김매자의 '창무이즘' 대토론회(16일)까지 곁들여 김매자 집단 세(勢) 과시의 현장이 되기도 했다.

그는 나이 들어가며 별 할 일 없어하는 노장 무용예술가들 가운데서 드물게 노익장을 과시하며 60대 고개에 이르러 왕성하게 창작 작업을 수행해나가고 있다. 대전시립무용단장 시절부터 그의 작품에는 강단이 생기고 메시지가 뚜렷해지고 작품 구성도 군더더기 없이 주제가 선명해졌다. 〈봄날은 간다〉는 그런 연장선상에 있는 자전적인 삶의 애환과 성찰을 춤으로 표현한다. 시놉시스는 6장으로 구성되어 있지만 작품 이해에는 큰 도움이 되지 않는다. 김매자의 독무 장면에 의미가 있고 그 애잔한 움직임에 생애의 기쁨과 그늘이 그려진다. 그러나 서사적 스토리는 무용예술의 추상화에 함몰되어 명확히 드러나지 않고 여운이 되어 객석으로 퍼진다. 그의 독무는 그의 춤 세계를 완결짓는 노령의 극복이 특히 돋보였다. 윤덕경, 황희연, 이노연, 김선미, 이애현, 김용복 등 창무회 1세대와 최지연, 김지영, 윤수미 등 2세대가 세를 과시하며 내재된 활기로 완속(緩速)의 흐름을 받쳐 준다.

대중가요 〈봄날은 간다〉의 애상을 끝까지 숨기는 가야금 선율과 타악기 리듬, 그리고 구음은 센티멘털리즘을 날줄로 짜면서 하얀 옷감으로 감싼 희로애락의 씨줄이 농축된 시김새 이야기를 담아 환하게 틔인 종장의 에필로그 무대에서 비로소 억제시켜왔던 대중친화적 가락을 터뜨린다(끝까지 드러내지 않는 방법도 의외의 효과를 거둘 수도 있을지도 모른다).

가는 세월을 보내는 김매자의 인생 여정은 받는 것과 주는 것의 총화(總和)를 보여주는 개인사의 장중한 통과의례를 나타내는 것이라고 말할 수도 있을 것이다.

공연예술의 풍경과 한국춤의 흐름

몇 개의 무용 리뷰, 그리고 절필

: 〈Four Element〉, 〈불쌍〉, 〈아가페〉, 〈Full Moon〉,
〈낙화유수〉, 그리고 〈회오리〉

박나훈의 세 레퍼토리 재구성 무대 〈Four Element〉

박나훈의 〈Four Element〉는 제명(題名)대로라면 네 가지 중심 요소가 드러나주어야 한다. 그런데 작품의 1부 '두 개의 문', 2부 '로비 무용', 3부 '세 개의 공기'라는 세 이미지 장(場)에 양념처럼 프롤로그와 에필로그가 딸려 있는 〈Four Element〉 공연을 보고 나면 마지막 네 번째 요소는 어디 있느냐고 묻지 않을 수가 없게 된다.

주제가 각기 다른 1, 2, 3부는 연계되는 네 가지 요소라는 주제로 묶이지 않는다. 박나훈의 몇 가지 공연 작품 가운데 재공연 레퍼토리로 재구성된 작품들(〈두 개의 문〉, 〈세 개의 공기〉, 〈배추 생각〉, 〈모르는 두 남자 만지기〉)을 모아놓은 것이니까 세 작품만 비슷한 주제로 모을 수도 있고 다섯 여섯 개를 재구성 형식으로 모아 대령시킨다고 해서 안무자의 자유를 탓할 수는 없다. 1부 '두 개의 문'은 어쩌면 '모르는 두 남자 만지기'로 묶이고 3부 '세 개의 공기'가 '배추 생각'으로 묶일 수 있다면 2부

'로비 무용'의 장난스런 아이디어와 실연이 이번 공연을 위한 전위적 창작 작품이라 할 수 있지 않을까. 그러나, 그래도 안무자가 내세운 네 가지 요소가 무엇무엇 네 가지인지 궁금했던 나 같은 관객은 1, 2, 3부 다 다른 방향의 장면(이미지라 해도 좋은데)을 보면서 연결되지도 않는 장면 설정에 왜 한 요소만 빠졌는지, 그 하나는 어디로 갔는지 물어보지 않을 수가 없다는 것이다.

〈Four Element〉는 안무가의 손으로 걸러져 요소 하나하나가 선명하게 드러나야 한다. 그것을 이미지, 혹은 장면, 장(場, 후)으로 구성한다 해도 몇 개의 이미지로 구성된 안무 계획이 네 가지라 해두었다가 세 개밖에 표출되지 않으면 주제의 질서가 흐트러지지 않을 수가 없다. 아무리 그런 구성이 레퍼토리 재구성 무대라 해도 작품 주제로 흡입되는 전체의 흐름은 있을 것이고 주제를 네 가지 요소라고 붙인 이상 네 가지 이미지로 통일되는 흐름은 잡아주는 것이 안무자의 도리일 것이다.

네 요소의 중심 흐름이 1, 2, 3부로 분산되다 보니까 2부 '로비 무용'은 젊은 안무자의 객기 넘치는 전위적 유희로 그치고 전체적으로 통일된 이미지 형성은 벌레 모양의 무대 장치로 집중되어 있을 뿐, 마지막 무대로 마구 던져진 배추로 인해 환경애호론자들의 설익은 설교 듣듯한 이 작품에서 기본적인 네 가지 요소 없이도 〈배추 생각〉 하나만 키웠더라면 작품으로서는 충분히 설득력이 있겠다 싶다.

불쌍한 불상 같은 우상에 대한 비판, 〈불쌍〉

무대 위에는 크고 작은 각종 조각상들이 어지러이 놓여 있고 그것들을 지키는 인간 군상들은 뒷머리에 탈바가지를 달고 있다. 가면을 쓴

국립현대무용단, 〈불쌍〉

그들은 일반 대중들일 수도 있고 종교인들일 수도 있고 정치인, 저널리스트, 학자, 예술가들일 수도 있다. 잠정적으로 각종 조각상을 받드는 무리는 무용수들이다. 안애순 국립현대무용단장의 본격적인 작품 활동의 포인트가 되는 〈불쌍〉(예술의전당 토월극장, 3.21~22)은 부처님을 뜻하는지, 뭐가 불쌍하다는 것인지 헷갈리게 만드는 신성모독의 이미지를 풍긴다.

어지럽게 무대 바닥에 놓인 각종 조각상들은 국립현대무용단의 시즌 프로그램 주제인 '역사와 기억' 같은 관념일 수도 있고 단순히 '우상'을 대변할 수도 있다. 바닥에 흐트러져 있던 우상들은 마지막에 가서 호리존트가 열리면 넓은 전시장에 질서 있게 정돈된다. 무질서에서 질서의 행렬에 드는 부처상, 예수상, 기타 성인들의 우상은 저마다의 우여곡절을 겪으며 대중의 무지를 틈타서 권위와 존엄을 획득해왔다. 그런 존엄과 권위의 가치 부여에 참여하는 것은 부처도 예수도 아니다. 어리석게도 부화뇌동하면서 돌과 나무나 시멘트 덩어리에 지나지 않는 원자재에 굴복 맹종하는 대중들, 무대 위에서는 국립현대무용단의 엘리트 무용수들이다. 그래서 그들은 도시적 그림 같은 정형성(定形性)을 부각시킨다. 그들이 얽혀 동양적인 문화 아이콘이 세속적 일상 가운데서 어떻게 소비되고 있는지를 무대가 보여준다.

옛것의 고전미나 교양미가 복제와 대량 생산으로 증식되어 소비된다. 그런 측면에서 '역사와 기억'이 교체되면서 다양한 시공간이 펼쳐지며 장르 간의 교차와 혼성 모방이 일어날 때 무용수들의 빗겨 쓴 가면들이 기능적으로 작용한다. 다문화적인 충돌도 마다하지 않는다. 한국의 민속춤, 동남아의 손짓, 중국 무예, 당연히 불교 의식도 현대무용에 도입된다. 예술과 일상의 경계를 허물어뜨리기 위해 설치미술의 최정화와 DJ Soul Scape의 오브제들과 자유로운 음악이 시너지 효과를 낸다.

안무가 지향하는 초점은 현실의 정치적 종교적 우상일 수도 있고 예술계, 무용계의 대가나 권위주의적 학자, 잘난 평론가, 아니면 콧대 높은 관리들일 수도 있다. 넓게 말하면 그런 사회적 현상에 대한 안무가 안애순의 비판적 안목이, 좁게 말하면 무용계에 만연해 있는 유파들의 이른바 권위에 대한 혐오감이 무용 행위를 통해 우아하게 카무플라주 되는 것이다.

춤판과 나란히 가는 것은 그런 우상 형성 과정인데 가장 선명하게 이미지로 남는 부분은 플라스틱 바구니로 만들어지는 알록달록한 조형 ─불상과 어우러지는 자유롭고 장난기 심한 불탑 형상이고 왼편에서 고독하게 춤추는 검은 의상의 여인이다, 그는 누구일까. 그 여인은 어쩌면 안애순의 자화상일지도 모른다. 우상에 대한 거부반응은 그러나, 결코 직선적이거나 공격적이지 않다. 한국과 극동 3국, 그리고 동남아 춤사위를 주도하는 안애순의 이성적 현대무용 스타일의 섬세함은 이 작품 전체의 이미지 조성에 적극적인 공간을 내주어서 자유롭고 여유가 넘친다. 그런 공간에서 놀이적 유희성이 현대무용 특유의 즉흥성과 어울려 무대의 활성을 유지한다. 그 활성적인 무대는 작품 〈불쌍〉, 아닌 **불상**을 통해 불쌍한 우상들의 무덤이 된다. 이 무덤은 역설적으로 현대 무용적 통합의, 원초적 춤의 축제 마당으로 탈바꿈한다.

불상(佛像)에 대한 말장난이 우상화에 대한 무용적 비판이 된 국립현대무용단의 〈불쌍〉은 불상이라는 명사가 불쌍하다는 형용사로 바뀌지 않았으면 완벽한 말장난의 문명 비평적 사례가 될 수 있다. 최근에는 광고 선전 문구에 민중적 재치로 말장난이 활용되지만 민속인류학적으로 이런 말귀 바꾸기 재담은 우리 탈춤 말뚝이 대사의 양반 골리기나 아프리카 트릭스터 이야기 등에서 말장난(Wortspiel) 형식으로 전승되어 왔고 이번에 무용적으로 차용되었다는 측면에서 신선하게 다가온다.

불상의 존엄이나 권위가 불쌍하게 전락하는 가치전도의 시대는 모든 우상들의 비극적 존재 양상이 드러나는 계절이기도 하다. 부동(不動)의 가치는 없다. 먼지 낀 살들을 쓸어낸 다음 관절 해체, 지방질 제거 다음의 원형의 놀이는 무거운 진지함의 중압이 아니다. 예수나 공자나 마호메트나 석가모니 등 성인 군자들의 신성을 거부한다는 의미는 권위나 전통적 가치를 인정하지 못한다는, 기존 가치관에 대한 거부와 도전, 그 비판 의식에 다름 아니다. 그런 저항과 반항은 동시대인으로서 우리 모두 민주화 과정의 현대사에서 지겹게 체험했고 이제는 그 무게에서 자유롭고 싶다.

현대무용이 제기하는 문명비평적 가치전도의 방향은 단순히 종장(終章)의 질서정연하게 선반에 상품처럼 전시된 부처상, 예수상 등등 우상들의 무덤을 비웃는 것만은 아닐 것이다. 해체된 무용미학으로 새롭게 시작하는 원초적 춤(Ur-dance)의 발아(發芽)를 느낄 수도 있다.

⟨Rouch Cut Nights⟩의 전혁진 작 ⟨아가페⟩

전혁진이 안무 연출한 그라운드 제로 프로젝트의 작품 ⟨아가페⟩(대학로예술대극장, 3.25)를 통해 전혁진이라는 젊은 예술가를 발견한 것은 큰 수확이다. 그의 ⟨아가페⟩는 관능적 사랑과 대비되는 정신적 사랑을 뜻한다는 식의, 개념적이고 관념적인 차원을 넘어서서 무용이 표현할 수 있는 영역을 내공으로, 퍼포먼스로 확대한다. 그들은 통상적인 춤의 미학을 추구하지 않는다. 몸이라는 제한된 육체 공간에서 어떻게 춤의 정신을 확대해낼 수 있는가를 실험하는 그들의 몸의 움직임은 어쩌면 무용의 미학조차 배려하지 않는다. 어쩌다 순간순간 아름다운 몸의 미학이 터져 나오는 경우가 있지만 아가페의 탄생은 태초부터 압축된 몸의 기(氣)를 어떻게 세상에, 우주에 내보낼 것인가 숙고하는 성찰과 다원화의 움직임이다.

우리는 전혁진의 그라운드 제로 프로젝트가 무엇을 지향하는 그룹인지 잘 모른다. 그러나 공연예술지원센터가 ⟨밤의 시연(Rouch Cut Nights)⟩이라는 기획 시리즈 가운데 이런 이름 모를 젊은 천재들을 가려낸 것만 해도 할 일을 해냈다는 안도감을 갖게 한다. ⟨아가페⟩ — 육체의 불안정성 속에서 벗어나려는 안간힘이 안타까운 일련의 움직임은 오케스트라 박스의 물에 접근하는 좌절의 점철(點綴)이라 해야 할 것이다. 전혁진의 연기적 표출력이 작품 전편을 압도하는 가운데 노래하는 여인은 현대의 여신으로 매체 간의 상호작용에 불을 붙인다. 그녀가 대지에 가라앉는다. 그 자리에 예상치 못한 그리스 조각 토르소의 머리 하나가 솟는다. 감정 표현이 없는 머리 조각은 나중에 둘이 무대를 후비고 다닌다. 서로 접근할 수 없는 나무의 생리 같은 두 개의 머리가 서로의 아가페일까, 아니면 아무리 해도 제한된 육체 공간을 확대할 수 없는 한 젊은 춤꾼의 내공의 힘과 대치되는 아가페의 존재 양식이 무대 바닥에서 솟아나는 조각 머리, 아니면 생(生)머리일까.

끝까지 〈아가페〉는 해답을 내놓지 않는다. 원심력과 구심력이 작용하면 생몸과 소도구들이 오브제로서 상호 조응한다. '모란도…… 조란도……'로 들리는 여인의 노래도 풀리지 않는 젊은 춤꾼의 불안정한 몸의 균형을 보장할 수 없다.

탄생은 신화적 시발이었고 희미한 빛에 가려진 전라의 육체는 검은 양복 아래위 한 벌쯤으로 가려져도, 걸음조차 가누지 못하는 육체는 약하디약한 매체이자 강인한 메시지다. 멀리 닭 우는 소리가 희미하게 들린다. 무용 문법을 무시하듯 한 안무 연출의 전혁진이 보여준 육체적 표현 기법은 주변의 간소한 환경과 어울려 주제의 핵심을 강하게 부각시켜낸다. 무대 정면 강물에 머리 조각은 흐르고 호리존트에서 전진해 나온 커다란 검은 공은 전시적 효과만 노린 것은 아닐 것이다.

원로들의 기념 공연 — 배정혜의 춤 70년, 김매자의 춤 60년

지난달 리뷰 과잉으로 편집에서 빠진 김복희 공연 〈천형, 그 생명의 수레〉 맺음말 끝에는 이런 사족이 달려 있었다—80년대 대학 무용과 창설과 무용 교수 임명, 그리고 지도교수 중심의 동문 대학 무용단 설립에 이어 지도교수들 정년퇴임이 시기적으로 맞물려 이 몇 년 사이에 그들의 퇴임 기념 공연들이 잦다. 65세 대학교수 정년퇴임 기념 공연은 김혜식, 정승희, 김현자 등 한예종 원장 출신 이외에 각 대학에서 앞으로 줄줄이 이어질 전망이다. 그러나 퇴임 기념 공연은 65세 퇴임 기념 행사일 뿐이다. 차라리 명작을 남겨 명작 몇 주년 기념 공연에서 안무자와 무용수의 이름이 남는 것이 정도(正道) 아닐까.

예술가가 나이나 퇴임을 기념하는 것은 과욕이거나 허영, 아니면 과
시욕의 표현 이상도 이하도 아니다. 아무개 교수가 몇천만 원을 들여
퇴임 기념 문집을 만들고 제자들이 몇백, 혹은 몇십만 원씩의 쌈지돈들
을 모아 기념 공연을 해주어봤자 그 영광이 몇 년을 가는 것이 아님을
우리는 가까이에서 보고 있다.

그런 한편 대학이나 시·도립무용단에 속해 있지 않은 사적(私的) 개
인 민간 무용단 대표들인 중진·원로 무용가들의 20~30년 춤 인생들
이 어느덧 50년도 넘어 김매자 춤 인생 60년 기념 공연 〈그리고, 다시
봄〉(아르코대극장, 3.26~27), 배정혜 춤 인생 70년 기념 공연 〈춤〉(세종문화
회관 M씨어터, 3.29~30)으로 상향되어가는 느낌이다. 대중 가수들이 공식
무대에 데뷔해서 노래를 불렀다고 어린 천재인 양 자기 과시를 하는 것
은 예능인들의 몫이다. 그런 것까지 닮을 까닭은 도무지 없는 것이 무
용예술계의 품위여야 한다.

창작무용이라는 창조적 역경의 길을 연 김매자 공연의 경우 〈봄날은
간다〉가 문예위 사후 지원 작품이며 공연센터 공동 기획 작품 발표 형
식인 데다가 춤 인생 60년을 기념하는 사진첩 출판 기념을 겸했다면 전
통무용과 공직의 길을 걸어온 배정혜의 경우도 70년 춤 생애를 담은 출
판 외에 기념 공연은 1부 11명, 2부 11명의 무용수들이 연(蓮-태혜신), 인
(忍-오은희)자 같은 한자 키워드를 내세워 4시간 넘는 전통무용의 변용
을 보여주었다.

이제 한국무용에서는 10년, 20년 춤 인생을 내세울 계제가 없어질 판
이다. 오히려 춤 인생 100세 기념 공연도 가능할지 모른다는 기대와 두
려움도 갖게 한다. 그런 중진 원로들의 무용예술 작품들을 보고 즐기며
비슷한 시대를 함께 살아온 동시대인인 관객들은 행복한 세대라 할 수

있다. 그들의 예술적 정진과 노고에 만강(滿腔)의 치사를 드리고 싶다.

피나 바우쉬가 살아 있는 부퍼탈 탄츠테아터의 〈Full Moon〉

피나는 살아 있다. 적어도 〈Full Moon〉(LG아트센터, 3.28~31)에서는 그녀의 입김이 강렬히 살아 있어서 박수 치는 관객 앞으로 그녀가 걸어 나올 것 같은 분위기였다. 피나의 작품이니까 그의 체취, 그의 정신, 그의 이미지가 살아 있을 수밖에 없는 것이 현실이다.

독일 부퍼탈 탄츠테아터는 피나 바우쉬가 있음으로써 세계적 무용단이 되었다. 그녀가 죽어서 전설이 된 지금 그 무용단이 계속 그 명성을 유지할 수 있을는지는 아무도 모른다. 작년 4월에 새로 부임한 루츠 퓌르스터 예술감독은 그의 이름을 딴 솔로 작품 한국 공연으로 우리나라 관객들과 인연을 맺고 있다. 그 부퍼탈 탄츠테아터가 피나 바우쉬가 죽고 없는 세상에서 그녀의 작품 〈Full Moon(Vollmond, 만월)〉을 새삼 신선하게 한국 무대에 올렸다. 피나는 이미 우주 안에 없지만 그의 예술은 남고 그의 정신은 예술작품을 통해 우리를 감동시킨다.

첫 도입 부분과 마지막 종결 부분이 맞물리고 있어서 서사화(敍事化)의 순환성이 뚜렷하다. 몸이 그대로 시어(詩語)가 되어 이미지를 움직이게 한다. 무대 공간을 놀리지 않으려는 부지런한 움직임들이 두드러진다. 1부가 인간들의 관계에 대한 서사화라서 인간 교류의 모자이크 같은, 장편(掌篇)소설 같은 즐거움이 뿌려지고 입맞춤의 관능조차 서정적 객관화라 말할 수 있다. 2부에 들어가면 거대한 바위에 물 끼얹기 같은 허위의 인공성이 드러내는 무위(無爲)의 자연, 원초적 제의 같은 열린 하늘이 비친다. 비나 바위는 리얼한데 이야기가 이미지화된다.

현대의 천재적 안무가 피나 바우쉬가 살아서 숨 쉬는 작품 〈Full Moon〉은 등장하는 무용수 하나하나가 그들대로의 이야기를 표출해낸다. 그것이 솔로가 되든, 두셋이 어울려진 군무 형식이 되건, 그 하나하나는 글자 그대로 탄츠테아터(춤극)로서 이야기를 꾸며낸다. 아마 무용수 하나하나가 그 이야기를 스승인 피나에게 이렇게 표출해도 되겠느냐고 물으면, 너 하고 싶은 대로 표현해서 이야기하라며 그대로 건네주는 식으로, 이야기 하나하나가 쌓여 이른바 서사성(敍事性)의 모자이크가 큰 그림판으로 완성되어가는 것이다.

만월 — 보름달의 환한 명쾌성이 부퍼탈 탄츠테아터, 내지는 피나 바우쉬의 세계가 갖는 밝음과 통하고 유쾌한 장난과 놀이는 물을 가지고 노는, 비 속에 헤엄치는, 비의 장막과 바위 이미지조차 가볍고 경쾌하고 투명하게 만든다. 1부의 어둠은 2부에서 비가 내리는데도 투명해진다.

무대 오른편 잘 다듬어진 커다란 바위는 하늘에서 떨어진 운석일는지 모른다. 메마른 바위는 처음 물과 전혀 관련되어 보이지 않는다. 그러나 차츰 무대는 물이 주제가 된다. 빗물이 조명 속에 반짝이며 떨어지고 비의 장막에 강물이 흐르고 춤꾼들이 빠르게 끊임없이 헤엄치고 바위에 부딪치는 물살을 사람들이 퍼올려 반사되는 물보라는 조명에 반짝이는 빗물이 된다. 그런 정황은 태초의 풍요 제의를 현대판 축제로 바꾸어놓는다. 달과 여인들과 물과 나무 같은 풍요 제의의 연상(聯想)은 이루어지지 않지만 현대의 굿은 그렇게 춤을 거느린 제의로 부활하는 것처럼 보인다.

우화와 암유의 어머니상, 박명숙의 〈낙화유수〉

박명숙현대무용단의 날카로운 현대적 감각이 민속 전통의 컬러로 옷을 갈아입고 나오면 보는 즐거움은 두 배가 된다. 이번 〈낙화유수〉(대학로예술대극장, 4.11~12)도 제목 자체가 대중가요조(調)라서 전통과 민속 계열이었던 전작 〈에미〉(1996), 〈유랑〉(1999), 〈바람의 정원〉(2008)과 맥이 이어진다고 볼 수 있다. 실제로 이번 상연은 그 세 작품 가운데 특히 선명한 장면들을 재구성하여 격동의 시대를 살아간 한국의 여인상을 부각시킨다.

치매기가 있는 노파의 행적을 좇는 형식인 이 현대무용극 〈낙화유수〉는 여성 수난사를 파노라미처럼 펼쳐 보인다. 가부장적인 남편으로부터 소외된 어미는 아들로부터도 사랑을 보상받지 못하는 질긴 생존사(生存史)만 엮어내어야 한다. 그런 전제가 전작 세 작품의 드라마적 이미지였고 따라서 작게는 하나의 가족사가 시대를 반영하는 공동체의 역사가 되고 민족사로 연계될 수도 있다.

무대 위에는 어느 고물 가게에서도 살 수 없을 법한 찢어진 종이우산 — 수난의 오브제가 등장한다. 낙화유수 노래와 찢어진 우산 — 그런 컴비네이션이 끝내 가면을 벗지 않는 노파(박명숙 분장)의 어줍은 행적과 독백의 큰 줄기를 따라 젊고 발랄한 현대무용 가족들과의 얽히고설킨 서사성 짙은 삶의 장면 전환이 핵심 과제로 부각된다. 근대화의 기차 소리, 가부장적인 남편, 도시화된 아들 가족과 이웃 공동체 사이를 떠도는 여인은 체내로 침범한 쥐새끼에게 내장을 뜯어 먹히는 환상을 즐기는 듯하다.

모든 것은 우화(寓話)이고 암유(暗喩)이다. 어쩌면 남성 우위로 기록되어 있는 우리 역사의 잠재성을 정면으로 치고받는 역사의 파고를 그대

233

박명숙현대무용단, 〈낙화유수〉

로 뒤집어쓴 우리의 어머니, 할머니, 그리고 딸들. 역사의 잠재성은 여성성에 기대어 있는지 모른다. 마치 시리아 출토의 수천 년 전 작은 지모신(地母神) 모습에 인류의 고대 여인상이 괴기하게 담겨 있듯 〈낙화유수〉에 점철되어 드러나는 모상(母像)은 예리하게 가다듬어진 문명비평적 평필로 갈가리 찢겨난 여성사, 민중사로 반영되어 한 에미의 가족사 형식으로 펼쳐지는 것이다.

춤의 드라마는 무대로 떠도는 치매 노파의 생애를 롱컷, 쇼트컷으로 형상화하며 서곡, 바람에 밀려온 생, 낯선 시간 속에서, 길 위의 나날들 등 여덟 개의 삶의 풍경으로 그려진다. 회상의 저편은 고통과 억압과 피멍으로 맺힌 원한이겠지만 그런 인간사(事)는 흐르는 강물에 씻겨나가고 〈낙화유수〉의 구성진 노래 대신 〈봄날은 간다〉의 애잔한 센티멘털리즘과 끈질긴 목숨의 집착이 대밭의 바람소리, 달걀의 다산성, 구멍 뚫린 물통과 보자기 보따리의 오브제 행렬로 이미지화된다.

가족이라 하더라도 소통되지 않는 신진과 기성세대 간의 벽은 배준용, 이수윤, 홍하나 등 젊은 중진들의 활력적인 움직임과 재빠른 변신술로 생생한 격변의 시대에 대응하는 노파의 민간 전통과 묘한 연계를 갖는다. 과다한 시퀀스의 무게에 짓눌리는 가족사를 공동체의 역사로 전환하는 계기를 선명하게 만들기 위해 고무신짝을 가지런히 벗어놓는 암유적인 장면은 배 속에서 내장을 갉아 먹는 보이지 않는 쥐라든지 무대 위에 흩어지는 리얼한 달걀과 보자기 행렬로 극화의 극점을 이룬다. 대나무 숲을 그대로 배경으로 삼은 조명의 색조는 드라마의 갈등에 깊이 매몰되기보다 극화를 가볍게 하는 변수의 계기가 될 수 있었을 것이다.

국립무용단의 과감한 협업 — 테로 사리넨의 〈회오리〉

한국무용 위주의 국립무용단과 해외 안무가와의 첫 공동 작업은 국립무용단 창단 이래 52년 만의 모험이었다. 그리고 그 모험은 성공적인 결실을 맺는다. 한국무용의 드라마가 이렇게 격렬하게 꽃을 피운 적이 없었기 때문이다.

핀란드의 무용수이자 안무가인 테로 사리넨 안무의 〈회오리〉(국립극장 해오름대극장, 4.16~19)는 우선 조명이 무용수들의 춤 이야기를 동굴 극장 안에 조소(彫塑)처럼 떠오르게 하며 흔들리는 수초의 담시(譚詩)처럼 시작된다. 그리고 그 끝은 나비의 애벌레 번데기 속에 빛과 소리와 무용의 움직임을 강력히 수렴하는 바람의 교향악, 춤의 심포니로 폭발한다. 아니면 그렇게 숨 가쁘게 휘몰아치는 바람과 춤의 회오리는 마지막 흰 의상의 솔로로 집결된 근원적 원초적 핵으로 환원된다. 그런 회오리는 한국무용에 없던 요소인가. 아닐 것이다. 있는 것이니까 외국 안무가 끌어낼 수 있는 것 아니겠는가. 그런 측면에서 과감하게 한번 낯선 해외 안무가에게 한국무용의 속살이 얼마나 질긴 창의력을 발휘할 수 있는지 맡겨보는 것도 나쁘지 않은 시도다.

먼 북구의 핀란드 춤꾼인 테로 사리넨은 일본의 전통무용인 가부키나 부토의 세뇌를 받아서 동양 무용의 정중동(靜中動)이나 동중정(動中靜)의 정신은 알고 있다. 한국에서의 몇 번에 걸친 공연으로 국립무용단 해외 안무가 협업 대상자로 부상한 안무가인 그의 안무 노트에 의하면 첫째 무대는 '조류', 둘째는 '전승', 그리고 셋째가 '회오리'로 적혀 있다. 물결이 일어서 흐르다가 폭포가 되고 바람의 작은 파동이 커져서 커다란 폭풍이 되듯 나비의 연약한 날갯짓도 회오리바람으로 휘몰아칠 수 있다는 표상(表象) 이상이 아니라면 작은 바람이나 조류 물결이 지구 표층을 돌다가 어느 날 태풍의 에너지로 확대될 수 있다는 메시지가 강렬하다. 정중동의 얌전한 한국무용의 옷자락을 거들어 올려주는 테로 사리넨 같은 서양 안무에 익숙한 지도자를 만나면 전통의 한국무용단도 낯선 바람처럼 우리의 감성을 뜨겁게 자극할 수 있는 모양이다. 중심에 있는 무용수는 검은 흑의를 걸친 남녀(김미애, 이정윤)와 흰 백의의 남녀(최진욱, 박혜지), 그리고 처음 솔로로 도입을 맡았다가 나비 애벌레가 되어 갇히는 흰 의상의 송설. 그들은 디근자 무대 단(壇) 위의 희미한 박명에 갇혔다가 어느덧 무대 중심부로 회오리처럼 군무의 바람을 일으키며 발레 기법, 현대무용 기법, 그리고 전통무용 기법을 두루 섞는 퓨전 댄스의 묘미를 원초적 동굴 같은 국립극장 무대에 숨 가쁜 에너지로 뿌린다. 중심은 원심력으로 빠져나가려 하고 밖으로 돌던 일단은 구심력이 되어 안으로, 핵심 포인트로 휘몰아친다. 군무가 치고 빠지고 휘몰아친다. 날기도 하고 뛰기도 하며 더러는 연기적으로 모태(母胎) 속에서 꿈틀거리는 생명의 모형을 동서의 융합 형식으로 창조해낸다. 비빙의 음악적 재능과 안무의 연출 재능이 호흡 일치를 이루는 가운데 흰 날개를 부비면 들리는 음향효과가 아주 특이했다.

절필『몸』지 2015년 5월호─이로써 나의 무용 리뷰도 마감할 때가 되었다. 무용 글 쓰기도 너무 오래 하다 보면 감격이 없어진다(그렇게 나는 오래 써 나왔던 연극평론에서도 손을 놓았다). 감명 깊었던 작품에 대한 회상은 절필을 통해 유지될 것이다.

공연예술의 품격

: 총체적 융복합예술의 이해와 비판, 점검 2

보기에 즐거운 작품과 보기에 힘든 작품 사이

: 〈Bird's Eye View〉, 5부작 〈말을 걸다〉, 〈태아는 꿈꾸는가?〉,
〈춤추는 여인들? 춤에 미친 여인들!〉

작년 초연 때 시선을 끌었던 〈Bird's Eye View〉(두리춤터, 9.21~23)가 몇 번의 실험적 개작을 거치며 아주 새로운 시각 아래 새 무대 위에서 재연되었다. 버즈아이뷰(Birds eye view) ― 공중을 나는 새의 눈으로 내려다보는 조감도(鳥瞰圖)는 때때로 까마귀 오(烏) 자, 오감도로 무식을 놀림받기도 한다. 높고 광활한 하늘의 어느 한 점을 기점(起點)으로 해서 지상을 내려다보는 새의 시각은 대붕(大鵬)의 웅대한 그림일 수도 있고 우주선의 창밖 풍경이기도 하다. 아니면 참새나 까마귀의 낮은 차원일 수도 있을 것이다.

강낙현의 포이어 프로덕션과 임학선댄스위의 〈조감도〉는 우리 말 어감보다 원어의 〈버즈아이뷰〉가 더 어울리는, 전통과 모던의 합주로 다가왔다. 두리춤터의 지하 블랙박스에서 좁은 대로 관무(觀舞)의 즐거움을 안겨주었던 이 작품은 두리춤터 복합문화 공간 확장 개관(10월 하순) 수순의 예비 행사로 아주 본격적인 작품 수준을 타진한 것이다. 우선 두리춤터 복합문화 공간 자체가 실제적인 극장 공연 실무자의 안목으로 개축되었고 1, 2층 공간을 털어낸 무대 개념으로 아담하게 신축되었기 때문에 안무자나 감독이 얼마든지 공간적 창의성을 발휘할 수 있는 것이 큰 장점이다. 벽면이 열리기도 하고 계단 활용이 가능해졌으며 2층 베란다를 통한 무용이나 연기 동작의 표출 영역이 훨씬 다양해지고 독창적 영역이 개발될 여지가 많다.

그런 공간적 이점을 살린 이번 신작 공연은 전체적 흐름이 부드럽고 유연해진 데다가 훨씬 깊이가 더해져서 영상 이미지의 투영이라든지 명암이 자유롭게 구사될 수 있고 무용수들의 등·퇴장도 아주 매끄러웠으며 무용적 형상(形象) 조형이 분명했다. 그런 효과적 기능이 적극적으로 관여해서 '영화를 공연하고 무용을 상영한다'는 포이어 프로덕션의 캐치플레즈가 융복합공연의 실질적 시도에 큰 가능성을 열어준다.

이제 한국무용이라거나 현대무용이라거나 하는 장르 구별은 별 의미가 없어졌다. 컨템포러리 한국무용이 그대로 현대무용의 메시지를 남성 무용수들의 활달한 큰 동작이나 여성 무용수들의 섬세한 미니멀 손동작 등에서 철저히 계산된 영상미로 전달되기 때문이다. '미니멀의 극화'라는 용어도 나올 만큼 섬세한 표현이 만들어지면서 대중 친화적 소통이 결코 천(賤)끼와 상관없는 세련된 품격으로 다듬어질 수 있다는 인식을 얻었다.

그런 측면은 강낙현 감독의 감성 탓이라고 할까, 안무가 임학선과 정보경의 덕목인지, 아니면 전체 팀워크의 앙상블 조성 능력에 기인하는 것인지, 그 어느 한쪽으로 쉽사리 손을 들어줄 수가 없다. 도입 부분의 자개 무늬 학의 전통적 이미지는 주제를 선행해서 전체를 관통하는 모티브이다. 모티브들은 날개의 일부가 잘린 앵무의 걸음이 상징하는, 날지 못하는 새들의 시각으로 한정되는 문명비평적 영상 시각이 강낙현의 매력이고 그런 한국무용의 육화에는 음악의 가락 선정이 큰 몫을 한다.

판로를 개척할 수 있는 예술 상품으로 이미지의 스토리성(性)을 만들어낼 만큼 화두가 압축된 작품성이 평가받을 만하다. 새들의 비상은 자유나 해방만이 아니고 내려다보이는 지구의 풍경처럼 제한적이다. 이야기를 담은 문화 콘텐츠는 계속 개발될 가능성이 많고 그 핵심에는 살아 있는 몸의 표현력을 갖춘 댄스위무용단의 신뢰할 만한 재능들이 집약되어 있음을 첨부해서 말해주고 싶다.

사포의 〈말을 걸다〉 5부작

춤추는 무대 공간의 확대를 시도하는 찻집 무용 공연은 전통 있는 사포현대무용단의 미술관 등 야외 무대 확산 작업의 일환에 속한다. 지난 5월부터 사포무용단이 관객들에게 말을 거는 공간 확대의 개념은 이번 9월 피날레 〈바람결 그대〉(전주 한옥마을 찻집 봄, 9.22)로, 1부 〈오월, 어느 날〉, 2부 〈누구신가요?〉, 3부 〈아! 거기 당신〉, 4부 〈등을 기대요〉를 거쳐 5부작 대미를 마무리했다.

금년 여름 같은 지독한 더위 속에 찻집 공간이라는 낯설고 제한된 환경과 춤의 예술을 합일시키려는 다섯 번의 공연은 춤 보기를 즐기는 필자조차 빠짐없는 관람이 쉽지 않은 데 작품 제작의 핵심인 사포현대무용단(대표 김자영)과 예술감독(김화숙)의 끈질긴 집념 없이는 이의 실현이 불가능했을 것이다. 작품 하나를 다섯 번 상연하기도 힘든데 한 달에 한 번씩 주제의 바리에이션을 거듭한 신작을 선보이며 다섯 번에 걸쳐 장편 한 편을 완성시키는 것 같은 이런 작업은 사무치는 주제 추적 같은 혼신의 힘을 다하는 예술혼과 예술 의지 없이는 불가능하다. 그것도 설익은 신념이나 주장을 펼쳐 보이려는 고집이 아니라 춤을 보고 즐기게 예술 의지가 담긴 작품을 통해 춤의 품격을 더 높이며 심성과 인격의 품성을 높이려는 작업이 이번 사포의 〈말을 걸다〉의 핵심이 아니었을까.

그렇게 춤으로 말을 거는 방법도 여러 가지다. 굳이 극장 무대가 아니라도 어디서든지 춤은 사람만 있으면 말을 건다. 찻집 봄의 홀과 앞마당, 그리고 출입로 나무 아래서 아득한 연정의 회상이 아니면 어느날 다가올 만남의 설렘을 예고하는 품격 높은 몸의 드라마가 이루어진다. 5월, 어느 날 운명처럼 만난 그대는 나의 누구였을까. 그러다가 섬광처럼 운명을 느끼게 한 당신과 나는 하나가 되어 우리의 우주를 창조했는데 인간은 영원히 고독한 나무처럼 떨어져 나가는 운명인 것을! 그대도 떠나고 바람결에 고독한 나뭇가지만 흔들린다 — 깊은 바닥에 센티멘털리즘을 깔지 않는 시심(詩心)은 예술의 본질이 아니다. 그렇게 예술감독 김화숙은 박진경·김자영·송현주 외 사포의 전문 무용수들과 신진들을 다그치고 유일한 남성 무용수 강정현의 표현력 풍부한 감성의 세계를 통해 방사선의 원을 그린다.

작품을 보고 있을 때 즐겁고 무슨 화두가 던져지려는지 궁금해 집중할 수 있으면 끝난 다음에도 감명과 여운이 남는 법이다. 그런 예술의 힘이 우리들 범속한 사람들의 심신을 구원한다. 〈바람결 그대〉가 앞뜰에서, 출입로에서 솔로, 듀엣, 3인무를 추다가 잠시 멈춰선 사이에도 뜰의 나뭇가지들과 나뭇잎은 바람에 숨쉬듯 흔들리면서 춤을 즐기는 관람자들의 감성을 간지럽하듯 자극하고 있었다. 이 일련의 다섯 작품은 환경과 상황에 따라 소품으로 공연될 수도 있을 것이고 모두를 묶어 하나의 큰 작품으로 감동을 극대화할 수도 있을 것이다.

전북 군산시의 은파 호숫가에 있는 카페 파라디소 페루디또는 풀면 '실락원'이라는 의미다. 카페 주인이 멋있게 파라디소 페루디또라 이름 지어놓고 이탈리아 말을 모르는 사람들이 파라다이스라고 부르면 부르는 대로 내버려둔다. 콘서트도 열며 문화예술 영역을 현지에서 개척하는 젊은 세대는 기대를 걸 만하다. 음악 카페에서 무용 공연을 처음 시

사포현대무용단. 〈말을 걸다〉

도하는 군산 지역, 혹은 호남 지역에서 김화숙 사포현대무용단(대표 김자영)의 현대무용 '현장 확대'는 서울 등 대도시 등으로 시설과 기획도 확대될 만하다. 사포현대무용단이 10월 1일에 드디어 군산의 카페 파라디소 옥내외에서 처음으로 이 지역 관객들에게 말을 건넸다고 할까.

그 소통의 계기는 무용적 이미지로 푸는 사포 신인 회원들과 프로 단원들의 환영 인사를 거쳐 만남의 무용 형상들 ― 〈누구신가요〉, 〈아! 거기 당신〉, 〈등을 기대요〉, 〈바람결 그대〉의 이미지로 그려나간다. 사랑의 만남이라는 기적을 다룬 〈누구신가요〉 다음의 스토리텔링을 요약한 그리움의 이미지들은 그 사이 이미 다른 곳에서 실연되어 이번 공연에서는 김화숙 예술감독에 의해 총체적으로 다루어졌다. 멀리 밤의 은파

호수를 배경으로 서정적 애상에 젖고 조명을 받는 정원수 그림자에 물결지는 풍광이 멋있다. 카페의 홀과 마당을 넘나들며 운명 같은 사랑의 교류는 자유로운 즉흥성으로 이야기를 전개시키며 바람처럼 스쳐 가는데 관객에 대한 사포현대무용단의 **말걸기**는 무용에 대한 관객들의 잃어버린 향수에 불을 지피기에 충분했다. 그 중심에 있는 핵심이 사포의 박진경이며 김자영이고 강정현이다. 송현주 등 다음 세대들에 대한 기대가 커진다.

비평 불능성을 일깨우는 새 개념 공연들

한국공연예술센터의 '새개념 공연예술' 시리즈는 새로운 공연예술 장르 계발을 의도하는 것이 분명하다. 그런 장르나 예술 양식 계발이 쉬울 리 없다. 새 장르나 양식의 탄생이면 새로운 문예사조가 생기게 되는 것이 세계 예술 사조사의 흐름이기 때문에 필자는 그런 흐름에 예민한 편이라서 젊은 세대의 발랄한 아이디어의 작품들을 유의해 보는 편이다.

인터미디어 퍼포먼스 랩의 〈태아는 꿈꾸는가?〉(아르코대극장, 9.27~28)도 그런 다원예술, 융복합예술 장르 가운데 명명되는 새 개념, 새 사조의 출현쯤 꿈꾸는 야심을 품고 공연되었을 것이다. 미디어 사이의 교류와 장르 간의 협연, 그리고 춤과 연기 같은 공연의 움직임을 결부시키는 이런 흐름의, 이른바 '새 개념 공연'은 연극이나 무용만이 아니라 음악, 미술의 최신 동향에다 최첨단 과학기술적 정보 지식과 영상 테크놀로지, 음향, 조명 등등 인접학·예술적 지식이 구비되어야 하고 예술작품에 대한 비평 의식도 날카로워야 할 것이 전제되어 있을 것이다.

그런데 내가 그만한 능력이 있을까? 그런 작품을 논평하려면 통섭 이론처럼 최근의 과학적 지식도 문예사적 안목도, 그리고 작가의 의식을 뛰어넘는 비평 능력도 구비되어야 한다. 특정 예술 분야에 대한 지식과 비판적 안목에다 인접 예술에 대한 공존 협연 의식, 그리고 인접 학술 분야에 대한 소양 정도를 넘어서는 전문적 지식 함양이 없으면 이제 예술작품 비평은 접어야 한다면 예술작품 평론은 먼저 인접 학문 공부에다 인접 예술 장르 조류 연구에 시간을 할애하느라고 해당 전문 예술 분야의 탐색을 단념해야 할지 모른다(이런 숨 가쁜 달음박질은, 물론 나 같은 둔재에게나 해당되는 사항일 테지만). 다원, 이른바 다차원의 예술 양식들을 알아야 하고 그 양식들의 상호 경계 넘나들기만 해도 벅찬데 확실한 개념 설정도 안 된 '통합예술'을 공부해야 하고 융합예술이나 복합예술의 핵심을 정돈하고 체계를 세우고 논리를 규정하고 있는 사이에 작품 분석이나 해석과 비판의 잣대는 간곳이 없어질 위험이 커진다.

〈태아는 꿈꾸는가?〉를 보면서 꿈꾸는 태아의 입장에서 작품을 보려는 필자의 시선에 잡히는 첫 장 무대 어린이들 움직임 장면이라든지 공중에 매달린 화폭의 영상 이미지, 호리존트의 그림을 배경으로 한 무대 설치물과 네 무용수의 춤이 어떻게 연계되어 무대 위의 무용 형상(形象)을 이루고 주제의식을 집중시켜줄 것인가가 초미의 관심사가 아닐 수 없다. 그러나 '새 개념 예술'은 너무 많은 지식 체계가 뿔뿔이 **날것**으로 저마다의 존재 양식을 과시함으로써 주제의 방향성을 제시 못 한다. 통합예술의 덫은 주도하는 신념이나 사상이 뚜렷하지 못하면 평자로 하여금 화두를 전개시킬 소지를 제공해주지 않는다는 점이다. 태아가 꿈을 꾼다는 지식과 무대 위의 영상과 춤의 형상 등이 예술작품으로 결합될 소지가 있어야 무용비평도 비비고 들어갈 화두를 집아낼 터이다. 그런데 그런 소지가 보이지 않으니 하루 이틀 지나면 영상 이미지도 무용

보기에 즐거운 작품과 보기에 힘든 작품 사이

형상도 주제도 휘발해버려 남는 것이 없어진다.

그런 비슷한 케이스를 숨 무브먼트의 〈내밀의 무한〉(아르코대극장, 10.14~15)에서도 체험하였다. 안무가 국은미의 움직임 이론이라는 소매틱 ─ 신체의 지각 능력을 향상시켜 신체와 정신의 이분법을 극복하고 신체와 마음의 유기적 연결을 도모하는 기법이라는 추상적인 관념만 가지고는 무용예술의 형상이 만들어지기 어렵다. 기(氣)철학 같은 관념 어구에다 체조 문법 같은 신체분절적 자태로 몸과 정신, 정신과 마음이 그려질 수 있을까.

그런 데 비하면 비평 불능의 단초를 제공하는 SIDance 2012의 개막 공연 〈검정과 꽃(Negro con Flores)〉은 이해 불능의 온도차가 느껴진다. 유명한 스웨덴의 쿨베리 발레단, 하면 고전발레를 현대적으로 패러디했던 마츠 에크 이름으로 우리나라에서는 더 많이 알려져 있다. 이번 내한 공연 세 단편(〈공연 중〉, 무용영화 〈40미터 아래〉, 〈검정과 꽃〉) 가운데 하나인 이 작품도 종잡을 수 없는 주제의 소용돌이 춤판으로 정신을 헷갈리게 하였다. 〈공연 중〉은 에튀튜드 ─ 글자 그대로 '연습' 그 자체이고 〈40미터 아래〉가 무용영화라기보다 실제 현장 공연으로 임하면 무서운 폭발력을 발휘할 잠재력을 내재했는데 영상으로 보고 그치는 것이 여간 아쉽지 않았다.

〈검정과 꽃〉은 잠/수면(睡眠)의 어둠, 내지 검은 세계와 관련된 꽃 개념으로 붉은 장미를 던지는 이 춤의 놀이는 검정의 밤과 꽃의 성적(性的)인 이미지를 연결하면서 작은 TV 화면에 뜨는 잠자는 무용수들의 표정과 잠버릇 영상을 통해 무대 위에 벌어지는 무용수들의 신체적 접촉으로 잠 속의 잠재적인 성적 발동을 감지할 수 있게(싸이의 말춤 일부처럼) 어둠 속에서 무질서하게 부유하는 이미지의 단편들만 가득하였다. 그것이 이 작품의 주제인가? 만약 그렇다면 이 주제의식은 사상적인 것이

아니고 이미지의 흩뿌림 같은 것은 아닐까? 주제의식의 집중된 추구가
아니고 이미지, 혹은 무용 형상의 난립 같은 아름다움의 추구가 현대무
용의 주제라면 새 개념의 예술들은 인접 예술과 인접 학문의 도움으로
그 예술 영역이 어쩌면 무한히 확대될 수는 있을 것이다. 그러나 그렇
게 되면 예술 양식이나 장르는 한정된 범위에서 벗어나 무위(無爲)의 작
업으로 확산되어 제로로 끝나게 될지도 모를 일이다.

〈춤추는 여인들? 춤에 미친 여인들!〉

그들은 춤추고 싶어서 **미친다**. 무용을 통해 무엇인가 표현하고 싶어
서 가만히 엎드려 있지 못한다. 그들은 무엇을 표현하고 무슨 내면의
그림들을 드러내고 싶어 할까. 춤추지 않는 사람들은 그런 춤추는 예술
가들의 충동을 이해하지 못한다. 리뷰를 쓰는 나도 그들의 내면적 충동
을 두루 알 수가 없다.

춤추는 예술가들은 그들만의 꿈과 그들만의 열정과 그들만의 세계를
간직한 채 무용이라는 몸의 매체를 활용해서 예술적 형상들을 드러낸
다. 그러나 가장 아름다운 그림도 보는 사람에 따라 다르다. 마음에 들
기도 하고 그렇지 않은 경우도 생긴다. 그러니까 모든 사람에게 골고루
감명을 주는 예술은 존재하지 않는 것이다. 그저 자기 좋아서 춤추고
그 춤이 좋아서 그 예술가를 좋아한다. 적어도 나는 그런 자세로 좋아
하는 춤과 좋아하는 무용가를 좋아한다.

〈춤추는 여인들? 춤에 미친 여인들!〉(포스트극장, 10.10~11)은 그런 무
용인 8인을 내세워 춤추게 했다. 임지애 〈불온한 시선 위에 서다〉는
5·18광주가 소극장의 듀엣으로 처리하기에는 너무나 무거운 역사라

는 사실을 일깨워준다. 한지은의 기발한 움직임의 〈흥보가 좋아라고〉
는 판소리 가락의 여운이 컨템포러리화하는 과정에 있다. 김용복의 〈심
(心)〉은 구체적으로 잡히지 않는 마음의 갈래들이 관념의 물결로 굽이친
다. 김은희의 〈못〉은 귀인의 심적 파문을 철저히 계산된 무대 구도로 반
영한다. 김성의의 〈비에 젖은 해금〉은 해금의 가냘픈 선율이 무용수의
넘치는 에너지를 당해내지 못한다. 김효진의 〈처용의 춤〉은 김효진만
의 처용 설화를 만들어낼 가능성이 많다. 김미선의 〈술래야 술래야〉는
친근한 술래잡이 무드를 어렵게 대열화(隊列化)했다. 김선미의 〈볼레로〉
를 보면서 신무용의 최승희가 서양 기법에 민속춤을 담던 역발상이 한
국춤의 서양 리듬 수용이라는 생각이 들었다.

그렇게 표현하는 것 다르고 보는 것 다른 〈춤추는 여인들? 춤에 미친
여인들!〉은 춤에 미친 여인들만이 아니라 춤에 취한 관객들과 함께 여
러 방향의 대화를 가능케 한다.

30년의 예술적 행적과 극적 스펙터클

:〈천형, 그 생명의 수레〉, 〈라 바야데르〉

30년의 아름다움을 간직한 유니버설발레단의 스페셜 갈라

민간 예술단체 유니버설발레단이 창단된 1984년은 한국 예술사의 흐름으로 봐서 획기적인 해라 할 수 있다. 한 세대는 30년을 잡는다. 그렇게 30년에 걸쳐 전막 클래식 발레 〈라바야데르〉, 〈오네긴〉, 〈로미오와 줄리엣〉, 〈백조의 호수〉, 〈돈키호테〉, 〈지젤〉, 〈잠자는 숲 속의 미녀〉, 〈호두까기 인형〉 등이 우리 주변의 일상적 예술이 되었다면 놀라운 변화가 아닐 수 없다.

신예 스타들의 전시와 데뷔 무대가 되기도 한 이번 유니버설발레단의 스페셜 갈라(예술의전당 오페라하우스, 2.21~22)를 통해 유니버설발레단의 30년 역사는 국립발레단조차 확립시키지 못한 전막 발레 레퍼토리 가짓수와 상연 가능성을 높이고 '발레 한류'뿐만 아니라 한국문학의 고전 〈심청전〉과 〈춘향전〉의 발레화를 가능케 하고 있다는 사실이 명기되어야 할 것이다. 최근 2010년대에 들어와서는 컨템포러리 댄스 시리즈의 자유로운 현대적 감성이 클래식발레와 모던발레의 즐거운 상승 효과를 높이고 있다.

특정 종교의 영향력 확대책 일환으로 간주되기도 했으나 이 30년 동안 유니버설발레단이 걸어온 예술적 행적을 보거나 예술감독 문훈숙의 일관된 개인적 활동 궤적으로 봐서 이제 그런 종교적 주박(呪縛)은 한국 발레 역사에서 지워버려도 될 때가 된 것처럼 보인다. 어떤 다른 종교 집단이나 사회단체도 문화예술적 기여도로 봐서 유니버설발레단만 한 업적을 쌓은 적이 없고 그만큼 한국발레의 발전상은 유니버설발레단을 제쳐놓고 말할 수 없기 때문이다.

한 세대의 역사 — 30년을 반영한 유니버설발레단의 관객감사축제인 스페셜 갈라는 유니버설발레단이 만들어낸 '아름다움의 30년'의 기념탑이자 동시에 한국 발레무용사의 발전사이며 예술 명품의 향기 그 자체였다. 〈라 바야데르〉의 망령들의 왕국 신이나 〈잠자는 숲 속의 미녀〉의 로즈아다지오, 〈돈키호테〉의 결혼식 파드되, 〈오네긴〉의 회한의 파드되, 〈해적〉의 파 드 트루아 등등 제1부는 클래식 발레의 양식성과 균재미(均齋美)를 자랑하는 유니버설발레단만의 예술적 편린을 통해 전작 발레 드라마를 떠올리게 만든다. 고운 선율과 무대장치로 유니버설발레단의 신뢰할 수 있는 발레 기량이 마니아들의 탄식을 절로 자아내게 만든 이번 기획은 획기적이었다.

1부의 고전 양식에 비하면 2부는 모던발레의 촌극(寸劇) 드라마가 발레의 기품을 젊은 열정으로 드높인다. 〈심청〉과 함께 제2의 한국 창작 발레가 될 유니버설발레단의 야심작 〈춘향〉의 춘향과 이도령의 사랑의 파드되(황혜민, 엄재용 커플) 및 선비들의 군무는 기대를 걸 만했다. 프로그램대로라면 맥밀란의 〈로미오와 줄리엣〉의 발코니 파드되를 볼 수 있었을 것이다. 그러나 이반 푸트로프의 불참으로, 서희의 솔로 〈녹턴〉과 유니버설의 〈블랙 케이크〉 군무로 대체되었다. 갑작스러운 변동 사항을 안내하는 사전 멘트가 없었던 것이 유감이다.

탄력 넘치는 움직임과 사운드의 〈인 더 미들〉, 마력적인 에너지의 〈두엔데〉, 슈투트가르트발레단 전 안무가 더글라스 리의 〈팡파르 LX〉와 이고르 콜브의 〈솔로〉, 그리고 피날레를 장식한 〈마이너스 7〉은 커튼콜을 축제의 뒤풀이로 만드는 발랄한 현대 감각으로 유니버설발레단의 또 다른 창조의 일면을 보여준 갈라판이었다.

유니버설발레단의 30년 역사에 설립자 문선명, 한학자의 이름과 함께 박보희의 이름을 새겨두어야 할 것이다. 동시에 이 30년 사이 명멸해간 유니버설 발레예술의 주역들, 초창기 프리마 발레리나 문훈숙 다음 세대들, 그들의 피땀 어린 공적도 높이 평가해야 할 것이다. 김인희, 박선희, 박재홍, 황재원, 강예나, 엄재용, 임혜경, 황혜민 주역들에 이어 강미선, 이동탁 등이 그들이다. 특히 유니버설발레단 30년 역사에서 최근 10여 년간, 현재를 받치고 있는 스타 커플, 엄재용과 황혜민의 밀도 높은 비중의 성장세를 유념해야 할 것이다. 갈라 공연만 봐도 그 둘의 호흡은 무르녹는다.

공연예술 단체, 발레단이라면 그들이 키우는 스타들의 홍보 효과가 바로 공연 단체의 인기 바로미터가 된다는 사실쯤 누구나 알고 있다. 그런 의미에서 오래 프리마 발레리나였던 문 단장이 단체 운영과 교육 프로그램을 맡는 문화재단 이사장으로 승격되면 그 다음 세대 가운데서 유니버설발레단이라는 단체를 상징하는 주연급 스타의 육성과 그들을 키울 수 있는 격려와 지원이 필요해진다.

손관중의 중후함이 두드러졌던 〈천형, 그 생명의 수레〉

한양대 김복희 교수(현 한국무용협회장)의 퇴임 기념 공연 작품(당사자
는 그런 행사를 마다했겠지만)인 〈2014 천형(天刑), 그 생명의 수레〉(2003년 초
연, 리바이벌 작)은 곱추로 태어난 남사당 어름산이와 노트르담의 곱추를
의식(意識) 안에서 엮어 불교적 윤회 사상으로 현대화한 무용도(舞踊圖)
이다. 그 그림은 초·종장을 합해 10장으로 구성되는 서사성 짙은 춤의
드라마다. 문둥이나 곱추로 태어나는 천형(天刑)의 지체부자유아를 하늘
의 '점지'로 체념했던 봉건사회의 의식은 어쩌면 지금도 살아 있는 천벌
의식일는지도 모른다.

남사당 같은 민속 주제와 불교 사상, 그리고 현대무용이 어우러지게
하는 주춧돌로 남성 주역 손관중(한국현대무용협회장)의 중후한 무게감이
한몫하였다.

선행 소품으로는 김복희 독무인 16분짜리 〈삶꽃 바람꽃 5 ― 눈길〉이
신작으로 선보여지고 소복(素服)의 어머니상이 본격적인 〈천형, 그 생명
의 수레〉의 종장(終場), 살풀이의 흰 수건 이미지와 여운(餘韻)처럼 겹쳐
진다.

〈삶꽃 바람꽃〉 시리즈가 다섯 번째이고 〈눈길〉이 소설가 이청준의 작
품 이미지를 따온 것이라 해도 아들을 그리는 모정(母情)은 여러 겹의 윤
색이 가능하고 큰 생각의 프레임 안에서는 불교적 윤회 사상과 이어질
수 있다. 그렇게 곱추로 태어난 어름산이에 투영된 김복희의 여성적 감
성은 유교적 인(仁)과 다를 것이 없고 기독교적 박애 사상과 진배없다.
나이 들어서 깨달아가는 삶의 무게는 그렇게 영원히 무거운 짐을 짊어
지고 걷는 목숨의 순례길이다. 유랑한 순례곡예단의 각종 기예와 그 배
경에 스며 있는 애상(哀傷)의 애잔한 사랑과 그리움을 그려내는 그 나이

들의 현대무용 테크닉이 중후함과 신진들의 발랄함으로 교직(交織)되어 있다.

춤이, 무용예술이 바로 천형, 하늘이 내린 굴레이고 그것도 어쩔 수 없이 받아들여야 하는 목숨의 숙명 같은 것이라면 춤이 현대무용으로 화할 때 가장 아름다운 사상으로 극채색을 띤다.

이 작품은 초연의 올드 드림팀과 다음 날의 뉴 드림팀을 다 보고 논평하는 것이 옳다. 그러나 초연 관람 기회를 놓쳤던 내 입장에서는 손관중, 김남식, 이정연, 박은성, 문지애 등의 중량감이 주제 설정에 신뢰감을 실어준다. 김복희 안무력의 특징은 입체적 구성력과 형상력의 조성에 있다. 일상적인 남사당놀이를 통한 인생의 깊이를 표출하는 불교 윤회 사상의 무용 선교는 어쩌면 바로 '삶의 암유(暗喩)', 그것일 수도 있을 것이다.

1971년, 일찍이 담대하기 이를 데 없는 두 젊은 현대무용가 김복희와 김화숙은 그들의 이름을 딴 김복희/김화숙현대무용단을 창단했고 그이후 한국 현대무용계는 참신한 창조의 열풍으로 세대 교체를 이루었다. 10여 년이 지나 그들의 명성이 확고해졌을 때 나는 그들의 개성과 작품 세계의 차이를 들어 두 무용단의 독립을 부추긴 분리주의 논객이었다.

이번 〈천형, 그 생명의 수레〉의 종장에서 소복한 씻김굿의 모정을 육화한 김복희 등장과 함께 연상된 것이 광주민주화운동을 제재로 한 3부작 〈그해 5월〉의 〈편애의 땅〉(1997년 초연)에서 이미지로 마무리한 김화숙의 모정의 소복이었다. 가슴 아픈 두 모정. 불교적 윤회사상과 사회의식이 연계되면서 나는 이제 다시 한 번 김복희 현대무용단과 김화숙 사포현대무용단의 통합이 어쩌면 한국 현대무용계를 위한 남북통일의 과제처럼 여겨졌다는 사실을 고백한다.

젊은 창작무용 안무가 배출을 위하여

한국 창작무용 신인 안무가 배출을 위한 현장인 임학선댄스위의 '창작무대(Creative Stage)'(두리춤터 Foyer, 2.22~23)도 벌써 열 번째 돌을 맞는다. 이번 창작무대에는 노한나의 〈미안해 고마워 사랑해〉, 이보름의 〈행복한 사건〉, 김수정의 〈그림자〉, 그리고 박지선의 〈하루〉가 안무작 실연으로 선보여졌다.

차세대 안무가전이 30대 후반과 40대 초반 중진 단원들의 발표장이라면 금년부터 월별로 한 번씩 선보일 〈발자취〉 공연은 30대 초중반 단원들의 발표작 재공연 형식이다. 3월에 발표된 이보름과 박지선의 문묘일무와 창작 〈공감〉, 〈사람내음〉은 창작무대 재공연 작품인 만큼 짜임새가 정리되고 관념의 공감대도 확대되어 있다. 20대 후반이 중심이 되는 '창작무대'는 그 다음 세대의 춤 솜씨와 안무 형태를 가늠해볼 수 있다. 대학 무용과 학부생들의 기량, 맵시와 안무 구성 능력도 경연되는 세태인지라 임학선댄스위의 창작무대는 그들 나름의 춤에 전심전력하려는 젊은 열정과 안무 방향의 모색이 핵심 과제일 수 있다.

이보름의 〈행복한 사건〉은 아기 엄마가 되는 미묘한 여성 심리를 주제로 담는다. 이보름의 독무와 대응하는 세 사람의 입체(立體)와 뻗친 리치, 그리고 펼쳐지는 손가락 마디의 정감은 아이 엄마가 되는 책임감, 사랑, 그리고 가장 행복한 두려움을 무리 없이 표현한다. 두 번째 무대인 김수정의 〈그림자〉는 최형태의 시제(詩題)를 주제화했다. 김수정의 춤사위는 창작무용의 한국적 정취보다 현대적 율동감과 감성이 날카롭다. 노한나의 〈미안해 고마워 사랑해〉는 떠나간 사람에 대한 하얀 백의(白衣)의 한국적 정서를 추체험(追體驗)시킨다. 그의 특이한 마스크와 함께 솔로의 정중동이 많은 서사(敍事)를 내포한다. 마지막 박지선의 〈하루〉는 스물네 시간 안에도 무수히 바뀌는 의식과 움직임의 선을 추적하면서 어린 세대와 성인의 하루를 대비시키고 있다. 가장 인상적인 박지선의 성장은 천연스럽게 풍겨나는 에로스의 분위기 조성이다.

창작무대의 주제 설정과 그 전개를 어떻게 보여줄 것이냐가 무엇보다도 젊은 안무가 개개인들이 고민해야 할 핵심과제임을 다시 한 번 당부하고 싶다.

강수진 신임 국립발레단장의 첫 작품 〈라 바야데르〉

전막 발레 〈라 바야데르〉에 대한 기억은 예술의 스펙터클 같은 화려함이 전면에 남아 있다. 인도 천민 계급을 뜻하는 바야데르 출신의 무당과 권력지향적 인간 군상 사이의 이야기 서사 자체가 일종의 스펙터클인 것이야 부인할 수 없는 전제가 된다. 그러나 그 스펙터클 요소는 시각적인 화려한 측면과 드라마틱한 극적 전개로 나뉠 수 있을 것이다.

유니버설발레단 버전이 시각적 스펙터클 효과가 높고 국립발레단 버전이 극적 측면이 강한지 알 수는 없다. 워낙 슈투트가르트발레단 수석무용수 강수진의 연기력이 돋보이다 보니 국립발레단장으로서 강수진이 첫선을 보이는 작품에 그런 강한 극적 스펙터클을 옮겨다 놓을 것 같은 전이(轉移) 심리가 작용할 수도 있다. 〈라 바야데르〉(예술의전당 오페라하우스, 3.13~16)는 그의 단장 취임 첫선 작품이긴 해도 전임자의 확정 스케줄에 따른 첫선이고 보면 신임 단장에 기대하는 바람이 이 작품에서 극적 스펙터클을 전이받게 될 가능성은 별로 없을 것이다.

실제로 전막 발레 〈라 바야데르〉의 1막은 인도의 무희 니카아와 전사 솔로르의 사랑에 브라만 제사장의 삼각관계가 핵심을 이룬다. 굿당에 소속된 무녀(巫女) 무희에게는 세속적 남녀 사랑이 터부일 수밖에 없는데 거기에 성직에 있는 제사장의 사심(私心)까지 끼었으니 극적 고조는 높아질 수밖에 없다. 그러나 서스펜스만 가득하고 사랑의 복선은 줄거리 어디에서도 감지되지 않는다. 그런 정황이 2막 왕궁 장면 — 전사와 공주의 결혼식에서 완전히 필연성을 상실한다. 권력을 위해 감자티 공주를 선택하는 솔로르 전사의 내면세계는 드러나지 않는다. 그 자리에 나와 있는 제사장은 꿔다놓은 보릿자루 같고 독사에 물려 죽는 무녀 니키아는 클레오파트라의 고사(故事)를 옮겨다 놓은 것뿐이다. 그 정도를 가지고 극적 스펙터클을 내세울 수 없다. 복선이 모자라고 서스펜스로 끌어가는 서사는 주역 무용수들의 내면 연기력이 보완할 수 있다. 그런 점에서 신임 국립발레단장 강수진의 국제적 명성과 개인적 연기력 및 기량이 그대로 국립발레단에 옮겨오지는 않는다는 점이 확실해졌다.

〈라 바야데르〉의 극적 표현은 능숙하다 할 수 없으나 서정적인 분위기 조성에 익숙한 국립발레단이고 보면 1, 2막의 드라마와 3막 망령들의 나라의 서정성이 조화롭지 않은 구성임이 분명하지만 이 종장이 들어서 비로소 발레 안무의 힘이 발휘된다고 봐야 할 것이다. 극적 구성에서는 흠집이 드러나지만 발레 안무로서는 가장 형상력과 이미지의 효력 및 서정성이 뛰어난 3막에서 전막 발레의 진미를 맛볼 수 있으면 안무가 유리 그리고로비치(Yuri Grigorovich)의 이름을 작품 〈스파르타쿠스〉와 함께 기억해내면 마음이 흐뭇해질 것이다.

공연예술의 풍경과 한국춤의 흐름

문화콘텐츠의 시대, 예술의 기적

: 〈금면왕조〉, 〈휠체어 무용 이야기〉, 〈신화상생〉, 〈호두까기 인형〉의
한국화, 그리고 〈Dead Man Walking〉

주중한국대사관의 개방과 문화 공간화

지난 10월 18~22일 중국 북경 주재 대한민국 국경일 기념 리셉션 자리에서 〈The Sound of Korea〉라는 한국현대미술전과 일련의 문화예술 행사로 주중한국대사관저가 북경 시민들에게 오픈되었다. 이는 보수적인 권위주의적 관변 대사관저의 '문화 공간화'라는 측면에서 최초의 과감한 조처로 세계의 전파를 탔다. 주중 외교계의 민주적 돌출 행사로 그 창의성이, 특히 모방을 창의성으로 바꾸는 데 있어서 천부의 재능을 지녔다는 일본대사관 측의 큰 관심사였다는 후문도 있다.

나는 '대사관 공관의 문화 공간화'라는 사실에 주목해서 북경 간 길에 이 행사의 숨은 주역인 유지혜 대사부인을 만난 자리(10월31일)에서 한국현대미술전에 '한국의 소리'라는 주제를 내세운 뜻을 물었다. 본인 자신이 한국 클래식 하프 연주계 1인자인 그가 소리를 빛(미술)과 연계한 기획 의도는 총체적 예술의 현대화에 있다. 영국이나 일본, 인도, 러시

아 등 세계 각국의 대사관들이 그들의 국경일 리셉션 자리에 선별적으로 주재국 귀빈들을 초대하면 대개는 그들의 전통음악이나 무용을 피로하는 것이 기존 관행이었고 한국도 예외는 아니었다.

그러나 대사관 공관을 오픈하고 우리나라의 문화 공간으로 탈바꿈시킨 이번 기획력은 한국 대사관저의 공간 배치도와 관련도 있어 보인다. 크고 작은 대소 회의장과 연회실, 그리고 귀빈용 접대실에다 독립된 단정한 영현재(迎賢齋) 한옥의 분위기는 바로 차분한 한국 문화 공간으로 손색이 없다. 이 공간에 무엇을 채우느냐는 소프트웨어의 감성에 달렸다. 이번 미술 전시는 표갤러리가 김창열, 이용덕, 최영욱, 배병우 같은 중진들의 중후한 작품만이 아니라 참신한 현대 작가들, 이승구, 김병주, 이학술 등의 작품들을 단·장기 대여와 기증 형식으로 전시하여 문화 공간의 격을 높이고 있다.

전통음악과 민속무용의 공연장처럼 인식되어버린 기념 리셉션 자리의 전시 관광 품목을 지양한 채 순수한 현대예술 전시로 주재 시민들을 예술의 향기로 감쌀 수 있으면 앞으로 한국의 현대 클래식 음악이나 발레·현대무용 공연 공간으로서, 혹은 전위적 현대예술의 진수만을 담는 총체적 융복합예술의 문화 공간화도 실현될 수 있을 것이다. 그런 가능성으로 해서 한국대사관 공관의 유연한 발상과 변신이 문화 콘텐츠의 시대에 알맞는 즐거운 상상력을 키워낸다.

공연예술의 품격과 한국춤의 흐름

장이모의 모작 같은 창작무용극 〈금면왕조(金面王朝)〉

북경 간 김에 장이모의 작품이라는 말에 솔깃해서 대형 무용극 〈금면왕조(金面王朝)〉(북경놀이터대극장, 11.1)를 감상했다. 이상하게 중국 공연장에서는 프로그램을 살 수 없다. 극장 벽면에 간략한 해설문이 뜨지만 작가나 감독, 안무, 연출, 주역들의 이름을 읽어내기가 쉽지 않다.

〈금면왕조〉는 황금으로 치장된 왕조, 어쩌면 자본주의 경제 체제에 대한 심각한 현대적 비판을 신화 형식으로 풀어낸 현대 중국의 극장 물량주의 쇼처럼 보인다. 남빛으로 무장된 남면왕 군대는 남성들이고 금빛으로 치장된 금면왕조는 모권사회의 신화적 산물이다. 여왕국을 공격하는 남면 군대의 전투적 물량주의는 조명, 의상, 음향, 무대장치, 대열 등 집단 동원에서 장이모의 특기를 차용한다. 어떤 시각적 극장적 놀라움이 주어질까 하는 기대의 시야에는 몇 년 전 곡부에서 보았던 〈공자〉의 엄청난 물벼락 홍수 장면 재현 외는 야단스런 경극식 대형 뮤지컬 인상이 전부였다. 무대 전환이 자유롭고 조명은 황금 가면과 남빛 무구로 범벅이 된 입체들의 부동성(不動性)과 대비되는 무예, 체기(體技), 곡예적 동작 등을 무용극으로 표방한 것은 드라마로서의 무용을 너무 의식한 탓이 아닐까.

〈금면왕조〉는 중국 고대 문명 '삼성퇴' 모티브의 로맨틱한 이야기라지만 외국인에게는 낯선 신화 전설일 수밖에 없다. 동화 같은 소녀의 꿈에 나타난 신수(神樹)와 하늘과 땅을 잇는 평화의 다리 건설을 핵심 주제로 삼는 줄거리는 전쟁 중에 만나고 건설 작업 가운데 서로를 알아차리고 달빛 아래 사랑하고 제의와 축제를 올리며 헤어지는 감정 라인을 극 속에 지속하면서 지혜, 관용, 믿음, 큰 사랑이라는 금면 여왕의 품격을 찬양한다. 이 신화 전설은 모계사회의 남권(男權) 이입 과정을 보여주는 문화인류학적 해석 가운데 현대 사회주의 중국의 건설상을 이데올로기적으로 편성한다. 남성인 남빛 군단의 용기와 정복욕과 수난에 대비되는 금빛 여왕국의 부드러움, 믿음, 사랑을 강조하는 계몽주의적 취지도 두드러진다.

문화콘텐츠의 시대, 예술의 기적

하늘과 땅을 잇는 통천신수(通天神樹)는 평화의 상징이다. 이 다리를 놓기 전에 여왕과 남면왕은 화해한다. 축제가 벌어지고 음양이 화합하고 온갖 길조 ― 특히 하얀 공작새의 등장이 인상적인 가운데 느닷없는 시련이 닥친다. 물량 공세의 하이라이트는 무대를 휩쓸듯한 물의 홍수다. 시련을 극복하기 위해 왕권을 이양한 여왕은 아름다운 태양조가 되어 왕국을 다음 세대에게 물려주고 수호신으로 조국을 지킨다는 이 대형 무용극은 미국 라스베이거스 대중 예능 수준 공연물이라기에는 줄거리의 정비와 디테일에 있어서 너무 거친 측면이 많다.

장애의 극복과 예술 창조의 예증 ―〈휠체어 무용 이야기〉

2013년 (사) 빛소리친구들(대표 최영묵)의 정기 공연이라면 그냥 평범한 무대 한판 놀이쯤으로 생각하게 될 것이다. 빛소리친구들 하면 조명음향 기획사로 잘못 알아듣기 쉽지만 이 단체는 '장애인 무용 공연예술' 활성화를 표방하는 예술단체다. 우리가 모르는 동안에 Fun Art Company의「한국 장애인 무용 현황과 미래」심포지엄(2011.3.12) 결과보고서도 나와 있는 실정이다.

〈휠체어 무용 이야기〉(일산 아람누리 새라새극장, 11.8)이라고 해도 감 잡기는 쉽지 않을지 모른다. 그러나 장애인 예술가라고 해서 스타로 탄생될 수 없다는 편견은 이제 시정할 때가 되었다. 대중 가수들 가운데는 이미 장애를 넘어선 스타들을 만날 수 있다. 그러나 몸으로 표현해야 하는 무용예술 분야에서는 아직 스타급 장애인들을 배출하지 못했다. 그러나 장애를 극복한 무용예술가의 출현을 기대할 수 있을 만큼 우리 문화예술계가 성장해 있다는 사실은 확실하다.

KBS 일요 프로그램 〈강연 100℃〉에서 휠체어 무용가 김용우 이야기를 들으면서도 현실적으로 그의 공연이 가능할까 의심했던 나는 확실히 기성 관념과 편견에 사로잡혀 있었던 것이 사실이다. 〈휠체어 무용 이야기〉의 세 작품 가운데 〈화랑, 검의 노래〉에서 김용우만이 아니라 전승훈, 최종철, 김정훈이 휠체어 신세를 지면서 S.P. 김진구, 정문주, 박소영, 황인정 등과 함께 쌍무로, 4인무로, 군무로 입체를 이루며 무대를 누비고 신라 황창랑의 전투 장면까지 형상화해낸다. 표현 못 할 영역이 없는 것이다. 장애는 불편일 뿐 예술 창조의 걸림돌이 될 수 없다는 사실을 입증한 이들은 다른 무용수들과 함께 무용 구도의 요소와 그 일각을 받쳐주며 불비한 다리 대신에 팔동작과 몸 움직임으로써 무용예술을 만들고 있었다.

안무의 이애현은 검무의 기원이라는 황창랑 모티브를 넘어서서 작품 〈산다는 건〉에서는 전통 예능인 남사당패의 민속놀이적 요소(줄타기, 버나, 살판, 덧뵈기 등)마저 도입하여 장애를 넘어선 남녀와 우리 공동체의 삶과 의식을 고양시킨다. 상모돌리기나 무등태우기 같은 남사당패의 곡예 기술은 사회적 핍박의 마이너스 역발상을 가면과 장애예술가들의 역경에 대입시키고 삶의 중압을 경량화시키려는 몸부림이다.

인생을 줄타기로 비유하는 이 집단놀이가 빛소리친구들의 의향대로 예술작품으로 살아남으려면 보다 집약적이고 단순화되는 안무의 과정을 거치면 될 것이다. 그만큼 장애를 통한 예술정신의 성장에 대해서 우리는 미래를 낙관할 수 있다.

〈어머니의 하루〉(안무 이미경)는 장애예술가가 동참하지 않은 대구팀의 공연이었지만 장애인 의식을 작품 가운데 녹여놓은 현대무용이다. 시각장애를 앓는 아이를 가진 어머니의 하루를 통해 장애인과 그 주변 부모 형제들과 이웃 공동체가 서로 돌보며 고난과 시련을 극복하는 예술 형식은 인간의 박애 정신과 상통한다.

전통무용에서 현대무용 및 발레 분야까지 확대되는 불가능의 가능은 이제 음악, 미술만의 개인 작업만이 아니라 무용, 연극 같은 종합예술 분야에서 더욱 그 영역을 확대해나갈 전망이다. 뿐만 아니라 더 나아가 새로운 예술사조, 예컨대 융복합, 컬래버레이션 형식으로 확대되면서 다른 장르, 곧 디자인, 패션, 영상 조명 등등 분야에서도 장애를 넘어선 예술 창조가 이루어지는 날이 올 것을 기대할 수 있다.

대학 동문 무용단의 굴레 — 김운미의 〈신화상생〉

김운미무용단의 창단 20주년 기념 공연은 〈신화상생〉(호암아트홀, 11.19)이었다. 〈신화상생〉 공연으로서는 세 번째(첫 번째 2010년, 두 번째 2012년)이다. 이번에는 김운미의 독무 〈승무〉가 먼저 선보여졌다. 아마 그의 한양대학교 무용과 교수 취임 20주년을 기념하는 행사의 첫머리를 얹는 독무였을까. 그러나 그 〈승무〉와 〈신화상생〉은 관계가 없다.

이른바 '우주론'이라는 코스몰로지(cosmology)는 한국적 소재일 뿐만 아니라 종교학과 문화인류학의 기원적 우주탄생론이다. 그렇게 일월성신이 생기고 동식물과 인간이 태어난다. 이 생명의 에너지가 풍요 제의의 기본적 신화 모델이다.

영상 테크놀로지의 융합 댄스 퍼포먼스 〈2013 신화상생〉은 그런 우주창생과 풍요 제의의 상생 모델을 사계(四季)로 잡고 1장 겨울은 블랙, 2장 봄은 블루, 3장 여름은 레드, 4장 가을은 화이트 색감으로 영상 테크놀로지의 시너지 효과를 노린다. 그리고 에필로그는 한국무용의 특질인 신명풀이와 자축인묘의 12지간(支干)으로 계절을 맺는다.

신화의 스토리텔링 서사를 드러내지 않고 사계의 시동을 겨울에서 가을로 잡은 품이 봄, 겨울로 여닫는 여느 상식적 발상과 다르다면 다른 반면 집단군무가 승한 김운미무용단의 무용 형상이 레드 영상과 맞는 것은 융합 댄스 퍼포먼스의 총의(總意)가 남성 집단 군무의 활력에 많이 의존한 탓인지, 아니면 한국적 무용 아카데미즘의 학구적 자세와 무대 실연의 괴리(乖離) 현상일지도 모른다는 생각이 든다.

한양대학교 한국무용학과 전임인 김운미 교수가 제자들을 데리고 김운미무용단을 만들지 않았다면 그런 겸양의 소극적 발상 자체가 한국무용계와 대학 무용학과 전반으로 봐서는 여간 괴이한 일이 아닐 것이다. 대학 무용학과들이 생기고 졸업생들이 나오고 석·박사 학위를 주기 시작하면서 독일 학제의 마이스터 제도처럼 한 사람의 전임교수 밑에서 공부한 무용과 출신 무용수들은 다른 계열에 줄 설 수가 없는 것이 한국대학무용과 출신들의 덫이며 전통이자 숙명이 되었다.

지도교수의 재능이야 어떻든 전국 대학 무용과 지도교수 밑에 그만한 숫자의 무용단들이 만들어진다. 재능이 뛰어난 소질 있는 무용수도 대학 한번 잘못 들어가 줄 한번 잘못 서면 그 천재적 자질도 영원히 꽃을 피울 수 없는 것이 한국 무용계, 내지 대학 동문 무용단의 굴레이다. 서울대학교 교수 취임으로 전국의 수재들이 그 전문 영역 휘하에 줄 서기하는 것과 다를 바 없다. 그런 현상을 다 알면서 무용 교육 시스템을 개혁할 수 없는 우리 무용계의 현황이 안타깝다.

전임이 되기까지 그렇게 열정적으로 창의적으로 작품 활동을 해서 주목을 받던 젊은 무용예술가가 어느 무용학과 전임이 되고 교수가 되어 교육자가 되면 예술적 편린들이 사라지는 것은 어쩌면 당연한 현상일지 모른다. 굳이 힘들게 작품 활동 않더라도 제자들은 따르고 급여와 사회적 예우도 받게 되어 있는 묘한 예술 공화국 대한민국에서는 예술

실기 전공 대학 과정인 한예종조차 전임예술가의 천재성을 갉아먹는 검은 늪이 된다. 예술가는 줄어들어 소수가 되고 무용 교육자만 양산되어가는 것이다.

따라서 당연히 김운미 교수가 부임한 지 20년이 지나서 한양대학 무용학과 동문 한국무용단이 생기지 않는다면 그런 현상 자체가 이상하다. 대학 동문 무용단은 한국무용만이 아니라 현대무용, 발레 할 것 없이 대학 무용학과 동문 무용단 창단의 비화이다. 좀 객관적인 시선으로 무용계를 우려하는 인사들은 특정 대학 동문 무용단의 창설자이자 지도교수이고 예술감독이 정년퇴임하기까지는 그 동문 무용단 아무개 교수의 개인 무용단이 되어 지도교수 힘으로 운영되어나간다 하더라도 그 이후가 문제라는 사실을 우려한다.

동문 무용단의 지도교수였던 홍정희의 발레블랑, 육완순의 컨템포러리무용단과 탐(현대무용진흥원), 김매자의 창무회(창무예술원) 등의 역사를 살펴보면 동문 무용단의 성격이 지도교수 입김에서 해방됨으로써 출구를 찾는다는 사실을 웅변으로 말해준다.

그런 의미에서 각 대학 지도교수 아래 설립된 대학동문 무용단의 자연 도태 이전에 지도교수, 예술감독들의 은퇴 이전 이름 빼기, 혹은 사단법인 이름 바꾸기 등 혁신을 통해 영향력 배제와 권한 이양, 뿐만 아니라 석·박사과정을 통한 유능한 제자 예술가 잡아두기 시스템에 대한 의식 전환이 크게 있어야 할 것이다.

〈호두까기 인형〉의 압축과 한국화 시도

11월 중순도 안 되었는데 크리스마스 캐럴이 신명나게 울린다. 그것도 서울에서. 한국식 발레 〈호두까기 인형 in Seoul〉(강동아트센터 대극장, 11.14~15)의 우리식 꿈의 압축 버전의 노래소리다. 그렇게 크리스마스 시즌의 향도(嚮導) 발레 〈호두까기 인형〉이 장선희발레단에 의해 in Seoul 형식으로 한국화된 것이다. 그만큼 크리스마스가 신변 가까운 축제가 되고 〈호두까기 인형〉이 일상적 풍경의 발레가 되어간다는 사실의 증거이다.

귀에 익은 차이코프스키의 왈츠 음악과 함께 하는 마리우스 프티파 안무의 〈호두까기 인형〉은 널리 알려져 있다시피 클래식 발레 세계 3대 명작의 하나이자 열둘 이상의 개정 버전이 나왔을 만큼 발레 안무가라면 한번 도전해보고 싶은 클래식 원전이다. 그리고 이번에 한국의 장선희 안무가 힘겹게 그 작업을 해낸 것이다.

〈호두까기 인형〉은 일상의 현실과 동화나라, 마술나라, 인형나라 같은 비현실의 환상이 빚어내는 꿈의 무대이다. 일상의 현실은 2013년의 한국 서울, 그리고 환상의 비현실은 어린이의 세계다. 마법사로부터 호두까기 인형을 선물 받고 크리스마스 파티의 감명과 흥분을 못 이긴 채 잠든 어린 클라라는 꿈속에서 눈의 나라, 과자의 나라에서 각가지 경험을 겪는다. 그렇게 어린이들은 경험을 통해 성숙해간다.

파티 도중에 잠든 클라라는 문방기구라든지 인형 병정, 쥐 떼 등의 소동을 겪지만 〈호두까기 인형 in Seoul〉에서는 재빠른 무대 전환과 이야기의 압축을 위해 스피디한 다이제스트가 이루어진다. 그래도 한 시간 반의 대작이다. 개인 능력으로 주체하기 어려운 제작이 아닐 수 없다. 이 대규모 공연을 지휘하는 장선희는 중심 볼거리 무대를 위해 파티장과 과자나라의 영상과 채색에 주력한다. 흔히 도입부에서 의외의 환상을 불러일으키던 쥐 떼의 습격은 검은 정령 같은 무리로 바뀐다. 장선희발레단의 클라라(김경림)에 초점을 맞춘 발레단은 객원인 마술사

(진헌재)와 왕자(강민우)에게 의존할 정도로 전속 발레리노들을 키워내지 못했다는 사실에 안타까운 놀라움을 금하기가 어렵다.

마이너스의 힘이 폭발하는 〈Dead Man Walking〉

강시나 좀비가 횡행하는 세상은 음(陰)의 기운이 넘치는 중세적 가톨릭 암흑사회에서나, 도교적 밀교적 구도 속에서 가능한 일이다. 죽은 자가 산 자보다 더 괴기하게 움직이는 현상은 분명 마이너스의 그림자, 곧 부(負)의 세계에 속한다. 그런 상황에 도전해보는 공연예술계는 특히 섬세한 소리나 움직임, 빛의 반응에 주목하는 그룹에서 가능할 것이다. '실험적 예술 및 다양성 증진 지원'이라는 문화예술위원회의 선정 사업이 있어서 Rufxxx와 Foyer가 공동 주최한 〈Dead Man Walking〉(두리춤터, 프리뷰 11.17)은 우리의 무속 굿이나 중세 유럽의 마녀잔치 사바트(sabbat) 민간신앙을 현대의 연행(演行, 퍼포먼스)으로 재현한다.

악마의 향연으로 불려졌던 사바트에서는 모든 마이너스의 힘이 다양한 형태로 모습을 드러낸다. 무엇보다도 억눌렸던 기층 문화권의 잠재 에너지가 엑스터시의 한 절정을 향해 용틀임한다. 그런 중세의 암울했던 어둠의 형상들은 광란하는 음향과 비트는 회전과 도무의 몸짓 속에 잃어버렸던 생명의 리듬을 서로 맞추어볼 수 있다. 그래서 음악과 영상의 김형남이 연출하고 영상과 공연감독을 겸했던 강낙현이 프로듀싱한 〈Dead Man Walking〉의 제1부는 느린 그림자의 걸음걸이와 빠른 춤꾼의 회전 속도가 대비되고 박명의 어둠 속에서 사자(死者)들의 광란하는 소리 1, 2(성규리, 황재상)와 키보드(나탈리), 그림자 1, 2, 3(야콥슨, 류중현, 장세웅)과 함께 전통악기 합주(가야금-박효진, 장구-김건형, 꽹과리-윤하진, 대금-김남옥 등)가 마이너스의 세계를 부활시킨다.

무대는 어둡다. 억눌린 지하 세력은 작은 빛에도 죽은 얼굴을 드러내는 데 익숙지 않다. 어쩌면 민간신앙이나 국악기 반주, 향토축제 같은 것은 햇볕 바른 양(陽)의 권력에 맞섰던 부정의 힘이었을지도 모른다.

1부에 스토리텔링의 서사(敍事)가 전혀 없었다면 인터미션 다음 제2부에서는 그림자들이 어둠속에서 빛의 회전에 맞추어 움직임의 이야기들을 만들어낸다. 그림자들이 죽음의 비석들을 쓰러뜨리며 음의 세계, 마이너스의 힘, 부(負)의 절정은 역전한다. 상하와 좌우, 어둠과 밝음의 가치전도가 이루어진다. 그렇게 되면 마이너스, 음, 부의 세력들이 죽은 자가 아니라 산 자가 되고 산 자들이 죽은 자가 된다. 글자 그대로 죽은 자가 걷는다. 어둠 속에서 살아난 부정(否定)의 존재들이 긍정적 존재가 된다. 음의 마이너스 곱하기 마이너스가 폭발하면서 기존의 우리 의식과 사고를 바꾸어놓으면 사바트 향연이나 굿의 무속이나 전통문화가 새로운 조명을 받게 된다. 그런 예술의 기적이 일어날 수 있다.

긴 여운을 남기는 독특한 공연들

: 〈춘향〉, 〈빨간 나무〉, 〈미궁〉, 〈자유부인〉, 〈Dancing with Karma〉

국민발레를 지향한 국민대학교의 거교적 발레 〈춘향〉

국민대학교가 교명을 활용한 '국민발레'를 내세운 것은 아이디어로
서 높이 살 만하다. 지성의 상아탑이라는 대학의 존재가 너무 일반화되
고 평범해져버린 우리 사회에서 한 특정 대학의 예술적 역량이나 과학
적 역량, 스포츠 역량을 집중적으로 집결했을 때 어떤 대(對)사회적 성
과를 거둘 수 있느냐의 시금석이 국민대학교의 발레 〈춘향〉(세종문화회
관, 9.25~26)인 것이다. 국민대학교는 그 대학의 역량을 예술적 역량으로
문화사회적 시범이 되게 하였다.

예술대학의 무용 파트, 음악, 미술, 의상, 영상 등 각 전공 학과에서
파견·동원된 역량을 하나로 묶고 대학 당국의 재정적 홍보적 미래전
망적 비전이 국민발레 〈춘향〉으로 개화되었다고 보면 된다. 어떻게 보
면 각 대학의 개별화된 동문 음악회, 동문 무용단, 동문 미술전시회로
산개된 예술적 역량들을 총의(總意)로 모아 이른바 협업이라는 최근 문

화예술 성향인, 컬래버레이션(colaboration) 작업으로 지양했다는 점도 평가될 만하다. 국민발레 〈춘향〉을 들어 글로벌 문화콘텐츠로 자부할 만한 근거가 여기에 있다.

총체예술 형식인 발레 〈춘향〉의 핵심에는 한국의 전통적 심성인 춘향과 이 도령의 사랑과 시련이 있고 그에 곁들여

국민대학교 예술학부, 〈춘향〉

코믹한 방자 및 향단, 그리고 월매와 변학도의 대립 구도가 공연의 재미를 더하게 되어 있다. 고전발레의 문법에 따라 안무(문영)는 프로 스타인 엄재용(유니버설발레단 수석/국민대 재학)과 황혜민(유니버설발레단 주역) 커플을 글로벌 한국 문화콘텐츠 국민발레의 중심에 앉혀 아마추어 대학 발레의 수준을 격상시켰다. 「춘향전」으로 익히 알려진 진행 분위기를 살리려는 연출(조홍동)의 민속적 컬러가 발레 기법과 조화되느냐는 별 문제이고 줄거리의 핵심인 춘향과 이 도령의 사랑과 이별, 그리고 어사 출도와 재회는 발레예술의 보편성으로 단순화되는 만큼 순화되어 있다. 국민대 재학 중인 엄재용의 발탁이 국민대학교 동문 발레단의 수준을 프로 발레단 수준으로의 격상시키는 요인이 되는 만큼 춘향 역의 황혜민 영입도 프로 발레 예술가 커플 등단이라 이채를 띤다. 국민대학교 출신 발레 스타 이지선외 월매 역 이미영, 변 사또 역 김선주, 방자

와 향단 역 김광현, 이다혜 등의 조연, 그리고 발레 대형을 형성하는 기본적인 젊은 군무들의 질서감 형성, 특히 일곱 명의 남성 발레리노들의 활력이 돋보였다.

〈빨간 나무〉와 〈Happy Day〉의 산뜻한 니힐리즘

현대무용가 강경모의 작품을 처음 보았다. 프로그램의 안무 의도는 사변적인 기다림이나 희망, 혹은 '부조리로 엉켜진 베케트적 상황'의 삶을 겨냥한다. 설익은 춤꾼들의 미숙한 철학 냄새에 미리 겁먹고 질려 있던 내가 또 꼼짝 없이 이해하기 힘든 난해한 현대 부조리 무용 하나 보게 되나 보다 하고 체념할 수밖에 없었는데, 그게 아니었다!

〈2013 강경모 댄스 프로젝트〉(아르코소극장, 9.27~28)의 두 작품 〈빨간 나무〉와 〈Happy Day〉는 각기 주제 자체가 다르다. 그런 두 작품을 묶은 까닭은 극장 시간 때우기 때문일까. 무용 명작 한 편이 2, 30분짜리면 어째서 굳이 한 시간 무대, 두 편의 소품으로 채우게 하는 운영 윗자리 사람들의 퇴영적인 머리굴림이 한심하다.

〈빨간 나무〉는 희망의 상징으로 보인다. 하필이면 빨간 나무일까. 녹색의 나무 한 그루 키우기 위하여 물뿌리개를 들고 나온 다섯 춤꾼들은 성장의 고통을 몸으로 그려낸다. 빛의 그림자를 밟으며 저마다 걷는 조율된 춤사위는 단조로운 가운데 억제된 고요를 품고 있다. 누워 있기도 하고 혼자 달리는가 하면 서성이고 걷고 부르며 찾는 어스름 속의 탐구는 다섯 명이 순열적으로 들고 나며 하면서 그들의 개별적 욕구를 선명히 눈에 들어오게 만든다. 사선(斜線)의 조명을 타고 걸으며 몸에 글씨를 그리는 디테일이 약한데 그런 가운데 빨간 사과나무의 자극적인 색감이 무대에 생기를 지핀다. 그것이 희망이라는 상징이다.

〈Happy Day〉는 출구 없는 방 같은 커다란 전등갓 아래서 이루어진다. 그림자극인가 하면 무용극이고 무용극인가 하면 그림자극 같다. 원래 베케트나 이오네스크 같은 부조리 극작가들 작품들이 그렇게 종잡을 수가 없다. 그러나 강경모의 〈행복한 날들〉은 그렇게 고답적이지 않다. 우리의 일상이 그대로 행복한 나날이라는 메시지이다. 허효선의 하얀 구두가 핵심적 동인(動因)이 된다. 허효선은 시작부터 유연한 동작으로 부조리의 흐름을 육화해 시선을 사로잡았다. 비정상적 정상인의 비정상이 삶의 모습이고 부조리극이 초점을 맞추는 포인트라면 허효선과 김건중 콤비는 인간적 접촉에 대한 성찰을 보여주면서 산뜻한 니힐리즘의 감초 맛을 낸다.

라비린토스 신화를 빗겨난 늘휘무용단의 〈미궁〉

김명숙늘휘무용단의 한국무용은 늘 결이 곱고 단정하다는 것으로 정평이 나 있다. 이번 공연 〈미궁〉(예술의전당 토월극장, 10.2~3)은 제목 자체가 그리스 신화의 라비린토스(迷宮) 이야기에서 따온 것으로 알고 황병기 명인의 가야금 가락이 어떻게 먼 서양의 신화 세계를 우리 전통문화에 접속시킬지 궁금하지 않을 수 없었다.

그러나 늘휘무용단의 신작 〈미궁〉은 황병기 작곡 〈미궁〉에 만물의 생성과 소멸, 삶의 순환을 점, 원, 태극, 법계도로 푸는 안무가 김명숙의 해석에 밀린다. 그래서 자전적 이야기라고 말하는 것일까. 그러니까 크레타섬의 괴물 미노타우로스를 유폐시키기 위한 복잡한 통로의 궁궐 구조 미궁과는 상관이 없고, 삶의 궤도 자체가 라비린토스의 미궁과 다

김명숙늘휘무용단, 〈미궁〉

를 바 없는 미로 같다면 신화를 빗겨난 늘휘무용단의 〈미궁〉도 출구를 더듬어나가다 보면 현대의 신화와 마주칠지도 모를 일이다. 그렇게 현대의 사색을 점으로부터 확대해나간 무용적 구성은 세 개의 옴니버스 스타일, 곧 첫째 발(發), 둘째 수연(隨緣), 셋째 귀(歸)로 귀결된다. 이런 한자식 구성은 관념적이고 추상적인 한국무용이 즐겨 쓰는 수법인데 무대 형상과는 별 연관이 없는 경우가 많다. 첫 장에서는 점에서 원으로 확대되는 사유(思惟)나 철학이 징소리 같은 단순한 음향에 이끌린 몸짓으로 형상화되느냐가 문제이고 둘째 장에서는 샤콘느의 바이올린 음색과 황병기 가야금 소리가 서로 물리느냐도 문제로 제기될 만했다. 가야금이 그렇게 괴이한 효과를 내서 어쩌면 신화적 세계로 우리를 데려다주려고 했는지도 모른다.

늘휘무용단의 박경은, 이은정, 김민지, 최시원 등의 몸매와 기량은 갈고 닦인다. 모든 단원들이 긴 팔을 들어 올리면 발레리나들의 코르데 같고 하얀 숲을 이루며 그렇게 고혹적일 수가 없다. 그런 현실적인 매력은 삶의 우여곡절을 읊조리는 관념성을 뛰어넘어 셋째 장의 자연회귀적 바람소리 물소리의 바라아제 염불 리듬에서 안무자의 가라앉는 인생관을 어렴풋이 반영한다.

전혀 다른 작품이 되어 돌아온 통속소설과 대중영화

벌써 60여 년 전 과거사이다. 유행 작가 정비석의 대중소설 『자유부인』이 일간지에 연재되고 있던 1954년, 서울 법대 황아무개 교수가 소설 속 시추에이션, 즉 카바레 술집에서 흔들리는 대학교수 부부의 상황 설정을 두고 논쟁을 벌였다. 점잖은 법대 교수와 인기 작가 사이의 논쟁 때문에 그냥 그늘에 묻힐 뻔했던 이 통속소설이 장안의 지가를 높이고 항간(巷間)의 인기를 몰아 56년 영화 〈자유부인〉 흥행도 히트를 쳤다. 평범한 주부 오선영과 남편 장 교수의 일탈이 엉뚱하게 마치 오늘날의 페미니스트 선언 같은 반향을 불러 일으켰던 것이다.

그런 왕년의 한국 대중문화 소재가 최첨단 테크놀로지로 옷을 갈아입은 미디어 퍼포먼스로 재탄생되어 세계적 예술축제 2013 에든버러 국제 페스티벌에서 뜻밖의 성과를 거두고 많은 찬사를 받아 금의환향하였다. 그 무용 미디어 퍼포먼스 〈자유부인〉(예술의전당 토월극장, 10.5~6)이 대중 통속 차원의 굴레를 던져버렸다.

한국무용 출신의 김효진이 국제 페스티벌에서 인정을 받았다는 사실은 이제 한국의 창작무용이 그대로 한국의 현대무용, 세계적 현대무용이 되었다는 사실을 방증한다. 동시에 예술과 최첨단 테크놀로지를 창의적으로 융합시킨 예술감독 김형수로 인해 이른바 문화콘텐츠의 시범이 이루어졌으므로 한국 IT산업의 국제화도 촉진될 것이다. 그들 두 사람이 부부라는 사실도 국제적 컬래버레이션 사조와 전혀 무관하지 않은 듯하다. 그렇게 〈자유부인〉이라는 미디어 퍼포먼스는 한국의 전통무용을 세계화시키는 데 기여했고 동시에 그 효과적인 기술이 부부 합작으로 작품의 예술성을 높여나간다. 2005년 초연된 〈춤을 추며 산을 오르다〉 이후의 미디어 퍼포먼스 버전들은 테크놀로지의 강한 입심 때문에 퍼포먼스도 무용도 밀려나고 조화가 깨어지는 흠이 있었지만 이번 작품에서는 예술과 기술 간의 상승 작용이 크게 이루어졌다. 그렇다 하더라도 2장 자유부인의 카페에서 재현된 영화 〈자유부인〉의 지나친 영상 차용은 통속적 관념을 덧칠했다. 미니멀리즘 회화 같은 김효진의 한국춤은 과거의 맥락 속에서 현대 여성의 진면목을 뜨겁게 달아오르게 하며 혁신적인 비주얼 요소로써 3면의 대형 스크린 속으로 시선을 끌어당기고 무대 위에 형성되는 서양과 한국의 검은 의상의 입상과 동작에 물 흐르듯 한 부드러움의 물결을 이룬다. 한 시간을 바티어낸 김효진의 팔 다리 허리 선이 3면의 영상 조명과 날카롭게 대립적 효과와 조화를 불러 일으킨다.

〈Dancing with Karma〉의 자연, 본능, 죽음

일반적으로 '카르마'를 '업(業)'이라고 번역하지만 업보를 뜻하는 이 불교 용어를 춤으로 해석하기까지는 안무자도 그렇고 여덟 개의 장을 구성하는 개별 주력 무용수들의 고심도 알아줄 만하다. 저마다 여덟 개의 각종 이미지들을 '춤추는 카르마'로 묶는 편집 방법은 주제를 구성하는 드라마의 고저(高低)보다 장마다 드러나는 무용수들의 매력 경연장

같고 주제의식의 드라마를 연결할 고리는 잡히지 않는다. 장 하나하나
가 모두 독립된 카르마이고 그 카르마는 경쾌한 리듬을 타고 놀이의 즐
거움을 뿌려댄다. 최경실 안무는 개별 장의 주무(主舞)들이 지닌 고강도
의 기량을 무대에 무지개처럼 꽃피게 한다.

'신자연주의'를 표방한다는 〈Dancing with Karma〉(서강대 메리홀극장,
10.19~20)는 해골을 들고 나와서 〈죽음의 춤〉을 연상시킨다. 그러나 업
(카르마)이 쌓이고 쌓인 인연의 고리를 통해 윤회하는 세상을 해석하는
철학인 한에서 윤회의 끈은 실타래의 물레라는 상징으로 시작될 수 있
고 그런 인연의 끝이 죽음이라는 종교적 메시지는 어쩌면 상투적 발상
일 수도 있다. 내가 어려서 참선 화두로 얻은 '만법귀일 일귀하처(萬法歸
一 一歸何處)'의 물음도 결국은 죽음에 이르고 그 죽음은 백골로 귀결된
다.

윤회설에 따르면 개로 태어날 수도 있고 늑대가 될 수도 있으며 도둑
이나 바보로 환생할 수도 있다. 아니면 먼 동화나라의 공주 이야기 같
이 천년의 에픽을 펼칠 수도 있을 것이다. 그러나 그런 철학이나 에픽
보다는 발레의 김순정, 한국무용의 김은희같이 그 주변에 짙은 개성적
분위기를 연출해낼 수 있는 무용수의 춤을 볼 수 있다는 즐거움이 여간
큰 것이 아니다. 그들의 빨간 내의나 붉은 외의(外衣)가 관능을 자극하는
본능이며 그 본능이 바로 자연이라고 보면 '신자연주의'는 애써 외면해
왔던 건강한 대지의 자연을 춤에 도입하는 것 외에는 종교적 오의(奧義)
를 차용하는 것밖에 안 된다. 영상을 제외한 여섯 개의 이미지들에 쏟
아부은 최경실의 안무력과 여섯 주무들의 안무적 발상, 그리고 박해준,
류석훈의 연기력, 젊은 정해경, 김나리 등의 파장(波長)이 즐거운 놀이의
물결로 오랜 여운을 남긴다.

풍성한 가을, 차세대 논의와 컬래버레이션

: 〈신들의 향연〉, 〈11분〉, 〈이웃집 할머니〉, 그리고 〈황금가지〉

댄스위 차세대 안무가전 〈Living a Lie〉와 〈고인 물〉

유별난 8월 무더위의 공한기(空閑期)를 끝내고 가을 공연들이 줄을 잇는다. 즐거운 계절이 돌아온다. 그 첫 테이프를 두리춤터의 차세대 안무가전(8.31~9.1)이 끊었다.

차세대 안무가전은 느슨한 세대 간의 신인(진) 무용가라든지 안무가전의 경계와 계보를 보다 뚜렷히 해낸다.

신인, 혹은 신진 세대의 규정이 확실한 것도 아닌데 20대를 넘긴 3, 40대는 애매한 연령이라서 아랫세대에 끼이지도 못하고 윗세대에 눌려 어느덧 중견이 되어간다. 그러나 차세대쯤 되면 20대 후반에서 40대 초반까지의 중견들이 참여하기 쉽다. 그렇게 해서 신인, 차세대, 중견, 중진, 원로까지, 세대별 계층이 확립되는 것이 순리일 것이다.

임학선댄스위 2013 차세대 안무가전의 첫 주자는 김유진과 김보경. 특정 무용단만의 차세대 데뷔가 아니었으면 금상첨화였을 것이다.

경력으로 봐서는 김유진쯤 되면 어엿한 중견이다. 작품은 〈Living a Lie〉. 세속적인 현실에 떠돌고 있는 허위의식을 고발하기는 쉽지 않다. 자칫 잘못하면 예술이 철학이 되어버리기 때문이다. 그래서 타겟으로 삼는 것이 미디어, 광고 같은 실체 없는 영상매체이고 상징적으로 이모티콘 화면 유도이다. 그러고 나서 실체로 춤추는 무용수들의 관계의 이중성이 철학된다. 정향숙, 이혜민, 김동민 등 댄스위의 핵심들이 안무자 김유진의 추상적 관념의 도구가 되어 차세대의 무게감을 느끼게 하는 체험적 이야기 구성을 첨가한다. 여섯 명, 세 명, 독무 등, 그리고 스크린 영상 등이 비중 있는 체험적 서사성으로 형상화되지 못한 것이 아쉽다. 그래서 결론은 거짓된 삶을 회의하는, 사랑의 이중성이라거나 여자로 산다는 현실의 이중성 같은 관념의 과잉을 심화시킨다는 것이다.

정보경의 〈고인 물〉은 두리소극장의 구조적 환경을 계산한 오브제의 활용이 돋보이는 안무 스타일이었다. 뛰어난 무용가인 그가 영상 이미지의 지원 없이 현실 공간의 소극장에서 안무력을 과시할 수 있는 시금석 자리에서 시선을 집중시킨 작업이 벽면 개방과 계단 구조이고 중성 매체인 달걀 박스의 다량 오브제 쌓아올림이다. 특히 오브제 형성이 의도하는 1, 2층의 대조는 어긋지는 무용적 침묵과 1층 벽을 깨뜨리는 순간적 일치가 하이라이트가 되어야 했다. 그에 따라 고인 물의 개념이 달라지기 때문이다. 박완주, 김세정, 조민아의 육감적 실루엣을 살려낸 점, 침묵의 작업을 조명의 후광만 입으며 2층 벽면 쌓기로 성취한 최종인, 그리고 음악적 고저로 참신한 창작을 기대케 한 고지인에 대한 기대 심리가 수확이라 할 것이다.

진오귀굿의 가벼운 패러디 — 국립무용단의 〈신들의 향연〉

〈논개〉를 통해서 국립무용단의 이른바 무용극 시대를 신무용극 시대로 격상시켰다는 평가를 받은 윤성주 예술감독 휘하의 국립무용단이 전통 진오귀굿을 패러디한 〈신들의 만찬〉(국립극장야외극장, 9.4~7)을 선보였다. 신무용극답게 양식이나 의식(意識)상 파격적인 측면을 드러내기는 했지만 채 정리되지 않은 시연 형식으로 끝난 것이 아쉽다. 무엇보다도 굿·제의적 중압감을 털어내는 민간신앙의 코미디 터치 안목은 바리데기의 서천(西天)행과 무장승 대목과 마찬가지로 이승과 저승을 잇는 진오귀굿의 저승사자와 십대왕(十大王) 재판 대목에서 묵은 때를 벗겨내는 가벼운 익살과 변신이 없으면 제의의 현대화는 어렵다.

〈신들의 만찬〉은 제명 자체도 현대적 어감에 어울린다. 그러나 내실은 한국인의 내세관을 반영해서 망자의 넋을 위로하여 극락천도를 기원하는 절차다. 그러므로 망자와 살아남은 유가족, 여기에서는 아들의 끈끈한 인간적 정이 묻어나야 하고 공통분모로서 이승과 저승의 이미지리가 다리 역할을 해주어야 하는 것이다. 따라서 절차상 극적 구성과 저승 신격(神格)들의 성격 조립이 필수적이고 무대미술, 조명, 화장술 그리고 무엇보다 의상 디자인의 도움 아래 무용수들의 극적 표현력이 두드러졌어야 했다. 망자와 아들은 거의 역할이 없고 두 저승사자의 과장된 광대 연기만 유치한 민간신앙을 우스개로 만든다. 남녀 무당들의 곡예적인 입신(入神) 장면은 국립무용단만의 볼거리이다. 왕무당 장현수는 고혹적 미소로 요고(妖蠱)의 짙은 인간화를 십분 발휘하였다.

야외 하늘극장의 기능적 활용이 수월치 않았다. 무엇보다 정면에 마련된 십왕들의 자리는 계단인지 위계질서를 위한 것인지. 전통 민간신앙을 가장 잘 패러디할 수 있는 십대왕의 흰 겉옷과 빨간 속옷, 그리고 메이크업 등도 망자와 지옥도(地獄圖)의 이미지를 드러내는 데 서로 작용하지 못했다. 굿의 현대화에서 어느 대목이 발목을 잡는지. 분명히 저승길을 장징하는 광목 베 찢기의 서정성과 신들의 망자맞이 잔치의 밝고 가벼운 코미디 터치는 새로운 발전 요소가 아닐 수 없다.

문자로 대입된 삶의 흔적 ─ 밀레무용단의 〈비·걸음〉

양정수밀레댄스컴퍼니의 〈비·걸음〉(아르코대극장, 9.6~7)은 '비'와 '걸음' 같은 두 독립된 주제의 작품을 보여주거나 연계시키지 않는다. 좀 독특하게 '비'로 발음되는 날 飛, 비밀스런 秘, 비교할 比, 슬플 悲, 아니 非, 그리고 우리 말 '비'에 연관되는 이미지들을 불러내어 인생길 걷는 걸음에 비유, 대입시킨다. "걸음은 세월을 기억하고 더불어 기록하는 문자와 같다. 걸음이라는 문자는 자취와 흔적을 남기고 그렇게 시간이 된다"라는 밀레무용단 양정수 예술감독의 인사말 그대로 작품 〈비·걸음〉은 그의 인생을 살아온 체험의 표출이고 그렇게 받아들인 삶의 흔적은 제3자가 무어라고 평가할 일이 아니다. 따라서 '비' 발음으로 형성되는 이미지의 나열이 반드시 계통 지어지는 구성상의 질서를 갖출 성질의 것이 아니기 때문에 여섯 이미지들이 인생을 걷는 걸음걸이로 간주되면 반드시 통일된 주제의식으로 집결되지 않는 불안한 여지가 생긴다. 그 불안이 이미지끼리의 긴장을 유발해서 보는 시선을 집중시킬 수도 있다. 먼 배경에 작은 그룹이 만들어내는 원경(遠景)이 마련되고 그 원경은 인생살이의 작은 언덕, 혹은 산 같은 무대 구성으로 마무리되는 것이 특징이다. 남녀 그룹 가운데 남성적 활력이 특히 두드러진다.

이번 공연의 불안스런 앙상블은 '비'의 일치되기 어려운 문자 대입 탓도 있지만 주역 장혜주와 밀레무용단 멤버들과의 미묘한 호흡 불일치에도 원인이 있을 것 같다. 장혜진이 아무리 촉망받는 춤꾼이라 하더라도 밀레의 고정적 멤버가 아니고 보면 예술감독의 혈연적 후광을 입은 듯한 차출과 밀레무용단 데뷔가 팀의 완벽한 앙상블 끌어내기에 작은 걸림돌이 될 수도 있었을 것이다.

새 예술감독 영입과 국립현대무용단의 무서운 저력

국립현대무용단의 인적 구성이 달라졌다. 무용가 김화수 대신 실업가 구자훈이 이사회 이사장으로 취임하고 예술감독도 홍승엽에서 안애순으로 바뀌었다. 전임자들의 노고를 치하하면서 문화예술계 인사는 성과를 보기 위해 적어도 한 10년쯤 갔으면 하는 긴 꿈을 꾸어본다.

안애순 신임 감독의 〈11분〉을 다섯 명의 무용수들이 분담하며 표현해 작품을 만들어나가는 과정에서 '11분'이라는 주제는 무슨 무게를 지녔을까—나는 주제의 표출에 관심이 많다.

파울로 코엘료가 어떤 작가인지도 모르고 작품도 읽어본 적이 없어서 11분이라는 시간에 대한 예술가들의 접근 방식이 어떤 형식일까 하는 미심쩍은 회의는 무용수들의 몸, 신체적 접촉에 대한 믿음 같은 물안개에서 비롯되고 있음에 주목한 것은 무대 조명이 켜지고 난 다음이었다. 거점인 대지가 있어야 춤이 움직인다. 몸이 없으면 춤이 없다—당연한 이야기다. 신체가 엑스터시이다. 엑스터시를 만드는 무용가—누구는 권력이나 돈이, 누구는 지식이, 혹은 자식이 지보(至寶)의 가치라서 그 황홀경을 찾아 거친 현실을 헤매는 것이 세속 시민사회의 구조이다.

〈11분〉은 이른바 사랑이라는 명목으로 술집 바에서 낙화되는, 마리 아라는 소녀의 순결을 애도한다. 애도라고 할 것도 없다. 드라이한 컬래버레이션 작업에 의해 다섯 무용수가 저마다 그들대로 몸, 육체를 엑스터시로 불태우는 작업과 안무를 수행한다. K-Jazz Trio와 자유소극장의 변형 무대와 문자 조명이 허효선, 이준욱, 김보람, 최수진, 지경민의 육체를 통해 예술가의 엑스터시를 11분이라는 이야기성(性) 줄거리에 담아낸다. "섹스를 말하는 것은 아니다"라는 단서(但書)의 의미를 알기까지는 섹스를 빗댄 바나나가 왜 이 작품에서 그 천격을 드러내어야 하는지 알지를 못한다. 몸이 황홀의 극치이고 세속적 섹스의 보조 수단이 권력이거나 돈이거나 지식이거나 간에 예술로 몸을 갈고 닦아 엑스터시를 체감하는 예술가들, 무용수들은 신의 축복을 가득히 받은 존재임이 분명하다. 무용예술이 세속성을 이겨낸다. 예술의 승리는 주제를 표현해낼 수 있는 능력을 스스로 계발해낼 수 있는 잠재력을 가졌다는 데 있다. 그 근원이 몸이라는 사실이 무용예술가들을 승리자로 부각시킨다. 이 승리의 영웅들은 마침내 그 사고(思考)의 정신적 도야를 통해 예술적 양식의 도야까지 이룰 수 있을지 모른다.

그 무용수들, 국립현대무용단 〈11분〉 공연에 참가하게 된 멤버들은 '앙팡 테리블(무서운 아이들)'인데 전속 멤버가 아니라는 구조와 사실이 이해되지 않는다. 그들을 데리고 작업한 안애순 안무가가 모든 자유소극장 극장 요소들을 활용하면서 대사를 읊고 해설 글씨를 흘리고 현장의 K-Jazz Trio(조윤성, 황호규, 이상민, 이하윤)와 협업을 이루어 융복합적 컬래버레이션 차원의 무용 중심 종합체 작품을 만들어낸 수고를 평가한다.

컬래버레이션이라는 잡탕 종합 형식 — 〈이웃집 할머니〉

컬래버레이션(협업)이라는 말이 나왔으니까 하는 소린데 이 작업은 굿의 원시종합예술 때부터 나온 예술적 과제다. 우리의 전통 탈춤도 협업의 결과임이 분명하다. 단지 문제되는 것은 장르 간의 협업이 제각각이면 잡탕 종합 형식이 되기 때문에 그 과정에 과학적인 논거와 수순, 그리고 예술로서의 세련미가 순화작용을 해주어야 한다는 것이다. 주제에의 집중력을 통해 정신적 도야를 이루고 양식적 도야까지 이루게 되면 새로운 장르 개발도 가능해질지 모른다.

육미영의 〈이웃집 할머니〉(두리춤터, 9.7~8)는 사조로서의 컬래버레이션을 내걸었기 때문에 그 현대 공연 형식의 창출에 관심 있는 시선들이 솔깃할 만했다. 〈이웃집 할머니〉라는 순한 제명이 서사적 내러티브를 간직하고 있어서 어렵지 않게 한 할머니의 일생에 근접할 수 있다. 늙고 소외된 이웃집 할머니의 삶은 이야깃거리를 많이 내포한다. 황혼의 그늘을 주름살과 어기적거리는 몸태로밖에 표현할 수 없는 육미영과 연기자 김용선, 그리고 무대 일각에서 어색하게 기다리던 연주자 주산나와의 협연은 세련되어 있지 않다. 작품 전체의 흐름이 우리 탈춤판처럼 거칠고 조야하다. 잡다한 요소들의 집합체 같다는 인상이 짙다. 늙은이들의 상상 놀이 장면, 치매기의 환영 세트와 작은 전등불에 회상되는 젊은 날의 열정과 반주 음악 등은 육미영의 춤을 기반으로 여러 극장 요소의 협업이라 할 수 있다. 잡다한 것들이 모여서 협업을 이루어 또 다른 양식을 만들어내는 것이 컬래버레이션의 원래 취지일까. 최근 내가 보아온 이 컬래버레이션 작업들은 잡다한 종합판이라서 그 다음 단계의 예술적 성취가 어디일까 묻고 싶어진다.

박명숙댄스시어터의 드라마틱한 시극 ─ 〈황금가지〉

〈2013 박명숙의 춤〉(아르코대극장, 9.13~14)에서 선보인 두 작품 가운데 〈혼자 눈 뜨는 아침〉은 1993년 일본 도쿄의 작은 국제회의장에서 내가 직접 본 것이었다. 벌써 20년 전 일이다. 새 창작품 〈황금가지〉는 1986년 김현자 럭키무용단이 창단 공연에서 선보인 제명(題名)을 그대로 딴 것이지만 고전 『황금가지(The Golden Bough)』는 인류학의 석학 프레이저의 필생의 명저이다.

〈혼자 눈뜨는 아침 1〉은 아주 부드럽고 서정적인 분위기 속에 중년 여인의 심리적 동요가 절절했던 것으로 기억나는데 끝판에 젊은 박명숙이 아침 햇살 속에 가방을 들고 나가는 이미지가 강력한 여운을 남겼던 것으로 기억된다. 이번 〈혼자 눈 뜨는 아침 2〉는 두 쌍의 남녀가 과거와 현재를 오가며 정신적 불륜이 대칭을 이룬다. 그런 내러티브성(性)은 2에서 보다 선명하게 표출된 반면 혼자 눈뜨는 아침에 밤새 번민했던 망상들이 백지 한 장으로 구겨지는 마지막 자세가 포인트이다.

기억과 이미지는 그렇게 달라지는 것일까. 그렇다면 우리의 추억이라는 것도 시간과 더불어 전혀 다른 그림을 그릴지 모른다. 밤새 고민하거나 번민하던 망상의 이미지들은 밤의 어둠이 부리는 요술일 뿐 눈뜨는 아침이 되어 이성이 돌아오면 허깨비 같은 그림자들은 흔적도 없어진다. 그래서 아픈 환자의 밤은 외로운 환상에 시달려 더 고통스러워진다 ─ 오래간만에 본 과거의 명작은 그렇게 회상을 부른다.

이번 〈박명숙의 춤〉의 핵심은 석학의 학문적 업적인 『황금가지』를 박명숙 특유의 강력한 카리스마로 시화하고 극화하고 (무용)예술화했다는 점이다. 시화(詩化)는 이미 엘리엇의 「황무지」와 김기림의 「기상도」가 안무가 박명숙의 선편(先鞭)을 든다. 극화(劇化)는 4개의 장면, 1. 세상의 아

박명숙댄스시어터, 〈황금가지〉

침, 2.근대의 풍경, 3. 태풍 전야, 4. 죽은 자들의 매장으로 클라이막스를 향한다. 현대무용이 된 프레이저의『황금가지』는 '세상의 아침'에서 '죽은 자들의 매장' 같은 민족지(民族誌)의 자연과 풍물을 엮어서 인류의 원초적 심성(心性)을 부각시키고 불확실성의 현대를 문명비평사적 안목으로 조감한다는 뜻에서 예술화(현대무용화)되었다. 그러나 엘리엇의 난해한 시처럼 난해한 박명숙의 댄스시어터이다.

감격량이 남달리 풍부한 연극평론가 이태주 교수가 박명숙의 〈황금가지〉 시연을 참관한 다음 문명비평적 내러티브의 의미 분해는 시적 농축으로 보완될 수 있다는 신념에서 "시(詩)라는 감수성을 이미지와 결합하거나 드라마와 춤을 혼합하되 독립된 장면이 연결되게 하면 줄거리 묘사에서 자유로울 수 있는 방식"을 언급(『몸』, 9월호)했을 때, 그도 어쩌면 시극의 무용화를 연상했을지도 모른다.

그렇게 박명숙의 〈황금가지〉는 문명비평적 시극 형태를 지닌다. 시

「황무지」와 「기상도」의 주제를 걸러내고 나면 (디아나) 숲의 제단을 지키는 사제의 살인과 왕위 등극, 그리고 왕의 살해는 제의학파(祭儀學派)의 고유 메뉴이다. 제정일치 시대의 왕무당, 샤먼 사제, 흉년에 따른 임금의 수랏상, 국무(國巫)의 계보는 우리 고대 신앙 체계에서도 낯익은 풍경이다. 그런 측면에서 나는 프레이저의 원초적 풍경을 많이 기대했는지 모른다.

시극의 고대 신앙적 접근이 가장 알맞은 〈황금가지〉는 문명비평적 안무가의 체취가 강력해서 접근하기 어려운 무게를 갖게 되었는데 깊숙한 무대 배경의 철제 계단, 동영상의 기하학적 도안, 배경 중간에 펼쳐지는 숲과 나무의 명암이 뚜렷하지 않은 게 작은 흠이다. 그런 점에서 가장 선명했던 '죽은 자들의 매장'을 도운 비와 물의 이미지가 은유적으로 작용한 정화와 재생의 모티브들은 살아 있었다. 그리고 보면 박명숙무용단의 멤버들은 집단 앙상블 가운데 춤의 기량과 각자의 캐릭터까지 감출 수 있을 만큼 성장해 있다.

풍성한 가을, 치세대 눈의워 컬래버레이션

신화는 보편화되고 역사는 현실의 열쇠가 되다

: 〈Three Lips〉의 절규

트로이 전쟁의 비극을 번안한 〈Three Lips〉

2013년 국제현대무용제(International Modern Dance Festival, MODAFE)의 개막작 〈바벨〉과 폐막 공연 〈Three Lips〉는 최근에 쉽사리 볼 수 없었던 빛나는 걸작들이었다. 〈바벨〉의 다문화적 기하학적 공간 구성에서 현대 문명의 과학적 첨단을 찾던 관객들은 **트로이의 여인들**이 전달하는 말 없는 몸의 문화적 심연에서 영적인 구원을 얻을 수 있었을 것이다.

그리스 3대 비극의 하나인 에우리피데스의 〈트로이의 여인들〉이 바 탕이 된 안신희 안무작 〈Three Lips〉(대학로예술대극장, 5.26)는 유명한 호 메로스의 『오디세이아』의 주제인 트로이 목마에서 출발한다. 그렇게 멸 망한 그 나라 여인들의 참담한, 소리 없는 비명과 아우성이 우리를 전 율케 한다. 여왕 헤카베(안신희), 트로이 전쟁의 원인 제공자 헬레네(이윤 경), 그리고 적장 아가멤논의 아내 신세가 된 카산드라(차진엽) 공주는 전 쟁의 폭력에 까닭 없이 제물이 되고 희생되는 말 못 할 이야기들을 **소**

리 없는 통곡으로 엮는다. 대사 없는 연극, 곧 말없이 몸으로 무용으로 풀어내는 번안된 옛 신화는 현대의 신화로 되살아난다. 세 여인들의 입을 통해 전파되는 말, 곧 연극적 대사가 소리 없는 통곡으로 전달되기에는 몸의 예술인 무용이 가장 적격이다. 몸이 통곡한다. 우는 소리는 들리지 않고 처절한 비명과 절규가 드라마가 된다.

박명(薄明)의 무대 이미지 자체가 드라마다. 이미지 영상도 극적 요소를 지녔고 음악, 소리 한 가락도 미술, 그림 한 자락도 극적 긴장을 높인다. 하물며 무용이, 몸이 드라마가 되지 않을 수 있는가. 어쩌면 트로이의 여인들은 말의 연극보다 말이 없는 몸의 무용으로 가장 강력한 전달력을 확보한 것이다. 그렇게 신화라는 특수한 세계가 무용이라는 몸을 통해 보편화되고 멸망한 나라의 처절한 역사가 현실 인식의 열쇠로 떠오른다. 우리는 그리스 비극의 코러스 양식을 무대 위에 트로이 백성으로 눕혀놓고 한국의 전통 가락을 구음으로 깔아놓은 안무 안신희의 극적 파악력을 높이 평가할 수 있다. 에우리피데스의 〈트로이의 여인들〉이 보편화시키지 못한 패망한 나라의 여인들이 겪었을 비극적 체험들은 2007년 유고슬라비아 여성 연출가 아이다 카릭이 그려낸 전쟁 폭력에 희생되는 위안부 제물로 겹쳐 떠오를 수도 있고 일제의 야만적 폭력만이 아니라 6·25라는 동족상잔의 비극 속에, 가까이에서는 5·18민주화투쟁 과정의 〈임을 위한 행진곡〉 속에 다 품어질 수도 있다. 대립과 갈등의 정점인 싸움의 폭력은 왜 하필 여인들에게, 할머니, 어머니, 그리고 딸들에게 더 그렇게 처절하고 잔인하고 야만스럽게 다가오는 것일까.

박명의 무대 이미지 자체가 드라마라고 말했다. 그런 드라마는 처음부터 안신희, 이윤경, 차진엽의 느린 신화적 움직임으로 서로 조응한다. 붉은 의상의 죽음과 재생의 모티브가 느리고 **빠른** 움직임 가운데 육체의 아름다움을 돋보이게 해서 신화의 전율이 물결처럼 파동친다. 모든 신화의 기적은 신화적 가능성의 속성이고 그렇게 시간과 공간이 세 여인을 둘러싼 채 박명의 기적으로 가능해진다. 신화는 원의 세계에서 이루어진다. 작아지는 조명의 원은 구심점으로 모이고 무용수들과 관객의 시선을 그 힘의 원천으로 끌어당긴다. 움직임의 절정이 조화를 이룬다. 리듬감이 거리감을 조율하고 육신의 질감과 사지의 굴신, 그 율동감이 구음과 전통 가락과 조명 빛 속으로 빨려 들어가 고귀한 세 여인들의 캐릭터가 대칭적으로 조형되어 나온다. 캐릭터는 솔로에서 고집스럽고, 오랜 2인무에서 물소리와 함께 절정의 춤이 되어 트로이의 역사만이 아니라 인류의 모든 전쟁과 약탈과 멸망의 역사를 뼈아프게 회한할 수밖에 없게 한다. 정교하고 은밀한 안무가 너무 잘 되었다는 탄식이 절로 난다. 즐기는 무용이 아니라 고통의 예술이 팔을 뻗으면 그 손끝에서 번개가 일고 가슴에서 흐르는 피는 너무 따뜻하였다. 예술의 승화가 마지막 부분에 가서 코러스의 인간 파도를 타고 넘을 때 제단의 꽃이 바로 무용수의 몸이고 제사를 이어가는 여인들의 탄식이고 집념으로 절규하듯 소리 지르고 백의의 사제 그림이 되어 승천하는 듯한 착시 현상을 일으키듯 했다.

한국춤의 현대적 창작화를 바라며

: 국립현대무용단의 〈벽오금학〉과 국립무용단의 〈단〉

유네스코 세계문화유산에 등재된 한국춤

제27회 한국무용제전(아르코대극장, 3.13~20)에 나온 유네스코 세계문화유산 등재 한국춤 창작무용 작품들은 아홉 개 신작들이었다. 1. 남사당놀이의 〈사당각시〉(채향순). 2. 강강술래의 〈문지기 문지기 문 열어라〉(정선혜). 3. 〈아리랑 수월래〉(최병규). 4. 영산재의 〈나비꽃 한쌍〉(박시종). 5. 판소리의 〈춘향〉(김용복). 6. 종묘제례악의 〈태조의 꿈〉(이경호). 7. 〈아리랑 아리랑 아라리요〉(김남용). 8. 궁정정재의 〈처용〉(김은희). 9. 제주 칠머리당굿의 〈바람아래〉(백정희) 등등. 개막 축하 공연인 종묘제례악의 일무(김영숙), 영산재(김응기, 법현), 강강술래(국립국악원)와 〈태평무〉(박재희), 소고춤(한명옥) 등은 재현 공연이라 치고 최정임 작 〈동백꽃 아리랑〉과 강릉단오제 모티브의 윤덕경 작 〈해가 뜨는 날〉이 창작무용이니까 총 11편의 한국 문화유산이 춤 추어졌다.

한국의 무용 문화유산을 기본으로 해서 창작무용이 작품화된다는 사실은 한국 무용계의 커다란 자산과 잠재력의 발휘라 할 만하다. '전통무용이나 민속무용의 근·현대적 변용'이라는 창작무용화가 이른바 신무용기의 과제였다면 그런 바탕을 확대, 전개시켜 주제의 변용과 표현의 극대화를 노렸던 **창작무용**기에 들어 전통무용을 현대무용의 대열에 올려놓은 것이 무용사적 추세였다. 현대무용으로서의 창작무용이 마침내 전통문화의 뿌리로 다가가 창작 모티브의 실마리를 찾기 시작한 '한국무용의 현대화'는 한국무용연구회의 신화(神話)〉전과 이름을 바꾼 한국춤협회의 이번 세계문화유산 등재전 등으로 한국무용 창작 모티브 탐구를 더욱 확대, 전진하게 만들었다.

신화적이며 전통적 민속적 주제들이 세련되게 현대화했다고 말할 수는 없다. 주제가 어느 한쪽으로 쏠리는 것도 문제다. 예를 들면 친숙한 〈아리랑〉에 치우친다든지 무속신화, 혹은 일제 잔혹사에서 사디즘과 마조히즘을 확대 재생산하려는 무의식이 전혀 없다고 할 수 없는 것이다. 그런 면에서 보면 한국문화 가운데 민속적 주제들은 한 맺힌 피학대 증세를 어긋나게 표현하려는 잠재의식이 없지 않다. 그런 측면에서 유념할 요소들이 유네스코 세계문화유산으로 선정된 한국춤 유산들은 표층적이라기보다 기층적 요소가 많이 선호되었고 생활 속에 배어 있는 역사성이 민속적 전통적 요소로 유네스코 측에 어필한 것 같다는 인식도 있다.

학술 발표와 페스티벌 형식을 내세우던 한국무용제전에 경연 형식의 시상 제도를 도입해서 또 얼마나 시비가 벌어질는지. 이번 11편 경연 심사 결과 최향순의 〈사당각시〉와 정선혜의 〈문지기 문지기 문 열어라〉만 하더라도 유네스코 등재 한국춤 유산의 정수(精髓)로 가려졌다고 장담하지 못한다. 유네스코 등재 춤 유산 창작무용 가운데 '과연 톱클래스답다'를 두고 말하면 사나운 입방아질이 이어지지 않기를 바란다. 이제 시작이다. 창작 모티브와 양식은 시대를 반영하기 때문에 천재의 시대를 거치며 훌쩍 세련되지 말라는 법도 없으니까.

젊은 무용수들의 미래를 타진하는 축제들

젊은 무용수들에 거는 기대는 한국무용의 내일에 대한 꿈의 발현이다. 그들에게 기대하는 꿈의 실현을 위해, 그들을 위한 페스티벌이 벌어지고 여러 경연과 함께 심사와 평가가 이루어진다. 여러 기관이 주관하는 갖가지 이름의 안무가전도 한국무용의 내일을 기대하는 기성세대의 소망의 장(場)이 아닐 수 없다.

창무예술원(이사장 김매자)이 주최하고 포스트극장(예술감독 김선미)이 주관하는 '드림앤비전 페스티벌' 14회를 맞는 소감은 그동안 무용 전용 소극장인 포스트극장 무대를 밟았던 160명의 젊은 무용수들이 더 절절할지도 모른다. 그런 감회는 연 4회에 걸쳐 48명의 젊은 무용수들이 겨루는 (사)무용문화포럼(공동회장 김동호 · 임학선)의 '안무가 시리즈' 참가팀들도 마찬가지일 것이고 M극장(이사장 이숙재)의 '떠오르는 안무가전'의 경우나 한국공연예술지원센터의 '라이징스타즈'도 같지 않을 수 없다.

'드림앤비전'의 홍보람 작 〈낭(郎) — 그 끝에 선 이야기〉, 홍지현의 〈가만히 거닐다〉, 김성의의 〈마마(MaMa)〉 그리고 김정래의 〈Space 2〉는 젊은 의욕이 넘친다. 홍보람은 주제를 따라가지 못했다. 음악에서 말하는 라이트모티브가 주제를 끌고 가는 원동력임을 생각한다면 선행하는 의욕과 관념을 먼저 춤언어로 만들어야 했다. 한지(韓紙) 두건, 내지 가면으로 가려진 그의 마음은 이해할 만하다. 조심스러운 홍지현의 걸음걸이도 이해할 만하다. 접촉의 미학이 현대적 감각을 드러내는 춤의 형상(그림)은 정물화와 달라서 움직이는 것으로 감정이나 심리를 그려내야 객석의 공감을 불러올 수 있지 않을까. 김성의는 김매자 〈춤본 2〉를 모티브로 삼아 어머니를 그린다. 그런 자유가 젊은 그들의 특권이다. 김매자의 춤본 자체가 그의 살아남은 삶의 외피(外皮)이고 보면 그 허울에서 선인들의 빛과 그림자를 느끼는 감성이 예리하다. 굿거리장단에 맞추어 복을 쓸어안는 마지막 장면에서 검은 저고리를 벗는 태가 고왔다. 대체로 주제를 확대하려는 젊은 춤꾼들의 의식이 주제의식을 못 따르고 그만큼 여리고 미숙한 것은 어쩔 수 없다고 하더라도 너무 주관주의에 빠지는 것이 흠인데, 김정래의 공간 관념은 지도교수 김명숙의 무용 공간 개념에서 확보된 것처럼 보인다. 물리적인 공간을 지배하는 선(線)의 개념은 김정래의 신체적 구조에서 선천적으로 유전되어 있고 그 몸의 선이 그려내는 구도는 여러 가지 가능성의 밑그림이 된다. 사각 공간 가운데 중심적으로 선 몸은 기(氣)의 선으로 바뀐다. 공간 확대로 공간 의식을 확대시켜 나가는 그는 따라서 공간 지배 원리의 근간이 되는 몸의 선을 어떤 방사선으로 확대시킬지, 그 성장이 기대된다.

'안무가 시리즈' 중 김나미의 〈허허허(虛虛虛)〉는 허무주의마저 허탈하게 웃으려 드는 공허감의 토로 같은데 왜 군이 산행을 중심 테마로 내세우는 것인지 그 까닭을 알 수 없다. 산꼭대기를 정복해도 그것마저 별게 아니라는 젊은 오기는 어쩌면 유치한 깨달음일지 모를 일이다. 철제 사다리를 옮겨가며 정상에 올라도 '그게 그것'식이라면 조숙한 허무주의 성향이 심화되지 못했다 할 것이다. 정향숙의 〈빨간 구두〉는 빨간 색깔을 주안점으로 검은 의상과 상대되어 흔들리는 심성을 극명하게 그려나간다. 내면적 성장의 표리를 상징하는 빨간 의상과 검은 의상의 이미지는 대결이 아니라 상호보완적으로 서로 아운(阿吘)의 호흡법을 이루어 2인무의 경지를 극적으로 높인다. 그런 점에서 중간에 삽입된 화장하는 소녀상의 서사성은 이중적 덧칠이 된다. 성장을 위한 방황의 이미지에 춤의 감성이 모던하게 보태져서 보는 관객의 시선을 즐겁게 했다. 표상만의 〈00〉같이 표현되기 어려운 주제를 잡는 젊은 오기(傲氣)는 수용해줄 만하지만 결국은 심은용의 가야금과 어우러진 크로스오버 행위는 춤의 연행(演行) 이상도 이하도 아니다. 시작에서 보여준 두리춤터 유리창 밖 인도의 풍경과 퍼포먼스를 안쪽 무대를 끌고 들어와 확대시킨 발상법에 평점을 주고 싶다.

'떠오르는 안무가전'에서 본 것은 박수정의 한국무용 〈길들여지다〉와 이주형의 현대무용 《4.5인치》, 그리고 조용신의 발레 〈1+1+1+1···〉였다. 길들이고 길들여지는 의미를 박수정은 긴 사지의 쭉쭉 뻗는 공간 지배로 과시하고 보지도 듣지도 말하지도 않는 인내의 미덕으로 받아들인다. 끝부분의 2인무가 수준급이었다. 이주형의 현대무용은 의미심장하다. 각자가 스스로 만들어놓고 닫아놓은 창 안의 풍경은 스스로의 감옥이다. 소음의 고통과 전기 고문 같은 네 명의 앙상블과 박명 속의 스마트폰 켜기의 사태를 겪고 시작과 끝의 조화를 이루는 구성력이 큰 작품의 가능성을 보여주었다. 조용신은 대중사회의 고독을 이야기하지만 후반에 가서 남녀 듀엣, 3인무, 솔로, 그리고 4인무를 통해 구조적 구성적 미학을 엿보이게 한 점을 평가할 만 했다.

그 밖에 〈Livesculpture〉(청담모아레화랑, 4.13~23) 전시는 대리석 조각의 변형 속에 정적인 조형 이미지와 동적인 무용 이미지가 얽힌다. 공연예술의 융복합 형식을 미술, 무용의 협약 코드로 꾸미는 컬래버레이션 선언은 꾸준히 이어지고 있는 젊은 예술가들의 지향점이다. 장르 상호 간의 영역을 확대하려는 시도는 조각가 이은우의 〈뉴 오브 월드〉 주제가 핵심이 되어 다운증후군 얼굴 조각들과 함께 대중문화의 상징인 타이슨, 마릴린 먼로의 캐리커처 표정 속에 현대의 블랙홀 같은 주관적 감정을 담는다. 컬러풀한 발레리노들의 작은 그림 조각들은 작가의 새로운 변주다. 김주헌의 무용팀이 겹겹으로 쌓은 다운중후군 대리석 조각 사이를 맴돌며 '스타 사인'의 주파수를 그리며 움직임의 선이 정적인 조각의 주제를 잇는다. 무용의 기호화가 조형의 내재적 영감을 끌어내는 '생동하는 조각미술' 기획이 또 다른 총체예술적인 트렌드가 아니라고 아무도 말할 수 없다.

차라리 도원경 향수가 그리운 국립현대무용단의 〈벽오금학〉

『벽오금학도』가 무엇인가. 이외수의 얇은 감성소설을 읽지 않은 사람이 홍승엽의 현대무용 〈벽오금학〉(예술의전당 토월극장, 4.5~7) 공연만 본 경우라면 그의 선경(仙境) 입경담(入境譚)은 도무지 무슨 이야기인지 알 수가 없을 것이다. 전혀 현대무용에 어울리지 않는, 안개 속을 헤매다 마는 오리무중의 백일몽 같은 네 장(章) 구성의 무용 형상들은 홍승엽다운 예리한 기지도 없고 기발한 아이디어도 없다. 우선 이미지상의 연결고리가 모자란다. 소설에서는 서사 양식이 가능할는지 몰라도 현대무용 무대, 그것도 기껏 큰 돈 들여 개축한 CJ토월극장 재개관 기념 공연 작품이 기껏해서 재공연 작품에다 현대판 도원경(桃源境) 타령이나 읊고 신선놀음이나 즐기고 있을 한가한 시대라면 얼마나 좋을까.

안평대군이 꿈속에 보았다는 안견(安堅)의 〈몽유도원도〉만 하더라도 골짜기에 복숭아나무 숲이 있고 쓸쓸한 대나무밭에 띠풀집 하나, 그리고 시냇가에 조각배 한 척의 쓸쓸한 경정이 신선이 사는 듯했다는데 취중에 기생 치마에 휘갈겨 그리는 영화 〈취화선〉에 예술의 경지를 느끼는 우리는 이미 솔거의 벽화를 통해 새들을 불러들인다거나 전우치 재주 끝에 산수화 그림 속으로 빨려 들어가는 등 도통한 경지를 경외(敬畏)하는 백성들이라서 도원경이나 청학동(이 작품에서는 오학동) 이야기에는 귀가 얇다.

소설 묘사는 작가의 재주에 따라 신비를 그리면 된다. 그러나 무대 위의 환상을 그리는 리얼한 몸이라는 매체는 신비주의와 거리가 멀다. 나는 한국무용가들이 기량 향상의 수련 끝에 도통하는 신비주의에 빠져 자기 능력의 정점에서 슬쩍 도인이나 신선이 되고 싶어 하는 심정마저 받아주고 싶지 않다. 무용예술은 과학의 결정(結晶)이다. 환상은 영화에 맡기면 된다.

대상과 자아가 합일되는 '편재(遍在)'를 키워드로 삼은 안무가는 화필과 문장과 시심(혹은 환상)의 통합을 도원경쯤으로 설정한 것 같은데 극장 무대에서는 '편재'를 보편화시킬 철학적 어휘나 논리 대신에 그것을 시각적으로 드러내주는 주제의 굵은 선과 이미지의 형성이 우선이다. 시퀀스 설정은 그래서 필요하다. 과연 〈벽오금학〉에서 네 개의 시퀀스는 연계되어 있는가. 포인트는 인연을 뜻하는 붉은 실타래, 나무 기둥, 그리고 그것들을 연계하는 경계와 경계 밖으로의 투기(投企). 네 장(章) 사이를 잇는 춤의 표현은 여태까지의 흥승엽답지 않다. 아마도 그것은 소설 속의 인물들, 노파와 정신병동, 강은백, 삼룡 등등의 캐릭터, 그리고 고산묵월과 외엽일란 같은 고답적 관념 세계가 미니멀한 현실적인 몸의 표현력으로써는 환기(喚起) 불능이기 때문이 아니었을까.

국립무용단과 현대무용 안무자의 불협화음 〈단〉

단(壇)이라면 제단(祭壇)을 떠올리기 쉽다. 그래서 연상되는 것이 제의, 의식(儀式)과 무당·사제 같은 이미지들이다. 그러나 국립무용단과 현대무용 안무가 안성수 및 아트디렉터 정구호의 협업공연 〈단(壇)〉(국립극장 해오름극장, 4.9~14)은 제단도 의식도 두드러지지 않는다. 단을 오브제로 보는 시각도 이해하기 어렵지만 구체적 대상인 단을 통해 1막 이체동심(異體同心) 40분은 길고, 2막 자중지난(自中之難, 자중지란[亂]이겠지)과 3막 혼연일체의 프로그램 공연 내용 구성을 짤막한 20분 2막짜리로 처리해버린 안무와 연출은 도대체 이 작품에서 무엇을 표출하려고 했던 것일까. 일단 1막의 내용 없는 설정이 까닭 없이 장황하다. 그런 가운데 관념적인 '내면과 중심'의 개념 무용을 형상화하는 움직임은 없다. 막을 압축시키는 모티브, 막과 막을 연결하는 동기가 도대체 주어져 있지 않다.

국립무용단원들의 몸짓은 품격이 있고 검고 흰 의상은 일관되게 정연하다가 2막에서는 그 색깔마저 녹색에 빨간 치마 등으로 혼란스러워진다. 원래 호적 시나위 같은 국악 연주는 양식적인 도입의 시작 부분도 끝나는 종장 부분도 없어서 소리와 맞추는 춤이 서양 고전음악에 맞추는 해석에 있어서 엇나가기 쉽다. 그래서 그런지 전통무용과 현대무용이 어우러지는 불협화음은 음악에서도 두드러진다.

가로 세로 형광 조명의 변주와 검은 의상, 내지 백색 치마에 조응되는 얼굴과 팔과 손의 하얀 잔상이 라인댄스처럼 대열을 꾸미기에 바쁜 국립무용단원들에게 현대무용의 고답적인 테크닉을 이식시키려 든 것이 큰 주제였을까. 이 〈단〉이라는 작품에서는 빈 공간에 법단을 개설했던 '야단법석(野壇法席)'의 민간어원설만 한 설득력도 없다. 그래서 어떻게 하겠다는 의도였을까. 돈 들여서 지루하고 무의미한 라인댄스 대열의 눈요깃감만 제공한 국립무용단과 현대무용 안무가의 불협화음은 호적 시나위와 장고, 북 연주가 자유로운 현대무용 스타일의 이미지를 깨고 한국무용의 우아함을 서양 클래식으로 '마음의 갈등과 조화를 이루는 해답을 찾으려는 노력'이라는 식으로 얼버무릴 수 있는 차원이 아닐 것 같다.

한국춤의 현대적 창작화를 바라며

미술과 무용의 합창과 피의 양의성(兩義性)

: 〈Catastophe—Healing〉, 〈석하전상서〉, 〈아Q〉

동적인 무용이 앞선 정적 미술전시장 〈Catastophe—Healing〉

아르코미술관 전시실에서 육완순 현대무용 50년전을 준비하는 그
의 제자들 여섯 명의 춤들이 어우러졌다. 이름하여 〈Catastrophe—
Healing〉(아르코미술관, 2012.12.25~26). 무용이 극장 무대를 벗어나 환경
을 바꾸어 다른 장르의 예술과 만나는 경우는 포스트모더니즘의 장르
경계 허물기 작업 이후 흔해진 경향이다. 이번 기획미술전의 주제는 기
획공모전 카타스트로폴로지 — 재앙이다. 인간성 말살의 전쟁, 지구촌
파멸의 악몽을 화면에 담은 정적인 전시장에 몸으로 표현하는 현대무
용의 여섯 중진들은 재난 — 감싸안다의 주제로 절망의 전시공간을 치
유의 공간으로 탈바꿈시켜보려 한다.

현대의 문명적 재난들이 우리의 감각을 미시적 차원에서 파괴적으로
몰아가고 있을지도 모른다는 미술가들의 예시적 비전을 무용가들은 직
접적으로 몸에 흔적을 남기는 물리적 진동이나 촉각적인 상처로 받아

들인다. 전시된 작품을 손대지 않는 조건으로 그 한정된 공간에서 김양근은 각종 재난의 내용을 복도나 계단의 한구석에서 선택적으로 관람하게 한다. 김화숙은 석유전쟁의 현장에서 벌어지는 비극적 장면의 영상 확대와 대비되는 무용 공간의 검은 치마폭으로 치유의 메시지를 〈검은 태양〉에 전달한다. 이런 발상은 시퀀스 대여섯 개로 훌륭히 한 편의 작품을 완성시킬 수 있을 것 같은 드라마성을 전달한다. 석유의 재앙은 양정수의 원치 않는 환경재해에서 몸부림이 된다. 한선숙은 일상이 되어버린 재난의 공포가 담긴 초상화들 앞에서 결박된 자아의 뒷골목을 제시한다. 박명숙은 〈Ground〉를 모티브로 한 남성성과 여성성의 창조적 생산, 내지 풍요의 근원을 이즈러지는 세 개의 작은 화면에서 옮겨 담느라고 고심했다. 이런 연출은 안신희의 드라마틱한 아이디어 결과이다.

　모든 재앙은 인위적인 욕심의 산물이다. 인간의 짙은 욕심이 권력 투쟁, 부귀 경쟁, 전쟁 지배, 환경 파괴의 음산하고 으스스한 음향효과만의 미술관 전시장에 장르가 다른 두 예술가 그룹이 사전 협의 아래 쌍방향으로 진행되었으면 더 극적인 합창이 이루어졌으리라는 아쉬움이 남는다.

제자들의 재롱잔치 — 〈석하전상서〉

〈석하전상서〉(국악원예악당, 2012.12.27)는 석하(夕霞) 최현 선생 타계 10주기를 위한 제자들의 추모 공연이었다. 석하는 그의 호, 그의 예명이 최현, 본명은 최윤찬.

　그와 나는 마산 출신이라는 인연이 닿는다. 그는 마산상고, 나는 마고 출신이고 젊어서 영화배우와 시인을 꿈꾸었던 홍안의 소년들은 예순이 넘어 무용예술가와 평론가로 재회했다. 그는 30년 넘게 서울예고 한국무용 전임으로 많은 제자들을 길러냈다. 그들 가운데 윤성주, 정혜진, 이노연 등은 한국무용 분야의 중견들이 되었고 그들이 스승을 기리는 헌정 무대를 꾸린 것이다.

무용가 최현의 서거(逝去) 10년이라는 시간의 때가 끼인 것마저 까마득히 잊은 채 그의 〈비상〉이나 〈허행초〉, 선비춤 한 번 더 보고 싶어 했던 나는 제자들이 바치는 '선생님전 상서'의 재롱잔치에 잘못 초대된 손님 기분이었다. 스승 최현에게 헌정하는 춤은 5장 ― 몹신 3장에서 스승의 이미지와 제자들의 재능이 어우러지고 그에게 맹진사 댁 〈시집가는 날〉의 추억이 바쳐진다. 그야말로 스승에게 바치는 제자들의 재롱이 화려한 관광상품 한 편으로 마무리되고 최현의 무용 세계는 단편이 된다.

최현우리춤원 정기공연이라고 하지만 생전에 그가 주도하던 최현우리춤원의 멤버들이 스승의 추모 공연으로 성격을 바꾸어가는 마당이라 차라리 '최현우리춤원'이라는 간판에 얽매이지 말고 스승 최현의 무용 작품들을 현대적 고전으로 정착시키고 그 예술세계를 탐구하는 작업을 서두를 때가 되지 않았나 싶다. 무형문화재 지정처럼 개화기 100년 한국무용도 '현대고전' 지정 작업을 통해 최현우리춤원이 그대로 최현 무용 전수기관으로 전환될 때가 된 것이다. 그래야 최승희의 신무용이나 김매자, 배정혜, 김현자 등등의 창작무용 세대들의 작품들도 초연 발표 이후 50~60년이 지나 예술작품 문화재로서 당당히 이름을 얻어서 후대에게 학습되고 전승됨으로써 세월 따라 잊혀져 사라져버리는 일산(逸散)의 운명에서 벗어날 수 있을 것이다.

피와 꽃, 군중과 혁명의 양의성 — 〈아Q〉

이런 자리에 니체를 들먹여서 어울리지 않지만 그의 철학적 개념에는 다채로운 양의성(兩義性)의 사상(事象)이 두드러진다. 가령 '피'라는 말 하나에도 열정과 순수의 상징을 쏟아내고 되돌아 피의 부정(不淨)과 부패를 들먹이는 따위다. 그렇게 가난이나 어릿광대, 민중, 귀족계급마저 그 표리(表裏)가 다르게 표출된다.

국립현대무용단의 〈아Q(AhQ)〉(국립극장 KB하늘극장, 2012.12.27~30)만 하더라도 살인, 복수, 가난, 혁명이 피로 범벅이다. 표리가 다르게 드러나는 예술의 기법은 미추(美醜)가 한 차원 안에 있고 피가 꽃으로 피어나기도 한다.

홍승엽 감독의 문학 고전명작 현대무용 창작화 시리즈 가운데 한 편인 〈아Q〉는 중국 루쉰(魯迅)의 「아큐정전(阿Q正傳)」이 그리는 머저리 천민의 과잉 의식이 모티브이다. 아큐의 시대적 배경이나 개인의 의식은 주인공을 통해 양의성이 주어진다. 강자한테 당하면 합리적인 자기변명으로 체면치레를 하고 무지렁이 촌놈끼리 도토리 키재기로 우월감을 만족시키고 엉뚱한 까탈을 잡혀 죽임을 당한다. 그런 모순의 양의성이 빨간 피의 꽃으로 피어나고 살의의 칼질로 인형 같은 육체를 토막낸다.

서사적 스토리성은 전혀 없이 빠른 이미지의 교환이 이루어지는 국립극장 하늘극장은 자유로운 야외 무대이고 재공연인 이번 〈아Q〉 공연이 극장 무대보다 얼마나 더 자유로워졌는지 초연을 못 본 나는 비교할 수가 없다. 많은 장면의 치환이 이루어졌는지 셀 수 없는 형상들이 스쳐 지나가는데 선명하게 남는 이미지는 칼질과 꽃잎이다. 꽃은 피처럼 빨갛다. 그 꽃은 피처럼 열정적이고 피처럼 부정스럽다. 검은 무용 형상들은 살인의 살의와 피처럼 붉은 꽃이 되어 상징적으로 피어난다. 장미꽃으로 피어나는 죽음의 재생이 함축되어 있다.

홍승엽의 무용 공연 〈아Q〉는 절규다. 피를 부르는 살의는 칼 던지기 곡예에서 꽃으로 피어나고 가슴을 후비는 칼 끝, 등에 꽂히는 칼 끝에 리얼한 현실로 그려져 잠재된 살인 본능을 키우고 폭력의 DNA를 회상하게 만든다. 그러나 그 살의(殺意)는 순수를 지향하는 순화의 칼이 되어 시정잡배들의 때 묻은 주판알 튕기기 버릇을 겨눈다. 살의는 인형 같은 무기질 인간들을 겨누고 무지렁이 같은 악의의 검은 의식들을 찌르고 독버섯처럼 돋아나는 과잉의 천민 컴플렉스를 잘라내고 서양에 대한 동양의 열등 의식을 무용이라는 예술 형태를 통해 되갚아준다.

미니멀한 표정 연기를 곁들인 가면 화장의 괴기한 분위기는 나중에 검은 까마귀 가면의 부리가 되어 무지렁이 군중의 혁명 의지를 키우는 불씨가 되고 칼이 되어 꽃으로 핀다.

질문 하나. 이미지나 형상의 활성적인 나열도 스토리텔링적인 체계는 지녀야 하는 것 아닌가(가령 칼 던지기 곡예 한 시퀀스만 하더라도 그 자체로 독립적 영상으로 끝난다면 전체적인 구성 가운데서 본래의 감명이 줄어든다).

발레창작팩토리 지원과 문광부–국립발레단의 역학관계

KNB 공지사항에는 국립발레단의 홍보 내용이 담긴다. 국립발레단의 자체 레퍼토리 홍보를 위한 이 공지 파일에 문광부 창작팩토리 사업을 대행하는 발레창작팩토리 지원사업으로서의 시범공연 작품 공모 신청이 떴다.

이에 대해 첫째 국립발레단이 문광부 창작팩토리 사업의 대행자인가 하는 문제를 거론하지 않을 수 없다. 국립발레단은 자체 프로그램 계발과 단원들의 기량 향상 및 세계로 가져갈 자체 레퍼토리 선정과 확보를 위해 매진하는 것이 정도(正道)이다. 유니버설발레단의 〈심청〉 같은 자체 선정 레퍼토리 하나 내세우지 못하면서 상부기관 문광부의 눈치나 보는 대행자 노릇은 예술단체의 긍지가 용납하지 못한다. 다행히 발레 창작팩토리의 독립적 성공적 정착으로 한국 발레계가 비상할 수 있는 계기가 마련되었으면 할 뿐이다.

둘째 예산을 쥐고 있는 문광부가 문화예술 행사를 대행시키고 있는 축제/페스티벌 분야는 대략 아홉 분야 — ① 국제민속예술제, ② 연희축제, ③ 오페라축제, ④ 아리랑축제. ⑤ 국제공연예술제, ⑥ 국제현대무용제, ⑦ 관악제, ⑧ 아트마켓, ⑨ 발레페스티벌 — 일별해봐도 뚜렷한 원칙이 없다. 그동안의 누적된 과제가 이런 예술 행사 대행 제도를 질질 끌어온 흔적이 보인다.

문화체육관광부가 창작팩토리 지원사업으로 영향력을 행사하고 있는 무용 분야는 현대무용협회의 국제현대무용제와 국립발레단의 발레창작팩토리 사업이다. 작년에 무용예술 행사 지원사업이 소기의 성과를 올리지 못했다고 판단한 문광부는 발레 페스티벌의 조직위와 사무국을 개편, 이전시켰는데 발레창작팩토리 행사 대행처는 여전히 국립발레단이다. 이런 모순은 문광부의 창작팩토리 지원사업의 금년도 4개 분야 발레, 오페라, 연극, 뮤지컬의 중복 부분에서 발생할 수 있다. 오페라 축제와 오페라 창작팩토리가 충돌하고 현대무용협회의 국제현대무용제와 국립현대무용단의 주도권 시비가 발레협회와 국립발레단 영역에서도 벌어질 수 있다.

그보다 더 문제되는 것은 침묵하고 있는 한국무용 쪽의 반응이다. 문광부의 한국무용예술행사 대행을 한국무용협회가 하느냐, 연합 형식인 대표 학회가 하느냐, 한국무용연구회가 하느냐는 주도 인재의 능력에서 불거져 나올 문제이며 당연히 한국무용 창작팩토리 지원 분야의 확대가 당면 과제가 될 것이다.

셋째, 문광부와 예술단체들과의 역학관계는 지원하되 간섭하지 않는 지상(至上) 원칙에 민간 단체의 통합 결속 의지 및 대표권 권위 수립이 관건이다. 뿐만 아니라 시대정신에 따라 고전적인 장르 분할에서 양식통합과 다원, 융복합, 다중(多重) 양식의 새로운 경향에 대처하는 지원 육성의 비전을 문화계 리더들이 터득해야 할 것이다. 그렇지 않으면 언제나 문광부는 낡은 의식과 관행으로 예술계를 지배하려 들고 예술계는 좁은 소견과 감정적 주관주의로 대국적인 전향적 자세를 취하지 못할 것이기 때문이다.

장애예술인 융복합 공연, 그리고 무용극의 정체성

: 〈또다른'가족'모두함께〉, 발레스타즈 창단공연, 〈유림〉, 〈붓다〉,

그리고 신무용극 시대의 선언―〈논개〉

장애예술인 융복합 공연

〈또다른'가족'모두함께〉(용산아트홀대극장, 10.20)는 장애인문화예술진흥개발원(이사장 이철용)이 주최한 국고 장애인 문화예술 향수 지원사업의 일환이며 서원대학교의 윤덕경 교수가 총감독으로 진행한 옴니버스 스타일의 무용 공연이다. 이 공연이 주목받는 이유는 장애인 예술가와 비장애인 예술가들 협업이 이루어낸 예술 장르 허물기 같은 최신 사조, 이른바 융복합예술 형태 공연 작품이기 때문이다.

주제는 장애인, 비장애인 없이 우리 모두 가족이라는 큰 전제를 달고 있지만 4장으로 된 구성은 하나하나가 모두 독립되어 있다. 첫째 〈헬로, 마미〉(김현아 안무), 둘째 〈그립고-그립고-그립다〉(임건백 안무)는 의욕이 뚜렷하지만 셋째 〈하얀 선인장〉(2010년 초연)에서 휠체어를 타고 나왔던 우화숙, 조현숙, 구경애, 임성신, 김영순과 윤덕경무용단의 박주영, 오명희 등의 장애/비장애 구별 없는 집체적 무용예술의 형상이 두드러졌다. 지체부자유한 예술가의 등장을 전제로 한 **장애/비장애인의 예술** 형태만 해도 힘든 작업인데 예술 장르 사이로 오가는 크로스오버 형식에 감히 도전했다는 사실은 더욱 놀라운 일이다. 지난 세기의 화두였던 종합, 총체예술 형태를 거쳐 세기말의 포스트모더니즘의 해체, 짜깁기, 하이브리드 양식론 다음에 21세기에 들어와 통섭, 다원, 그리고 융복합예술 사조에 이르는 과정 속에서 아직 실험적인 이런 예술 양식 장르 사이를 오가는 크로스오버 형식은 예술의 종합화, 내지 총체화를 겨냥하는 근본적 지향점이라 할 것이다.

윤덕경 안무의 〈내 안의 나, 그 안의 나〉가 그런 지향점을 지향한다. 자기 속의 나와 또 다른 나를 보며 아파하며 가족의 끈을 놓지 못하는 안무자가 데미 김의 미술과 작곡 겸 피아니스트 김영중 등과 더불어 예술 양식 경계 허물기의 융복합예술을 겨냥한다. 이 작품은 그냥 순탄하게 만들어진 작품이라는 인식을 전제로 출연자들이 모두 커튼콜을 받기 위해 단상에 서기 전까지는 장애/비장애 예술인들의 구별이 되지를 않았다. 그림을 배경으로 윤덕경의 움직임이 원을 그리며 관객들의 시선을 빨아들이는 한편에 화가 데미 김의 붓끝이 호리존트의 영상으로 그려지고(그 곁에서 장애와 비장애의 두 아이가 그 작업을 바라보고 있다) 작곡가이자 피아니스트 김영중의 멜로디가 장애와 비장애 예술가의 협연을 부드럽게 가족애로 감싼다.

미술이면 미술, 음악이면 음악 분야의 장애인 예술가를 배려하는 것만으로는 장애인 예술 향수가 부족하다. 그 분야에서 마음껏 재능을 발휘시키고 다른 장르의 예술가들과 교류할 수 있는 조건을 만들어내는 것이 비장애 예술가들의 몫이 되고 국가나 사회가 베풀어나가야 할 의무가 되어간다. 그렇게 작품이 완성된 다음 커튼콜에서 비로소 드러난 장애/비장애 예술가들의 융복합 협연은 그들의 노고 때문에 더욱 가슴

저리는 감동으로 다가왔다. 이쯤 되면 장애인 문화예술 향수 차원의 공연을 넘어서서 장애인 예술 활동 지원이 국가적인 문화예술 활동의 폭을 확대해나가고 있음을 과시하는 나라의 품격과 관련된다고 봐야 할 것이다.

2012 청소년 발레스타즈 창단공연

'2012 대한민국 청소년 발레스타즈' 창단공연(충무아트홀 대극장, 10.23)은 국내외 발레계의 인재 발굴과 세계무대 진출을 도모하는 청소년 발레단, 코리아유스발레스타즈(단장 김혜식, 예술감독 조미송)가 주최했다. 한국유스발레스타즈는 학교 교육이 불가능한 일반 영재들 가운데 어린이와 청소년을 대상으로 발레 오디션을 통해 발레 꿈나무들을 뽑아 사회교육 차원으로 교육과 기량 연마와 공연을 통해 발레 저변을 확대하겠다는 것이다. 그렇게 7개월간 애쓴 창단공연인 만큼 의욕도 높고 연습과정 또한 철저해 보인다. 특히 1부 〈상승〉(초청안무자 중국상해발레학교장)과 〈카르멘〉(안무 장소정), 그리고 2부 〈파키타〉(지도 조미송)의 마리우스 프티파 그랑파 부분이 돋보였다.

나 개인적으로는 우리 발레 스타들이 국제적으로 높이 평가받고 있는 긍정적 조류 속에서 왜 국내적으로 제대로 된 발레학교 교육 시스템 하나 가동 못 시키느냐 하는 안타까움을 달래지 못한다. 한국예술종합학교의 개교 취지는 선진 외국의 콘세르바토리움 시스템마냥 원래 음악 미술 무용 등 예술 장르의 인재들을 일찌감치 전문적으로 수련, 전문 예술가로 키운다는 데 초점을 맞추었다. 전문 예술가 양성 목표가 어느새 기존 대학처럼 석박사 학위 공급처로 바뀌려 한다는 세평에 밀려 일찍 영재교육으로 육성되어야 할 중고교 청소년들의 예술적 재능이 길을 잃고 헤매야 하는 한국 예술교육 시스템은 분명히 문제가 있다.

형식적인 발레 영재교육 시스템은 예종에도, 국립발레단에도, 유니버설발레단만이 아니라 여타 민간 단체 내지 학원에서도 장학제도로 설치되어 있다. 그렇게 예술계 중고교도 있고 민간 발레무용학원들이나 연구소들이 있다 해도, 일반 대학 교육기관처럼 되어버린 예종(대학)에 들어가기까지 전국 각 지역에 흩어져 있는 어린 중고교 영재들은 결국 과외 수업 형식으로 그들의 아까운 천재성을 소모시켜야 한다는 이 교육적 구조적 모순은 어떻게 해볼 도리가 없다는 것일까.

그래서 예종의 영재교육 시스템에 합류되지 못한 전국의 발레 청소년들이 예고 재학이 아니면 일반 중고교에서 학원이나 연구소에 그들의 잠재력을 저당잡히고 마는 현황을 안타까워하던 전 국립발레단장이며 예종 무용원장 출신의 김혜식 교수와 러시아 발레학교 정규 과정 출신의 조미송 박사가 사회교육기관으로서의 유스발레스타즈를 창단 출발시켰다. 이 무용단이 정규적인 발레학교, 혹은 유수한 전문 발레단으로 성장하기를 바라는 마음 간절하다.

백현순무용단의 〈유림 ― 천추여죄균〉, 황미숙의 〈붓다 ― 일곱 걸음의 꽃〉

백현순의 첫 번째 〈유림〉 공연(2010) 1부의 강력한 제의적 양식 때문에 두 번째 〈유림 ― 천추여죄균〉(강동아트센터, 11.4)에서는 보다 더 정제된 유연한 유교 의례 무용을 기대한 것이 사실이다. 그러나 그것은 리뷰어의 일방적 기대일 뿐이었다. 이번 작품은 1부 기연(旣演) ─ 실크로 드를 찾아서, 2부 창작 ─ 천추여죄균으로 구성되어 있다.

천추여죄균(千秋如罪均)은 조선조의 큰선비 송시열의 선비정신을 표현하는 "세월이 지나도 죄는 줄고 보탬이 없다"를 주제로 그의 일생을 보여준다. 말하자면 이른바 1980년대 국립무용단 송범식 무용극 스타일로 송시열의 죽음을 프롤로그로 삼아 그 일생을 플래시백으로 훑어나가는 수법이다. 그러니까 떠오를 드라마가 없다. 부모를 떠나 과거길에 오르고 기생을 만나 사랑을 하다가 버리는, 그런 연극적 기승전결식 춤의 구성이 아직 우리 무용계에 통용된다는 사실을 나는 이해할 수 없다. 신임 국립무용단 윤성주 감독의 "무용극으로 국립의 정통성을 찾겠다"는 취임 제일성과 맥락이 닿는다면 한국 컨템포러리 댄스의 전망은 밝아 보이지 않는다.

파사무용단 10주년 특별 기획 공연 〈붓다 ─ 일곱 걸음의 꽃〉(국립박물관 용극장, 11.9~11)도 파사무용단 10주년 우수 레퍼토리 재공연 〈목련, 아홉 번째 계단으로〉(2005년 서울무용제 대상수상작)의 잔상이 리뷰어를 용극장으로 이끌던 케이스였다.

목련존자(木連尊者)는 불교 효자경의 지옥 순례기를 남긴 부처님의 제자다. 그런 성인을 현대무용 기법으로 풀어내었던 파사무용단의 안무자 황미숙 대표가 목련존자의 스승인 붓다를 바로 정면으로 겨냥하여 무용화한다는 것은 과욕일 수 있겠다. 성인군자나 위인 같은 걸출한 인물을 '인간적으로' 감명 깊게 그려내려면 여간만 드라마 역량이 가산되는 것이 아니다. 〈붓다 ─ 일곱 걸음의 꽃〉은 결국 일곱 고비 성인의 형상, 곧 유아독존의 탄생기, 싯다르타의 청년기, 수도와 해탈, 열 제자들, 그리고 죽음의 열반이 담기는 석가모니상(像)의 일대기 구성에 치중된 제의 무용처럼 되어버렸다. 장면 하나하나마다 드라마가 구성되고 고비마다 관객의 시선을 끌어들일 포인트를 내세우기보다 부처님에 대한 귀의(歸依) 의례에 비중이 주어지고 만다.

황미숙의 현대무용적 기법이라면 목련존자 공연처럼 큰 줄거리 일곱 장면보다 더 축약되는 주제의 긴장감을 현대적으로 전개시킬 만했다. 불교의식적 예능적 분위기와 남방불교적 밀교적 표현보다 차라리 과감한 현대무용적 파격이 형상적으로 선명해지지 않았을까 싶다.

신무용극 시대의 개막 ─ 국립무용단 〈그대, 논개여!〉

국립무용단 신작 〈그대, 논개여!〉(국립극장 해오름극장, 11.16~18)는 신임 윤성주 예술감독의 "무용극으로써 국립의 정체성을 찾겠다"는 신념의 '무용극'이 어떤 무용극인지를 보여주는 첫 시험장이었다.

나는 지난 1980년대의 무용극 시대는 끝내야 한다고 생각한다. 무용극이 성행하던 당시는 제대로 된 무용극장도 없이 춤 공연들이 이루어지던 때였고 공연예술을 육성하기 위하여 연극과 함께 무용을 본격적으로 대극장으로 끌어들이던 문화정책 수립 초기에는 대극장 무대를 지배하지 못하는 한 시간짜리 무용 대작의 빈틈을 극작가의 대본과 연극연출가의 협업이 들어가 무용적 연극 스타일이 무용극 이름으로 대극장 무대에 올랐던 것이다.

무용 공연의 대본 제출이라는 제도 때문에 안무 아이디어를 극작가가 구성해주는 대본대로 줄거리를 엮어나간 무용극은 정확히 말하면 춤이 선도하는 연극이었고 국립무용단장 송범과 차범석 콤비의 무용극이 그대로 송범 이후의 조흥동, 국수호 같은 후계 세대로 계승된 기승전결식 무용극의 대종(大宗)을 이룬 것이다. 따라서 무용이 주체인 내재된 드라마의 표출보다 연극 양식에 맞춘 무용의 흐름은 주역과 그들의 이야기로 줄거리가 전개되는 연극적 무용극이라 할 수밖에 없는, 한때 의 흐름에 지나지 못한다.

이제 진정으로 무용이 핵심이고 주체인 무용이 극적으로 드라마를 보여줄 계제가 되었다. 〈그대, 논개여!〉는 그런 시대적 부름에 호응하는 한국적 신무용극(新舞踊劇, Neu-Tanz-Theater) 시대를 연다.

윤성주 안무 구성의 〈그대, 논개여!〉는 20분짜리 〈논개의 애인이 되어 그의 묘(廟)에〉(2000년 초연), 한 시간짜리 확대판 〈강남콩 꽃보다 더 푸른〉(2001년 초연)의 줄거리를 변주시켜 시인의 상상력으로 논개의 또다른 페르소나를 통해 시적 상상력을 역사적 사실 위에 펼쳐 보인다. 역사적 사실이 무용극 소재가 되는 것은 연극적 발상이고 시적 상상력은 시인의 등장이라는 발상과 페르소나의 활용이라는 두 개의 축으로 지적 상상력으로 비약한다. 이번 공연에서 획기적인 사실은 무용의 흐름 가운데 극적 포인트가 무용극보다 훨씬 많이 삽입될 수도 있었다는 것이다.

그렇게 1980년대의 무용극은 마침내 2010년대의 신무용극으로 마침 표를 찍는다. 무용예술의 총체성, 이른바 융복합예술 형태로 내재된 드라마성(性)을 전통과 현대성의 무용수들 개성의 캐릭터로 표출시켜냄으로써 논개라는 역사상(像)을 시적, 내지 지적 상상력 차원으로 끌어올린 윤성주 예술감독의 안무력은 집단적 군무 형식에 드라마의 무용적 극점(劇點)을 마련하여 쉬며 오르는 엑스터시의 드라마를 제시하는 신무용극의 전기(轉機)를 보여준다. 자칫 잘못되었으면 괴기적 의례극(〈전설의 고향〉 같은)이 될 소지가 없지도 않은 지평을 높인 이 무용드라마는 논개역의 장윤나·송지영, 왜장 역의 송설과 분신 역의 조용진 등의 무용 세계도 확충시켜냈을 뿐만 아니라 국립무용단의 잠재력 — 여성 무용수들의 유연성, 남성 무용수들의 활력 등 국립무용단의 집중력을 오래간만에 과시하는 공연이 되었다.

공연예술의 편견과 한국춤의 흐름

창무국제무용제와 명인명무전, 그리고…

: 〈Shaking the mold〉, 〈호시탐탐〉, 그리고 강수진의 〈까멜리아 레이디〉

창무국제무용제의 외국 공연단

고양 아람누리극장에서 시작된 '창무국제무용제 in고양2012' 개막공연(2012.6.2)은 우리 눈에 익숙한 전형적 미국 문화가 그대로 미국의 현대무용으로 바뀌었다면 그랬을 것이라는 예측을 가능케 한다. 트레이 매킨타이어 프로젝트의 세 소품 가운데 첫 번째 〈꿈속에서〉는 우리가 잘 모르는 음악의 시각적 해석이라 그렇다 치고 두 번째 〈serious〉 또한 움직임을 통한 진정한 시리어스한 의미 찾기가 우리의 현실감각과 너무 떨어져 있는 느낌이다. 그리고 〈Leaderwing Bat〉의 노랫말 표현이라는 것도 한국어로 번역 전달되지 않는 가사인 한에서 무용적 추상적 언어로서는 더더욱 이해하기가 어려워진다(문제는 내가 그런 유명한 대중가요를 모른다는 데 원인이 있을 것이다). 미국의 일상을 드러내는 시각적 감각적 여러 컬러의 음악에 곁들인 춤이 자유로운 일상적 현상으로 선보여질 뿐 정서적으로 다가오는 것이 별로 없다. 거기에 비하면 이틀째 〈솔로의 밤〉(포스트극장, 6.3~4)에 선보여진 이스라엘 이도 타드모르의 독무 〈and Mr.〉(안무 레이첼 엘도스)는 고독과 절제미가 동양적 감성에 무리없이 전달된다. 타드모르는 다른 독무팀들을 제쳐두고 자기 세계 속으로 집중해 들어가며 영혼의 진화로서의 몸을 체현해내는 듯했다. 이 주제는 포스트 상설공연 〈창무(Dancers)〉의 '몸-조우하다'와 일맥상통하면서 관객들을 사로잡아 무용수의 내면적 고독과 무용적 절제감을 무대 가득히 채운다. 바닥을 기다시피 하며 공간 전체를 지배하며 육체에 깃드는 영혼의 소리를 신체로 울리게 해서 움직이지 않으려는 몸을 거의 강제하다시피 무대 위에 벌거벗겨 내놓게 만드는 이도 타드모르의 솔로는 이번 국제무용제의 주제인 영혼의 진화를 보여주는 무용수의 몸을 상징적으로 집약해냈다.

명작명무전의 겉과 속

한국문화재보호재단이 주최한 〈명작명무전〉(LG아트센터, 6.9)은 유사한 공연 때마다 제기되는 기본적인 문제가 여전히 인습처럼 딱지를 벗겨내지 못함에 유념하게 만든다. 인간문화재 같은 원로들을 사회적으로 대접하는 것과 '명무' 작품의 전승 방법은 별개의 문제라는 사실을 사계의 권위자들이 모른다는 것이 이해하기 어렵다. 이미 쇠약하여 움직이기 힘든 이매방, 김백봉을 무대에 올려 무슨 명작 명무가 가능하다는 것인가. 이런 현상은 매스컴을 통해 재야에 묻혀 있던 옛 명인들의 무용을 발굴하는 작업 과정에서는 의의를 찾을 수 있었다. 그러나 그들이 인간문화재가 되어 사회적 예우를 받으며 전수교육을 통해 제자들을 기르고 있는 현황에서는 그들 무용의 '류(流)'나 '식(式)'이 어떤 방식으로 전개되든 국가의 문화정책이 관여할 차원이 아니고 이제는 사적 (私的) 예술교육 차원에 머물 일이다.

예술가에 대한 애정이나 작품에 대한 향수는 애호가들의 당연한 본능이다. 그런 태도와 속성을 나무라는 것이 아니다. 노구를 이끌며 무대에 오르게 하는 것이 이른바 '예술기획'이라는 명분으로 '명작 명무를 파는 것'이라면 주최측인 문화재보호재단은 차라리 다음 세대인 김매자, 임이조, 김말애, 정재만, 국수호, 조흥동(그들의 등장도 프로그램 순서대로 되지도 않았고 선정과 비중의 고저도 문제가 있지만) 등등이 노쇠하여 더 이상 무대 등단이 어려워지기 전에 기예가 살아 있는 지금 명인, 명무로 확정 시켜나가는 전진적 자세를 가져야 할 것이다.

짓궂게 뒤를 캐면 이번 행사는 사적인 인간문화재급 예술 가계(家系)를 이어주기 위한 이매방/김명자, 김백봉/안병주 공연과 경희대 인맥에 공공기관이 가세한 꼴이 되었는데 이런 가계 잇기 시도는 이미 재작년 숙대 무용과에서 정재만이 시도했던 것으로 언제까지나 국가가 밀어줄 수 없는 개인적 유파 형성과 확산을 위한 한 가지 방책은 될 수도 있다. 예술기획이라는 명분으로 해설 진행에 참여하는 MC의 지나친 예능인 동참 의식이 예술감상 분위기의 격을 떨어뜨릴 위험이 있다는 사실을 당사자들은 의식하지 못하는 것 같다. 느닷없이 불러 올린 장사익의 소리는 〈명작명무전〉의 진행과 아무런 관련이 없다. 나도 그의 소리를 좋아하는 편이지만 장사익의 약간은 어색해하던 데뷔기의 꼿꼿한 제스처가 관객에게 영합하는 식으로 격 떨어지는 손짓이 많아져 소리마저 격이 떨어져 내릴까 걱정스러워지는 것은 단순한 노파심 탓일까.

조주현 신작 〈Shaking the mold〉

조주현현대댄스컴퍼니의 〈Shaking the mold〉(아르코대극장, 6.15~16)는 굳이 제명(題名)을 영어로 과시할 까닭이 없다. 외국 투어를 위한 국내 시연이라 하더라도 일단은 국내팬들에 대한 예의는 주제를 알게 하는 것이다. 조주현의 작품을 처음 대하는 입장에서는 그의 발레 세계를 알아야 기본을 흔들려는 그의 의도라 할까, 도전의식을 파악할 수 있을 것이다. 그런데 필자는 그의 작품으로 인한 선입견이 없으니 mold(틀)라는 조주현류 발레 고정관념에 얽매이지 않는 자유로운 시선으로 〈Shaking the mold〉를 보며 안무자의 화려한 너스레나 프로그램 무용수들 사진 스타일에 비해 구체적으로 잡히는 것이 적고 반면 크게는 발레기본에 대한 해체 의지를 강력하게 전달받았다. 틀이라는 규정은 질서 내지 논리라든지 확실성으로 간주되어 일상이나 관습, 관행에 안주해버리게 된다는 폐단을 낳는다. 그럴 때 해체라는 화두를 꺼내들면 틀을 흔든다는 의도도 살아나고 발레에 대한 고정관념에 도전하는 젊은 무용수들의 작은 움직임 하나하나에 열기가 담긴다.

이 신작은 불의의 급습처럼 조명을 활용하고 무음(無音)으로 무대를 지배하는 방식으로 구도도 듀엣, 솔로, 군무로 설정해서 현대발레의 고정적 흐름마저 깬다. 듀엣의 구도에 백적청(白靑赤)의 색깔이 이미지를 만들어내는가 하면 신체 부위의 해체를 도모하는 그 과정에는 신장(伸張)의 극대화와 불균형의 극대화가 대조를 이룬다. 그런 부분이 조주현 발레2012신작의 매력적인 부분인데 2인무의 해체와 솔로의 반복이 검은 반바지의 남성 군무와 검은 튀튀 차림의 여성 군무의 독무 형태로 해체되어나가는 과정이 상징적이다. 이지러진 균형감각의 추구가 안무의 저의라면 그 목표는 상당 부분 달성된 셈이지만 방향을 못 잡은 해

공연예술의 품격과 한국춤의 흐름

체의 고민이 전반적으로 율동에서, 조명에서, 음악에서도 느껴져온다.

국립현대무용단의 〈호시탐탐〉

아무리 보고 아무리 생각해도 〈호시탐탐〉(LG아트센터, 6.15~17)의 호랑이 민화(民畵)가 모리스 베자르에 대한 오마주가 될 수 있다는 사실이 이해되지 않아서 예술가의 자기 체험은 어디에서 어떻게 개화될지 모른다는 의식을 갖는다. 베자르가 친일파라서 일본의 고전 「주신구라」를 발레화했을 때 그렇게 동양의 고전이 서양의 양식에 담기는구나 충격을 받았던 나는 〈호시탐탐〉 2부 첫 장 연잎 안무의 모티브가 되었다는 예술감독(홍승엽)의 고백이 신기했다. 2부 전체가 추상화의 미로 같고 명상의 잠꼬대 같아서 그야말로 안무의 횡설수설식 시 한 구절 읽듯 씁쓸한데 작품 〈호시탐탐〉이 주제가 각기 다른 두 작품으로 구성되어 있다는 사실로 해서 내면(內面)을 잘못 건드리면 얼마나 망가지기 쉽고 세속적 단면이 얼마나 구원의 여지가 있는지 바로 이 작품을 통해 배울 수 있다.

〈호시탐탐〉의 첫 번째 작품 1부는 일본의 고전적 단편 「라쇼몽」이 모티브이다. 이미 몇 개의 문예물들―「아큐정전」, 〈에쿠우스〉 등을 무용 작품화했던 홍승엽 안무의 기본 자세는 자신의 행위를 합리화하기 위해 도덕적 기준까지 낮추려 드는 인간의 세속적 속성을 차원 높게 조망하게 만든다. 〈라쇼몽―어쩔 수 없다면〉은 원작이 지닌 비 내리는 모호한 풍광 속에 벌어진 일련의 괴기한 사건에서 답답해하던 독자들을 명경 같은 거울 앞에 앉혀놓듯 선명한 영상을 보게 해준다. 무대 앞쪽 삐뚤어진 토막집이 위험한 세계의 중심이라면 그 오막살이 안에서 벌어지는 일련의 서사와 넓은 중앙 무대의 우주 속에서 투사되는 세상사의 세속적 속성은 동양적 정신세계를 지탱시키는(서양적 영성과는 차원이 다른) 흐느적거리는 괴이한 소통의 장(場)으로 제시된다. 보는 재미와 즐거움이 확대되는 느린 동작의 호흡법과 즉흥극적 마임으로 의상 벗고 입히기 행간에 오막살이 속에서 벌어지는 일련의 사건은 결국 노파의 유령 같은 집념의 의인화이고 까마귀 떼의 집결, 그리고 정념의 끈적끈적한 불가사의, 그리고 육신의 괴기를 노골화한 걸인 광대 집단의 이미지가 빗소리와 함께 흐르는 낭만적 허무주의 — 어쩌면 그런 이미지는 질서, 보렐로식 질서로부터의 일탈에서 다시 질서로 돌아와 조화와 창조로 이어지는 제2부의 창조적 시도의 되풀이로 연계되는 것인지도 모른다.

강수진과 슈투트가르트발레단의 〈까멜리아 레이디〉

자주 못 보았던 강수진과 명성만 듣던 슈투트가르트발레단을 한꺼번에 만나게 되었던 〈까멜리아 레이디〉(세종문화회관 대극장. 6.15~17)는 베르디 〈라 트라비아타〉의 멜로드라마틱한 순정물(純情物) 오페라에서 격조 높은 쇼팽의 피아노 음악에 맞춘 존 노이마이어의 발레가 되어 우리 앞에 그 빛나는 진면목을 과시했다. 동백 아가씨 — 춘희(椿姬)로 분장해서 춤추는 강수진은 발레 기교의 최고봉다운 원숙미에다 놀라운 연극적 명기로 일세를 풍미하는 예술가 반열에 우뚝 선다.

장황하게 춘희 이야기를 요약할 필요는 없을 것이다. 고급 창녀 동백 아가씨 마르그리트가 발레리나 강수진이고 까멜리아 레이디와 맞수가 되는 아르망 역의 마레인 라데마케르는 강수진의 강력한 매력을 뒷받침하는 여러 극적 수법의 아이디어의 후광을 입으며 함께 슈투트가르트발레단만이 갖는 예술발레의 정상을 끌어올린다.

이 작품의 몇 가지 특이한 구성요소 가운데 첫째는 말할 것도 없이 쇼팽의 피아노 소나타 3번 외 협주곡 등의 흐름을 섬세하게 파악, 배분하는 안무력이다. 말하자면 독일 슈투트가르트발레단의 〈까멜리아 레이디〉는 베르디의 가극 멜로디를 전혀 차용하지 않고 독자적인 쇼팽의 피아노 운율에 맞추어 무용수들의 움직임 하나하나를 실어냄으로써 발레 특유한 예술 양식의 감성 창출을 이루어내었다. 둘째는 극중극 형식으로 도입된 명화(名畵) 〈마농 레스코〉의 감정이입 방식이다. 춘희는 우리나라 기방(妓房)의 명기들처럼 기예가 뛰어난 당대의 예술가이자 순정 가련한 감정이입의 마농 레스코를 전형으로 삼는 발레 명품이 되었다. 이 극중극 형식과 함께 영화의 플래시백 기법의 도입이 발레 양식에 가능하리라는 착상을 한 안무자 존 노이마이어의 안목은 높이 평가할 만하다. 마농 레스코의 극중극 부분 세 파트에다 가구 경매 장면에서 확대되어나가는 스토리 전개의 플래시백 세 파트는 마지막으로 동백 아가씨의 일기장 전달로 극적 클라이막스를 지나, 임종하는 외로운 동백 아가씨의 빨간 홍조 화장과 검은 죽음의 의상으로 강수진의 명연기를 한층 돋구어 올리는 효과를 보았다.

세계 무용의 날 선언, 〈바리, 서천 꽃그늘 아래〉, 〈뿌리 깊은 나무〉, 〈유리바다〉

세계 무용의 날 기념 메시지 낭송 부활

'세계 연극의 날'이 있으니까 당연히 '세계 무용의 날'도 있을 것이고 연극의 날 메시지 낭송처럼 무용의 날 메시지 낭독도 있을 것이며 이 날을 기념하는 행사들도 베풀어질 것이라고 믿는 공연예술계 인사들은 별로 많지 않다. 유네스코 산하의 국제극예술협회(ITI)에 비교적 일찍 가입한 한국 연극계가 THEATRE=극장이라는 명칭을 극예술=연극으로 번역한 바람에 극장예술로서의 무용이나 음악, 무대미술이 연극에 휘둘리는 인상을 준 것만은 사실이었다. 그래서 ITI라는 단체 이름 자체를 공연예술(Performing Arts) 전반으로 확대하는 세계기구로 개편하려는 논의도 활발하다.

ITI한국본부는 지난 1980년대 ITI의 영향력 있는 멤버가 되어 제3세계연극제, 88서울올림픽 국제연극제, 세계연극학회 및 평론학술회의 서울 개최 등등을 주도했고 세계본부 회장직과 임원직도 역임하고 있다. 그만큼 국제극예술협회와 ITI한국본부는 현대 공연예술사를 말할 때 그 밀접한 상호관계를 더욱 돈독히 부각시켜나갈 필요가 있다. 90년대 이후 활동이 정체되어 존재감이 떨어졌던 ITI한국본부가 2011년 들어 기구 재정비 논의가 활발해져서 임원진이 확정(회장 최치림)되면서 이번 2012년 4월 29일 세계 무용의 날 30주년 기념식을 거행했다. 연극의 날이나 무용의 날이나 기념식이라 해봤자 그날을 기념하는 국내, 국제 메시지가 낭독 전달되는 것이 고작이고 열성적인 공연계 인사가 있으면 기념 행사도 거행할 수 있을 것이다. 1년 어느 하루가 무용의 날이고 음악, 미술, 연극의 날이라는 사실은 어린이날, 어버이날, 스승의 날처럼 뜻이 깊다.

세계 무용의 날 기념 메시지 낭송과 전달은 일찍이 유네스코 산하 ITI세계본부 지침대로 1980년대 한국무용연구회가 한국무용제전을 개최하는 부대행사로 실시하다가 주재하던 김매자 회장의 퇴진과 함께 그동안 잊혀진 행사가 되었으나 작년에 SIDance(대표 이종호)와 세계무용연맹(WDA) 한국본부(회장 김기인)가 공동추진위원회를 구성해서 춤의 날 메시지를 낭송했고 추진위 행사도 거행하였다. 금년은 ITI한국본부 재건과 함께 12위원회 구성으로 국제무용위원회(위원장 김명회)가 30주년 기념식을 조촐하게 주도했다. WDA세계무용연맹 한국본부도 제3회 세계 무용의 날 기념식과 행사를 가졌다는 후문이지만 왜 제3회가 되는지는 알 수가 없다. 국내 메시지 전달은 ITI한국본부 부회장(국수호)이 무한경쟁 시대에 퇴색되어가는 인간애를 무용이 밝혀줄 것을, 그리고 국제 메시지는 벨기에 현대무용가 세르카위의 공존하는 축제로서의 춤 공연이 강조되었다.

가무극의 성격과 기능을 보여준 〈바리, 서천 꽃그늘 아래〉

2012년 서울연극제 초청 극단 장자번덕의 〈바리, 서천 꽃그늘 아래〉
는 작년 전국연극제 대상 작품이다. 이 작품은 '창작가무극'이라는 성격
규정 때문에 총체성 공연물로서 무용의 영역 확대 측면에서 관심을 가
질 만 하다.

'가무극'이라고 하면 노래와 춤과 연극이 어우러지는 한국식 종합예
술, 총체예술 형식이라서 **가무악**이라는 전통적 공연물의 현대적 변형
양식으로 간주된다. 따라서 이른바 **가무악** 양식에는 음악, 무용, 연극
이 어떤 비율로 작품 내용을 이끌어나가는가에 따라 연극보다 무용 영
역에서 더 언급할 부분이 생길지도 모른다. 반드시 연극 무용 음악의
비율이 3대 1이어야 할 원칙 따위는 있을 수 없지만 우리 전통 가무악
은 그렇게 세 무대 요소들이 생생하게 어우러져 한국적인, 혹은 동양적
인 공연물을 역사적으로 창조해왔고 서구적인 공연예술에 맞서는 독특
한 양식의 역사를 형성해온 것이 사실이다.

그런 가무악 전통에 현대적인 연극 부분을 강조해서 가무**극**이라는
성격이 부여되었을 때 연극이 주도하는 가무**극**이 되어버리면 연극에
끌려다니는, 혹은 양념으로 첨가되는 음악과 무용은 뮤지컬 형식의 보
조 수단 정도로 가무악 3대 1 비중이 약화될 수 있다. 그렇게 되면 전통
적 가무악 형식은 형해(形骸)만 남아서 무용이 주도하거나 음악이 주도
하는 연극, 혹은 춤이 살아 있고 그 작품 안에서 작용하는 무용을 보고
싶어 하는 가무악 전통 추구의 열정은 어느 방향으로 키를 틀어야 할지
갈피를 잡지 못한다. 그런 점이 '창작가무극'이라는 성격 규정을 내린
〈바리, 서천 꽃그늘 아래〉(아르코대극장, 4.28~29)에서 어떻게 살아나게 될
것인가 궁금하지 않을 수 없다. 창작가무극 〈바리, 서천 꽃그늘 아래〉는

무용과 연극과의 결합, 그리고 어떤 춤이 추어지고 작품 안에서 작용하는 무용적 요소는 무엇일까에 대해 대답을 주어야 했던 것이다.

극단 장자변덕의 〈바리, 서천 꽃그늘 아래〉가 적어도 '창작가무극'이라는 성격 규정을 한 이상 이 작품은 내용의 성격을 규정 짓는 기본적 요건을 갖추고 그것을 제시해야 할 창의적 구성력이 있어야 했다. 그런 것이 민속적 탈춤적 짓거리이고 노래 가락이고 춤사위 정도의 삽입이라면 아무런 '뮤지컬' 구성 요건도 갖추지 못한 채 중간중간에 노래 몇 개 삽입해놓고 뮤지컬, 혹은 음악극이라고 우기는 어거지 떼씀과 다를 것이 무엇이겠는가.

작품 〈바리, 서천 꽃그늘 아래〉는 남해안별신굿보존회의 정영만이 예술감독인 극단 장자변덕의 창작극(작가 정가람)이다. 정영만이 정가람이란 필명으로 희곡을 썼다고 해서 나무랄 사람도 없다. 문제는 창작가무극이 희곡 형식으로 갖추어지면서 남해안별신굿 스타일의 자유분방한 민속적 가무악적 종합성이 연극이라는 양식에 갇혀버렸다는 것이다. 바리데기 주제는 이미 다 아는 범위에서 크게 극화되기 어렵다. 오히려 별신굿 스타일의 제의성에 얽힌 민속적 가무라면 자유분방한 우리의 상상력을 자극할 수 있고 그 양식이 세련되고 다양하게 무대에 올랐다면 가무극의 발전적 양태에 긍정적일 수 있다. 그러나 이 민속적 가무극은 빈약한 무대, 짓거리와 춤과 노래가락은 거친 탈춤 수준에다 마당극 스타일보다 더 바닥을 기는 민요조 정도라서 가무극의 발전적 무용 요소를 발견하기가 어렵다.

세계 무용의 날 선언, 〈바리, 서천 꽃그늘 아래〉, 〈뿌리 깊은 나무〉, 〈유리바다〉,

한글춤 이어가기의 창의적 노력 ― 밀물현대무용단의 〈뿌리 깊은 나무〉

공연예술 창작활성화 지원사업 선정작인 밀물현대무용단의 〈뿌리 깊은 나무〉(아르코대극장, 5.12~14)는 한글의 닿소리와 홀소리를 음양으로 조화시키는 밀물무용단의 무용적 창의적 노력이 아주 돋보이는 작품이다. 현존하는 세계문자 가운데 자음과 모음의 신체 이입이 가능한 글체가 있을까, 있다 해도 모사되는 육체의 무용적 아름다움이 무대 위에 형상화될 수 있을까를 생각하면 밀물현대무용단의 창의적 노력은 한글 창제에 대한 세종과 집현전 천재들의 창의성에 버금갈 만한 것이라는 생각이 들 정도다.

로제타 문자나 알파벳, 혹은 한문의 상형문자가 무용의 기본적인 표현매체로 작용되고 있다는 말(한문 필체가 영상 기능으로 활용되기는 하지만)을 들어본 적이 없는 관객이라면 〈뿌리 깊은 나무〉가 「용비어천가(龍飛御天歌)」의 한 구절이라거나 한글 비사(秘史) 드라마 〈뿌리 깊은 나무〉 정도의 관심으로 끝내려 할 것이다. 그러나 밀물현대무용단의 이번 작품 〈뿌리 깊은 나무〉는 한글 자모로 무용의 표현 영역을 확대해나가려는 밀물무용단의 연작 시리즈 제1부 제명(題名)에다 제2부 재공연작 〈움직이는 한글〉(2002년 초연)이 합작되어 있다.

제1부 〈뿌리 깊은 나무〉는 전체 작품의 주제이고 부제(副題), '한글 날아오르다'가 연작 시리즈의 독립된 주제일 것이다. 글이라는 감독이 케이팝 가수의 죽음으로 충격을 받아 실어증 증세에 이르렀다가 내면세계의 소통을 통해 소리를 찾는다는, 말하자면 한글 창시(創始)의 현대적 의의를 관념적으로 확대 해석하려 한 이 작품은 따라서 과감하게 힙합 등 길거리 춤거리와 대중가요를 도입해서 한글의 비상(飛翔)을 찬양하는

미화(美化)의 작업이 될 수도 있다. 그러나 그런 관념성은 한글의 현존재를 너무 인위적으로 물들일 위험을 내포한다.

그런데 2부 〈움직이는 한글〉이 전체 작품의 주제로 떠오르면서 왜 작품 〈뿌리 깊은 나무〉가 우수 레퍼토리로 선정되었는지가 분명해진다. 한글의 창제원리가 동양철학의 음양 구조에서 출발했다는 의미에서 그런 개념은 한국무용 쪽에서 다루기가 쉽다. 그러나 현대무용은 구체적이고 분절적이다. 밀물현대무용단(예술감독 이숙재 안무)이 표출해낸 홀소리와 닿소리 같은 자모의 발성과 글자꼴로 전이된 과감한 과학적 지식은 통섭이론(concilience knowledge)의 선행 모델이라 할 만하다. 한글 자모의 음양은 제1장, 해와 달, 혹은 상하 좌우 낮과 밤 같은 모든 우주론(코스몰로지)의 대칭 관계를 아울러 쉽게 한글의 근원에 다가서게 한다. 원리를 제시하는 것만이 아니라 인간의 몸이 가장 아름다운 상징 체계가 되어 극장 무대 위에 홀소리와 닿소리의 구체성으로 글자꼴을 갖추는, 그래서 우리를 무용예술의 아름다운 형상화 세계로 이끌어들이는 제4장 끝마무리는 말 그대로 "상호텍스트성과 문화융합의 실험으로서의 한글춤"임을 입증하였다.

선의 아름다움을 완성시킨 김현자 춤 60년 기념 공연

김현자 춤 60년은 현재진행형이다. 그럼에도 불구하고 그가 예종 무용원장직을 놓고 정년퇴직하는 마당에 기념 공연(아르코대극장, 5.16~17)으로 〈연화연〉과 〈매화를 바라보다〉를 올렸을 때는 김현자류의 완성을 기약하는, 마무리하는 무엇인가가 있었을 것이다. 왜 하필이면 기념 공연 작품이 위 두 작품만이겠는가. 일찍이 럭키창작무용단 창단(1986)으로 최승희 신무용 도입 이후 한국 현대무용사상 새로운 편년사를 꾸려낸 창작무용 시대의 선두주자 제1세대인 그의 〈황금가지〉를 기억하는 관객들은 그가 황금가지류의 묵직한 내용과 형식을 동양적인 선과 면의 대채로운 아름다움과 바리에이션으로 전환해나간 궤적을 유념해온 것이 사실이다. 그런 측면에서 보면 이번 기념 공연 두 작품은 연꽃도 그렇고 매화꽃도 마찬가지지만 대상의 동양 미학적 선택에 한국무용의 선의 미학을 완성시키는 전형 그것이었다.

이 선의 미학은 직선이기도 하고 곡선일 수도 있고 필체(筆體)이기도 하며 원(圓)으로 마무리되기도 한다. 몸이 선이기도 하고 팔과 다리의 사지가 선이었다가 섬광처럼 치솟아올라 하늘에 닿고 땅에 내려 나무처럼 하늘을 이고 선다. 그리고 여운을 남기고 잔영을 남긴다. 그렇게 김현자 춤 60년 기념 공연은 그의 60년 무용 활동의 시간대(時間帶)라는 선상에 이룩된 춤 공연의 공간대가 곱게, 품위 있게 어우러져서 예술의 천상 세계를 이 땅에 꾸며주었다.

긍정과 부정의 양면을 지닌 요나의 행적 ― 〈유리바다〉

김인숙그랑발레단의 2012년 창작발레 〈유리바다〉는 바다의 투명하고 깨지기 쉬운 이미지와 요나라는 성서 속 묵시록의 예언자 행적이 빚어내는 물결 한가운데 고래라는 상징물이 떠 있는 모순의 바다를 건너야 한다. 요나는 하나님의 지시 ― 이민족의 도시인 나느웨에 참회를 고하라는 지시를 거부한다. 이단까지 사랑하는 신의 큰 뜻을 알 리 없는 요나는 큰 물고기에게 먹혔다가 참회를 통해 용서를 받는다.

성서상의 요나는 후세에 나온 예수의 표적, 곧 하나님에 대한 복종의 한 도형이다. 인간의 일곱 가지 원죄를 고래 뱃속에서 스쳐가는 그림자처럼 체험한 요나는 자기의 관습적인 사고방식 — 이방인에 대한 하나님의 사랑 따위는 있을 수 없다는 고정관념을 깨기까지 하나님의 말씀을 거부했다가 바다에 먹히는 시련을 겪었던 것이다.

그 옛날, 구약성서가 씌어졌을 무렵 인간의 원죄라는 관념은 기껏해서 탐식, 탐욕, 나태, 음란, 교만, 사기, 분노 같은 것들이었다. 그보다는 정말 더 몇백 배 어처구니 없을 정도로 겹겹이 켜켜이 더러워지고 때 묻은 죄악들은 호모와 레즈비언, 그리고 외설과 폭력, 부정과 부패를 통해 구원 없는 나락으로 빠지고 있는 현대의 죄질에 비하면 너무나 단순한 죄상에 불과하다. 그러니까 이스라엘 백성을 제외한 주변의 이교도들에게 신의 사랑이 미치지 말아야 한다는 고정관념은 차라리 어린 아이들의 생각처럼 단순하다. 그런 요나도 고래 뱃속에 사흘을 갇혀 있다가 참회를 통해 하나님의 용서를 받는다. 그런 신은 왜 착한 자에게 모질고 고약한 자들에게 관대하며 가난한 자를 못살게 굴고 힘 가진 자들에게 느슨한 벌을 가하는 것일까.

김인숙의 〈유리바다〉는 그런 아슬아슬한 물음을 기독교식으로 회피하였다. 프롤로그와 에필로그에서 어른과 소년은 하나님과 천진한 인간처럼 나와서 대화 없는 1, 2장 일곱 장면으로 들어가 원죄의 군무 집단 가운데 요나는 고래 뱃속을 연상시키는 어두운 공간에서 결단을 강요당한다. 그런 창작발레가 요나(김동민)의 솔로로 나타나고 하나님과 여인(정선경)의 듀엣으로 화해의 성립을 알게 한다. 깨어질 듯 투명했던 위험한 유리바다는 화면에 투사된 동영상을 통해 긍정과 부정의 양면을 지닌 설화적인 한 예언자의 행적을 치솟는 고래의 춤에 실어 바다로 내보낸다.

리뷰어의 의욕을 자극하는 공연들

: 오율자의 〈숨은 별은 더 눈부시다〉, 김용복의 〈동정〉,
그리고 김명숙의 〈상 · 상 3〉

제26회 한국무용제전 — 세계문화유산을 춤추다(아르코예술극장, 4.2~9) 개막 공연에서는 아르코대극장 오율자 백남무용단의 〈숨은 별은 더 눈부시다〉와 김용복무용단의 〈동정〉(소극장)이 눈에 띄었다. 여기에서도 한국무용제전 전 참가작들을 두고 논평하는 것이 옳지만 아무래도 리뷰어의 눈에 띄고 글쓰기 심리와 의욕을 자극하는 무엇인가가 전제되지 않을 수 없다. 김명숙늘휘무용단의 〈상(想) · 상(想) 3〉까지 합쳐 공교롭게 한국무용 계열이 이번 달 리뷰의 대세를 이룬다.

한국무용제전에 나온 오율자의 〈숨은 별은 더 눈부시다〉와 김용복의 〈동정〉

한국무용제전에 나온 작품들을 다 보지 못한 채 몇 개만 선별 리뷰한다는 것은 본란의 취지가 아니다. 그러나 일주일에 걸친 한국무용제전의 숱한 작품들을 모두 소화할 도리가 없고 어쩌다 마주친 작품들도 공

김용복무용단, 〈동정〉

감되는 부분이 적으면 논외로 빠지기 일쑤다. 그런 가운데 오율자백남무용단의 〈숨은 별은 더 눈부시다〉(아르코대극장, 4.5~6)와 김용복무용단의 〈동정(動靜)〉(소극장, 4.5~6)은 이번 무용제 주제인 '세계 속의 한국문화유산을 춤추다'와 일맥 상통한다.

한국무용연구회는 이 몇 년간 한국적인 신화 소재로 한국무용과의 결연을 다루었고 이번에는 유네스코 세계문화유산 가운데서 한국 소재에 유념했다. 우리 문화예술 가운데 세계문화유산으로 선정된 것이 별로 많지 않아서 〈숨은 별은 더 눈부시다〉 같은 경우는 제주도의 자연환경, 곧 용암동굴이 바로 춤의 소재이자 모티브였다. 동굴을 형성하는 빛의 조명 아래 움직이는 형체들은 어쩌면 안무자의 환영이며 꿈의 이미지라고 한다. 명명백백하게 만천하에 드러나버린 현실의 하드웨어가 동굴 속 같은 제한된 비밀스런 성역(聖域)마저 무참히 짓이겨버리면 드러나지 않은 숨은 별이 더 신비롭고 찬란할 수밖에 없다. 그래서 이 작품은 용암동굴을 내세운 성역의 우화이자 비유이고 철학적 관념의 세계를 엿보게 하지만 세계문화유산이 된 한국의 예술을 춤춘다고 말하기는 어려울 것이다. 그에 비하면 김용복의 〈동정〉은 한국의 문화유산인 '강강술래'(실제로 강강술래가 유네스코 세계문화유산으로 선정되었는지는 모르지만)를 가지고 움직임과 고요를 대입시키는 동양 미학의 체계를 논리화한다. 그러나 그렇게 하기에는 한정된 공연 시간이 너무 짧다. 간단히 말하면 강강술래의 동과 정의 세계를 합친 동정의 정감 상태를 표현해내면서 경계, 달, 풍요, 여성, 소통과 초월까지 그 숱한 모티브들을 표현해 담아내려면 숨이 몹시 가쁠 수밖에 없다. 동양 미학에 담기는 동정의 세계에다 표현과 이론을 겹입히려면 최소한 한 시간짜리 작품은 되어야 할 것이다.

김명숙늘휘무용단의 이미지무용 〈상·상 3〉

2006년과 2009년에 이은 2012년 〈상(想)·상(想)〉 연작은 어느 부분에서 어떤 변화가 있는지 탐색하면 재미있는 그래프를 그릴 수 있을 것 같다. 이 작품은 이미지무용이기 때문에 안무자 당사자는 변화를 감지하고 이어갈 수 있을지 몰라도 연차를 두고 관람하는 관객들은 날아가 버리는 안개 같은 이미지들을 붙들고 있을 수 없어서 아름다운 사계의 색채감만으로 만족해야 한다.

〈2012 춤으로 그리는 사계 — 상(想)·상(想) 3〉(LG아트센터, 4.15)은 고운 망사 한복 색깔과 아름답게 춤추는 늘휘무용단원들과 사계절을 그리는 영상들, 그리고 황병기·지애리의 가야금 연주 등이 겹쳐 격조 있는 무대로 형성되어 있지만 그것이 그대로 한계일 수도 있다. 명인 황병기 가야금 작곡이 사계절의 고비를 울리는 공감을 자아내기에는 지나치게 고답적이고 심오한 것처럼 계절의 고비를 비치는 꽃, 대나무숲, 은행 낙엽과 눈송이 같은 지루한 3D 동영상만으로는 김명숙의 크로스오버 안무방식치고는 단순한 계절 영상 이상의 효과를 올릴 수 없다. 그렇게 해서 〈상·상 3〉은 결국 전통적 고전적 한국무용의 우아한 '태'의 제시로 아름다움을 과시했지만 그것만으로는 다 채워지지 않는 의식의 저항이 남는 무대였다.

창작무용의 젊고 긴 행진과 천재의 사기꾼 놀이
: 홍은주 〈웃음〉, 이희자 〈귀신 이야기 2〉,
그리고 안은미 〈사심없는 땐쓰〉

2월 25일 3시, 아르코소극장에서 리을무용단의 〈바라기 3 ― 웃음〉(안무 홍은주)와 〈귀신 이야기 2〉(안무 이희자)를 보고 그 길로 20분 거리를 걸어 가까운 두산아트센터에서 펼쳐진 안은미의 〈사심없는 땐쓰〉를 5시부터 관람하였다. 극장 공연은 느긋하게 즐기며 봐야 정신건강에 좋다. 쫓기듯 보노라면 스스로 짜증스러워 제대로 보아야 할 부분을 놓칠 수 있는 것이 사실이다.

한국 현대무용사 가운데 놓쳐버린 창작무용의 위상

리을무용단의 두 작품은 한국무용 장르의 현대무용, 이른바 창작무용이고 안은미의 작품은 글자 그대로 잘 알려진 안은미의 튀는 현대무용이다. 어떻게 보면 둘 다 한국무용의 '동시대적'인 현대무용인데 우리 무용계에서는 같은 현대무용을 개념이 다른 두 개의 장르로 구별해 부른다. 창작무용이라는 것은 한국 민속무용의 근대화 몸부림이라 할 수 있는 30~40년대 최승희, 조택원 등 '신무용' 흐름을 다시 휘어서 현대화시키려는 70~80년대 한국 전통무용의 변모를 총괄하는 명칭이다. 한국 현대무용사에서는 신무용과 창작무용 같은 역사적으로 획기적인 이 조류의 흐름을 더 체계화시키지도 못한 채 다시 손쉽게 '컨템포러리 댄스'라는 무용 대세로 일괄해 넘겨버리려는 경향이 없는 것이 아니다.

그렇게 되면 넓은 의미에서 현대무용 전체는 컨템포러리 댄스라는, 동시대적=현대적 무용으로 묶여버리고 발레, 모던발레, 그리고 글자 그대로 '현대무용'과 전통 한국무용의 현대화된 신무용, 창작무용, 또는 컨템포러리 무용, '한국무용' 등등이 잡다하게 현대 한국무용 범위 내에서 뒤섞이게 되어버린다. 한국무용사학자들은 이 얽히고 설킨 현대 한국무용 사조적 흐름을 명쾌하게 체계화시켜내어야 할 과제를 떠안고 있다.

이 제한된 리뷰에서 무용사학자들의 과제를 건드릴 일은 아니지만 '컨템포러리 댄스'라는 이름으로 한국 현대무용들이 그냥 포괄될 때 빌레나 이른바 한국 '현대무용'이라는 이름으로 불리는 장르와, 신무용이나 창작무용으로 불리는 한국무용 장르 사이의 애매한 경계가 문제가 되지 않을 수 없다. 현대무용 장르가 선진국의 현대무용 양식과 기교를 도입해서 장르상 발레와 한국무용과 구분되고 개성을 분명히 했을 때까지는 현대무용 장르도 그 장르 확립은 당연했을 것이다. 그러나 한국무용 장르가 전통무용과 시대 사회의 흐름에 맞추어 스스로 변화되어 가면서 신무용, 혹은 창작무용 등 한국무용의 흐름을 현대적으로 재정립해나가게 되면 현대 한국무용 장르 자체가 '현대무용'의 이름을 다른 장르에 내줄 수 없게 된다. 그래서 한국무용 장르에서 현대무용 장르의 '현대' 대신에 현대를 말해주는 동시대, 컨템포러리라는 수식어를 붙이기 시작하였다. 그렇게 되면 일반적이고 총괄적인 컨템포러리라는 수식어가 들어가서 한국의 현대무용 전반, 그러니까 발레, 현대무용, 한국무용에 걸쳐 이 시대 사회에 반응하는 모든 무용적 예술 행위 — 이른바 총체무용, 최근의 다원예술적 융복합예술적 무용 실험까지 두루 총괄될 경우 한국무용 장르에서 일어나고 있는 현대적 작업들의 선명한 기치들이 흔들릴 위험이 많다.

리뷰어가 강조하려는 것은 신무용, 창작무용, 컨템포러리 댄스(한국무용부문)이 모두 한국무용 장르의 현대무용인데 현대무용 장르의 기존관념, 혹은 개념과 도무지 분리가 쉽지 않다는 것이다.

여러 갈래 창작무용 계보를 잇는 젊고 긴 행렬 — 〈웃음〉과 〈귀신 이야기〉

각설하고 리을무용단의 홍은주 안무 〈바라기 3 — 웃음〉과 이희자 안무 〈귀신 이야기 2〉(아르코소극장, 2.24~25)는 한국무용 장르의 창작무용 계열에 속하는 한국 현대무용이다. 이 말을 하기 위해 지금까지 빙빙 돌려 서설(序說)를 이어왔지만 홍은주의 〈웃음〉이나 이희자의 〈귀신 이야기〉들도 결국은 여러 갈래의 창작무용 계보의 지류 가운데 하나일 수밖에 없다.

배정혜 전 대표에 의해 주도된 초창기 리을무용단이나 1980년대 초 럭키금성직업무용단을 주도했던 김현자 등등 민속무용을 포함한 전통 한국무용을 테크닉 면에서나 주제와 표현 면에서, 그리고 의상, 무대미술과 음악에서 과거를 현대적으로 변용시켜버린 김매자류 창무회와 함께 대체로 현대적인 창작무용이라는 대세로 합류되어온 과정으로 봐서

'현대' 한국무용은 창작이라는 이름으로 사조 자체를 호도하고 있다. 따라서 장르나 양식, 혹은 기교상의 특질로 대세라는 흐름을 주도하는 세력이 없는 한 계속 창작무용이라는 1980~90년대 낡은 명칭이 현대 무용사를 지배할 수밖에 없는 것이다.

그렇게 해서 명칭만 바뀐 '컨템포러리 댄스' 같은 이름이나 전통무용을 데포르마시옹=현대화해온 신무용, 혹은 창작무용이라는 명칭이나 컨템포러니=현대=동시대 댄스는 사조의 이름이라기보다는 전통무용의 한국적 현대화에 붙여진 시대적 연대적 연표에 불과하다. 그렇게 1980~90년대 이후 생긴 한국무용단들이 대체로 전통무용의 변용, 혹은 패러디 내지 창작이라는 이름을 빌려 전통의 해소와 흡수 및 재창조 흐름에 합류해나가고 있는 것이 한국 현대무용계의 현황인 것이다.

그러나 자세히 들여다보면 그런 단체들도 저마다의 의식과 개성과 컬러를 드러내며 자기들의 역사를 만들어간다. 더 구체적으로 살펴보면 그런 가운데 창작된 작품 하나하나마다 저마다의 개성적인 표현 능력을 보여주고 있는 것이 사실이다. 그만한 변이도 없이 관행적으로 만들어지는, 의식 없는 창작무용 계보의 젊고 긴 행렬들은 어쩌면 바보들의 행진이 아니었을까.

홍은주의 〈바라기 3 — 웃음〉도 이희자의 〈귀신 이야기 2〉도 크게는 그런 젊은 창작무용의 궤도 위에 있다. 3이라는 일련번호로 봐서 '바라기'는 연작인 모양이고 이번 주제 〈웃음〉은 가식적 웃음의 이면을 들여다보고 진실의 본질을 표현하려고 한 것 같다. 45분짜리 작품이면 비중이 가볍지 않다. 그러나 의식 과잉의 관념이 작품의 명증성(明證性)을 약화시킨 측면이 없지 않다. 그것은 무엇보다 이미지나 장(場)의 구분이 뚜렷히 선행되지 못한 탓이다. 무대를 삼분한 경계 안에서 벌어지는 군무의 움직임과 표출의 세련미가 눈에 띄는 반면 웃음소리를 연기하는 연극적 동선들이 혼연일체가 되어 있지 못했다. 이희주의 작품도 2라는 넘버링으로 봐서 연작인 모양인데 1과의 연계가 되지 않는다는 측면에서 손해를 본다. 귀신이라는 영적 존재로 현실에서 상처받고 상실감에 떠는 영혼들을 그려내려는 의도는 타당해 보인다. 특히 이 잡히지 않는 귀신의 존재감은 우리 전통문화의 정신적 핵심이었다 해도 과언이 아니다. 빛과 그늘을 양분하는 그런 음(陰)의 세계가 모녀상이 되어 무대 위 탁자를 지상과 지하로 갈라놓고 땅 위에서 떨어져 내리고 지하에서 귀신의 마이너스(陰)로 소통하려고 몸부림친다. 귀신이기 때문에 영적 흐름으로 다가서고 〈전설의 고향〉식 괴기담 분위기로 가져가기 쉬운 소재를 구체적, 현대적 감성으로 바꾸어나간 안무력과 형상력이 수준급이다.

공연예술의 풍경과 한국춤의 흐름

유행성 커뮤니티 댄스의 천재적 사기술 ─ 〈사심없는 땐쓰〉

빛과 그늘의 양극에서 한국무용이 음(마이너스) 지향적이라면 현대무용, 특히 안은미의 현대무용은 드러내놓고 양(陽) 지향적이다. 그의 〈사심없는 땐쓰〉(두산아트센터, 2.24~26)는 유행적으로 새 경향인 양 바람 불고 있는 소위 '커뮤니티 댄스', 지역공동체 무용 개념에 마구 여러 색깔을 덧칠한 천재성 사기 작품이라고 말할 수도 있다. 콘서트라는 이름으로 피아노나 바이올린을 깨뜨려 부수던 전위예술가 백남준이 천재적 착상을 내세워 예술을 사기나 장난이라고 낄낄거리던 식으로 안은미는 자기 예술 형식을 가지고 논다.

〈사심없는 땐쓰〉는 사심이 없다는 강조 아래 억지로 떼쓰는 타령패들의 어조를 본따서 '땐쓰'라는 된소리를 어거지처럼 쓰지만 이 작품은 수미일관된 하나의 작품이라기보다 최근 유행하는 '커뮤니티 댄스'의 아이디어로 도배된 놀이다. 시험에 찌든 학동들의 수업과 시간표에서 막춤의 놀이와 장난을 무용 작품이라는 여백으로 빼내와서 한때를 놀아보는 이 무책임한 예술 교육의 끝에는 아무런 감명이 남지 않는다. 그래, 그렇게 한바탕 놀고 나서 커뮤니티 댄스의 아이디어로 도망쳐버린 예술강사 선생의 설익은 사회의식만이 고발의 몫이란 말일까.

안은미는 지난번 〈할머니들의 춤〉으로 커뮤니티 댄스의 실버 하우스 문을 두드리고 나서 그 지역공동체 영역을 시험 지옥에서 허덕이는 학동들로 옮겨 한때 그들과 신나게 논다. 그러고 나서 그 그늘진 커뮤니티 어디를 겨냥할지는 아무도 모른다. 그것이 병영이 될지 소년원이 될지 알 수도 없다. 지역공동체의 아이덴티티를 찾는 모색은 예술교육진흥원의 예술 교육 프로그램으로 족한 것 아닌가. 우리는 점점 더 사그러드는 예술작품의 치열한 불꽃으로 감명받고 싶은 데 말이다.

커뮤니티 댄스가 지역 중심으로, 그 지역이 우리가 사는 마을만인 줄 알았더니 유아원, 초중교, 뿐만 아니라 불우이웃으로, 다문화 가정 등등으로 확대되어 교육만이 아니라 사회의식화되고 정치화하는 경향이 꼭 1970~80년대 마당극 출현 당시를 닮았는데 정치·사회의식을 예술에 담으려 했던 마당극 같은 '정치연극'에 비하면 커뮤니티 댄스는 그렇게 절박한 의식이 아닐뿐더러 예술 교육 프로그램처럼 여유도 없지 않다. 안은미의 최근 작품이 할머니들을 내세우더니 학동들을 내세워 같이 노는 것까지는 좋은데 거기에 예술을 내세우면 참월(僭越)해진다. 몸의 리듬을 막춤으로 펼쳐서 그녀의 스승 피나 바우쉬의 경우처럼 취미나 오락 수준에서 예술로 세련되어가는 과정을 보여주는 것이라면 놀다 마는 아이디어의 사기성을 천재만의 특권이라 비아냥거리지도 않을 것이다.

이 학원별곡(學園別曲)은 한국무용교육원의 커뮤니티 댄스 프로그램의 아마추어 형식 이상도 이하도 아닌 것이 학동들의 막춤 기교에 영상과 같은 극장 기술과 안무 기획이 판을 쳐서 아이들의 현실과 고뇌와 의식과 지식은 놀이판의 거품이 된다. 놀이판의 사회의식화는 마당극의 정치의식화처럼 예술의 궁극적 목표가 아닐 것이다. 안은미의 〈사심 없는 댄쓰〉는 예술 지향적이 아니기 때문에 아이들의 춤에 천재적 사기성을 더해 아이디어만으로 한판을 놀고 나면 그뿐, 안은미의 창의적 예술 형식의 발현을 기대했던 관객들은 무엇인가 잘못 돌아가고 있는 최근의 무용적 물결에 도리질을 하지 않을 수 없는 것이다.

공연예술 제작 지원 방안의 개선을 위하여

: ⟨윤무⟩, ⟨공자⟩, ⟨사도⟩ 등

공연 지원책의 공개적 타진

겨울을 타는 공연예술은 지난 몇 개월간 화제작 없이 지나갔다. 그러는 사이 신춘을 지나 입춘. 그러면 바야흐로 봄이 가까이 손짓한다.

한팩(한국공연예술센터, 이사장 최치림)이 공동 주최하는 2012박명숙의 춤 ⟨윤무⟩가 아르코소극장에서 일주일 장기 공연하던 마지막 2월 5일, 아르코대극장에서는 한팩의 우수 레퍼토리 시리즈로 임학선의 ⟨위대한 스승 공자⟩(2.4~5) 공연이 있었고 국수호의 ⟨사도⟩(2.10~11) 공연이 뒤를 이었다.

⟨윤무⟩나 ⟨위대한 스승 공자⟩, 그리고 ⟨사도⟩는 모두 재공연 작품들이다. ⟨윤무⟩는 작년 초연이었고 ⟨사도⟩는 2007년, 그리고 ⟨위대한 스승 공자⟩는 이미 10년 가까이 국내외에서 활발한 한국무용의 전도사 역할을 하고 있다.

재공연에서만이 문제되는 것이 아니라 초연의 창작 공연 경우도 마찬가지로 무용이나 연극 같은 극장 공연 작품들은 종합예술적 제작 비용이 월등히 많이 들어 개인 차원에서 감당하기가 쉽지 않다. 일찍이 배고픈 예술 행위는 가난이 그 대명사였고 예술 행위에 돈 생길 리 없다고 체념했던 지난 시절에는 어렵고 고단한 가운데 그래도 배 곯아가며 호주머니 털어가며 빚지고 작품 만들 때 스폰서 하나 기대하기는 하늘의 별 따기 — 그런 가운데서도 예술 의지와 곧은 예술 정신만은 하늘을 찌르던, 그런 시대의 한국 예술가들은 위대했다.

1970년대 들어 문화정책이 예술 제작 지원을 내걸기 시작하고 상금을 내건 시상 제도가 예술가들의 경쟁 의식을 자극한 데다가 1980년대 대중문화가 예술의 민주주의를 표방하여 고급예술을 코너로 몰면서 무용계도 이상한 풍조에 휘몰리기 시작했다.

첫째로 문화예술에서 예술 지원 정책이 금전으로 환산되어 크고 작은 페스티벌 경연 작품들이 공연 지원 액수에 따라 판가름 났다. 둘째로 작품 제작 지원 신청이 기획안 같은 구름 잡는 서류 꾸미기와 글쓰기 재주로 결판났을 뿐만 아니라, 셋째로 지원금 배정에 따라 공연 작품의 질과 수준이 결정되는 묘한 바람이 불기 시작하면서 마침내 돈을 모르던 예술가들 의식이 세속인들과 다를 바 없이 타락한 세월은 견디기 버거운 무게가 되었다.

소액다건(少額多件) 형식과 집중 지원책의 함정

공연 지원책이 공개적으로 타진되지 못하고 문화부 상층 밀실의 공개투표처럼 알음알음의 대상을 놓고 이루어진 지원책은 객관적인 선정이 아니라 주관적 정실의 배분 방식이었다. 말 잘 듣는 아이에게 빵 하나 더 쥐여주는 식으로 문화예술계를 지배하던 정치적 관료주의가 정책의 방향을 어긋지게 만든 것이다.

가난한 국고 예산을 찢어 여러 단체에 두루두루 골고루 나누어주다시피 하는 방법을 소액다건(少額多件) 형식이라 한다. 그렇게 얻어걸리는 몇 푼 되지 않은 지원금에 길들여진 예술가들이 그 몇 푼 되지 않는 돈으로 도무지 현실적인 제작비 감당은 되지도 않고 빚내어 작품 만들던 오기와 겁 모르던 열정을 팽개친 다음 주어진 작은 지원금 안에서만 작품을 만들거나 주어진 액수 가운데 일부를 떼먹는 상술의 장사식 작품 제작마저 이루어졌던 시절 — 그런 폐습은 반대로 소액다건주의로 단체의 연륜과 업적과 권위를 떨어뜨리는 코 묻은 지원금 반납 운동마저 일으키는 역풍을 맞기도 한다.

그런 황당한 제작 자세에 당황한 정책 담당자들과 지원 행정처가 방향을 바꾸어 현실적으로 예술 제작비에 맞먹는 기적 같은 액수를 퍼주는 집중 지원을 들고 나와서 몇천만 원, 억대가 넘는 지원금을 쏟아부어도 불어난 액수에 비례하는 우수작들은 생산되지도 않고 생각지도 못한 예술가들의 기생 버금가는 로비와 정보원(源) 줄대기가 이루어지면서 엉뚱한 로비스트 작가들이 행운을 잡던 시절 — 지원금 액수는 천문학적으로 늘어났고 의욕적으로 작품 제작에 나선 야심적인 예술가의 기회는 많아졌지만 창작적 재능의 한계가 분명해지기 시작하였다.

새로운 창작 작품도 이제는 결과를 보고 후지원책으로 바뀌는 바람에 대담하게 초연에 투자를 아끼지 않는 단체가 드물어지고 초연에 호평을 받더라도 재공연할 수 있는 기회는 상대적으로 박탈되는 우리 무용계 현실은 무엇보다도 평가의 객관성에 대한 신뢰가 없기 때문일 것이다.

한팩의 우수 작품 재공연 지원사업

초연에서 평가가 좋았다 하더라도 재공연 제작비가 만만치 않으므로 주최측이 다시 한 번 더 막을 올리고 싶다 해도, 또 관객 입장에서 다시 한 번 더 보고 싶어 해도 재정적 사회적 스폰서 얻기가 여간 어렵지 않은 것이 우리 공연계 현실이다. 따라서 무용예술의 경우 적자 공연이 뻔한 상황에서 호평을 받는 작품이라 해도 재공연 기회 잡기는 거의 불가능에 가깝다. 그렇게 되면 좋은 작품의 레퍼토리화는 요원해지고 괜찮다는 창작 작품들도 계속되는 재공연을 통한, 자체 작품의 레퍼토리화를 통한, 더 나은 연마와 세련의 효과를 얻을 수 있는 기회는 자꾸만 멀어져가는 것이 우리의 슬픈 실정이다.

다행히 아르코예술극장과 대학로예술극장을 확보하고 있는 한국공연예술센터가 재공연 지원사업을 확대해나가고 있다. 박명숙의 〈윤무〉, 임학선의 〈위대한 스승 공자〉, 그리고 국수호의 〈사도〉를 재공연으로 다시 보면서 우수 레퍼토리 시리즈에 선정된 작품들이 무엇을 근거로 선정되고 있는지, 심사 기구의 건전한 설치와 그 심미안만 확실하다면 될수록 시리즈물이 많아졌으면 한다. 소액다건이든 집중 지원이든 드러난 공연 지원책이 뚜렷치 않은 요즈음 이런 고무적인 문화 정책의 구체적 시현(示顯) 현상이 널리 알려지지 않고 또 그 지원 정책이 두루 공개적으로 홍보되어 있지 않다는 사실이 안타까울 뿐이다. 이런 재공연 지원 제도가 정보원에 가까운 몇몇 개인이나 특정 그룹만의 독점 혜택이 아니어서 모든 단체들이 두루 공개적으로 혜택 경쟁에 참여할 수만 있다면 그보다 더 건전한 예술 지원 방법도 없을 것이다.

공연비 지불 내역의 공개와 기부문화의 정착

그러니까 이번 〈윤무〉나 〈위대한 스승 공자〉나 〈사도〉가 한팩의 재공연 지원 혜택을 받았다면, 그리고 그 지원이 기껏해서 극장 공간 대여라든지 홍보 정도에 그치는 것이 아니라면 지원 혜택을 받은 예술 단체도 이번 기회에 공연 제작비 지출 내역을 공개해보는 것은 어떨까 싶다. 그렇게 해서 공개 회계로 예술 공연 작품 제작의 실제적인 경영이 얼마나 힘든가를 사회적으로 드러내 보여주는 것도 정당한 문화 정책에 대한 정직한 반응일 수 있을 것이다.

지원 정책이 고식적(姑息的)인 극장 대여, 프로그램북 제작 정도가 아니라면 공연 제작의 주류를 이루는 콘텐츠 단금(鍛金)비 같은 안무와 무용수들의 개런티, 그리고 제작 스태프들의 무대미술, 의상, 조명 디자인 비용들은 어떻게 마련되어야 할 것인지 등이 공개적으로 논의됨직하다.

국공립 무용단들이 작품 하나 만드는 데 몇억씩을 투입하는 데 비하면 개인적 사설 전문 무용단의 작품 제작비는 지원을 받는다 해도 새 발의 피에 지나지 못한다. 그런 모순은 국공립 무용단 대표들과 민간 전문 무용단 대표들의 민관 교체로 극복될 수 있을지 모르며 대표의 임기를 가능한 한 길게 잡아 경륜을 키워가야 할 것이다. 로비에 의해, 인맥이 닿아, 재수가 좋아 대표 자리를 차지해서 정체되어버리는 무용단 대표의 요행수에 떠넘겨 지원만 바란다면 한국무용의 질적 향상은 요원해진다.

티켓 판매 수익으로 인건비나 진행비를 마련해야 하는 공연예술 분야는 대중문화의 뮤지컬, 영화, 쇼 흥행물과 비교할 수가 없다. 누군가 개인적인 지원이나 사적인 교류가 있는 공공기관, 특정 회사의 기부와 지원으로 대부분의 제작비가 마련되기 때문에 언제나 사적인, 개인적인 스캔들 파문이 이는 뒷공론들을 잠재우기 위해도 첫째로 지원금 액수의 상향 조정, 둘째 신청 절차와 결정 과정의 공개적인 발표, 그리고 가능하다면 세 번째로 공연 제작 비용 공개도 권장할 만할 것이다. 그렇게 될 때 정정당당한 기부문화의 정착도 가능해진다.

〈윤무〉 초연과 재공연을 위한 제작비 차이는 그대로 작품의 질적 향상과 관련이 있고 그대로 무용단의 작품 레퍼토리화와 직결된다. 〈위대한 스승 공자〉도 대극장 공연을 통한 '일무'의 유기적인 동원과 창작무용과의 연계성을 확인시켜주었는데 〈사도〉에 이르면 현대무용의 역동성이 양악의 피아노 바이올린과 어우러져 한국적 정서는 수면 아래로 가라앉는 인상이었다.

공연예술의 풍경과 한국춤의 흐름

다양한 무용예술의 무한한 가능성

:〈구토〉,〈몽류〉

실존주의 소설을 무용으로 표현한 〈구토〉

세컨드네이처의 〈구토〉(대학로예술대극장, 5.26~28)는 프랑스의 실존주의자 사르트르의 소설『구토』를 무용화한 작품이다. 〈구토〉의 주제는 구토일 수밖에 없고 어떻게 그 주제를 무용으로 표현하느냐가 관건이다. 실존철학이 삶의 부조리를 역설적으로 밝혀내는 논리적 도구라면 부조리의 예술은 어지러운 난시의 조명으로 생리적 구토증을 증대시킨다. 까닭을 알 수 없는 불가해한 문제 제기 자체가 실존주의의 부조리한 현기증 증세와 닮아 있다. 그러므로 세컨드네이처의 무용 작품〈구토〉자체도 소설만큼, 혹은 부조리 연극의 구성 체계를 이루지 못한 채 추상적 미로에 우리를 빠뜨릴 위험이 많다. 그러나 멀리 빨간 롱체어에 실린 빈 존재감과 교체되며 움직이는 조명기와 천장에서 내려오다 정지하는 서커스 같은 인체 등이 일단 관객의 시선을 무대로 꽂게 만든다. 육체를 실존적 언어로 간주한 대본 구성은 #0. Overture, #1. 권태, #2.배설… 눈물, #3. 일탈… 뒤집어놓다, 로 일단 주지(主旨)를 잡고 열 개의 타이틀로 분류하여 안무자 김성한의 감성을 누벼나간다. 주인공 역사학자 로캉탱의 부조리한 의식을 일기체로 엮는 소설은 대본작가 홍석환, 연출 오선명 등으로 해서 어느 정도 작품 구도가 갖추어졌으리라 짐작된다. 그러나 안무 김성한은 극성(劇性) 따위를 전혀 개의하지 않아 보인다. 따라서 작중인물이 원고를 쓰다가 구토를 느끼는 장면 설정 따위는 전혀 강조되지도 않고 실존주의 이론이나 부조리극 같은 일상의 권태나 일탈 같은 극적 긴장도 세 쌍의 남녀, 네 무용수, 여섯 명의 군무 형식으로 추상적 불구성(不具性)만 자극할 뿐이다. 육체라는 실존적 언어 매체로 무용적 상상력을 자극하고 극대화하는 안무는 세상을 망원렌즈로 관음(觀淫)하거나 옛 애인, 혹은 동거녀와의 일상생활, 아이와의 놀이 등 서사적 긴장을 느슨한 시각적 에피소드로 이완시키는 데 내재된 미적 긴장의 지속은 훈련된 세컨드네이처 단원들의 표현력 창출에서 얻어졌다고 봐야 할 것이다.

감성을 담은 서정의 호수 같은 꿈의 무대

강혜련 댄스프로젝트의 〈몽류(夢流)〉(6월18~19일, 서강대학 메리홀)는 의식의 흐름을 좇는 지적 작업이 아니라 정감의 물결을 타는 감성을 안개 속에 담고 있는 서정의 호수 같고 그런 분위기 조성에 성공하였다. 강혜련의 '흐름'이라는 주제는 전작들, 물의 흐름이나 바람의 흐름을 이미 지화한 〈수류〉나 〈풍류〉(유감스럽게 필자는 관람 기회를 놓쳤지만)에 이은 꿈의 흐름, 〈몽류〉로 현재에 이르렀고 마침내 삶의 흐름으로 귀결될 것이다. 그 과정에 겪는 의식과 꿈을 마음과 몸으로 대비시키는 작업은 무용현장의 속성으로 보기는 어렵지 않을까. 의식의 문제는 과학영역이고 '흐름'의 정서는 예술의 영역이기 때문이다. 강혜련의 꿈은 어쩌면 꿈속의 나쁜 꿈에 시달리는 악몽의 구름을 거두어내는, 무의식의 심층에 가로 누은 트라우마의 치유를 지향하는 듯하다. 그러나 포인트의 설정, 극적 요소가 약해서 '흐름'이 지루해지고 움직임조차 지루해지는 부분이 생긴다. 종장에 이르러 애벌레 누에들처럼 번데기에 갇힌 꿈의 몽환과 폐허의 이미지와 미래의 꿈인 아이들 목소리가 긴 여운을 남긴다.

현대무용과 전통무용의 틈새에서

: 〈무꾸리〉, 두리춤페스티벌, 한국무용제전

김용복무용단의 〈무꾸리〉(창무포스트극장, 5.7)는 무속의 이른바 무당굿거리, 경상도 사투리 발음을 고수하는 만큼 제의굿 가운데서도 가장 원초적인, 길흉을 점치는 원색적인 굿거리로 재현되고 있다. 따라서 '부적(符籍)'의 효험을 믿는 '살(煞)'이나 중국의 죽은 강시를 쫓는 으시시한 분위기 조성이 볼거리이다. 안무 겸 주무(主巫) 격인 김용복이 오래간만에 무대를 꾸몄는데 의도한 것과 표현된 형상은 자못 달랐다. 어디로 가야 할지 모르는 한 여인이 네거리에 서 있다. 네 방향을 표시하는 정령(精靈)들은 귀신으로, 심지어는 죽은 시체로 방방 뛰는 강시로 느껴지기도 한다. 무당을 중심으로 사방의 귀신들은 동서남북, 오방(五方)의 수호신이라는 해석이 옳을 것이다. 부적 글씨가 들어서 사방으로 막힌 액땜을 대신하는 흑장삼 걸친 정령들은 긴장과 억압에서 망령(亡靈)들을 풀어내어 하얀 백의의 넋으로 정화시킨다. 길을 묻는 점·예언의 길흉이 주제라기보다 정화의 기능이 강한 셈이다. 이른바 소리의 넋이나 글의 넋이 지닌 언령(言靈)의 주술성도 두드러진다. 앙상블의 불일치가 눈에 띄곤 했지만 귀신 분장의 리얼리즘에서 손해 보는 김도이, 김민정, 김경은, 박미나의 유연한 몸매와 고운 얼굴이 아깝게 다가온다.

문화 복합 공간을 지향하는 두리춤터가 베푼 젊은 '두리춤페스티벌'(5.8~9)에서 시선을 끈 〈사람내음〉의 박지선과 〈기다리다〉의 김미영은 풋풋한 젊음, 거기다

김용복무용단, 〈무꾸리〉

기품과 유화(柔和)의 맵시를 과시하였다. 특히 박지선은 독무를 통한 순백한 재능의 열린 공간 형성이 기다려질 지경이다. 두리춤페스티벌은 예기하지 않은 젊은 무용예술가들의 뛰어난 재능을 선보여주었다. 어쩌면 그들의 데뷔가 너무 늦은 것인지도 모른다. 김미영의 기다림과 같은 이미지 조성은 관념의 형상화, 그림 만들기라서 한국무용의 묵은 숙제와 대결해야 한다는 고비가 숨 가쁘다. 말하자면 관념의 그림그리기 같은 작업보다는 사상(事象)의 구체적 표출 방식이 플러스로 작용할 것이다. 그런 면에서 보면 박지선의 〈사람내음〉은 미학 개념과 체험의 구체적 표현을 제시하고 있다. 어울려 사는 이웃과의 소통이 사람 내음을 풍기는 것이라면 미학적 개념의 아름다움은 목표가 될 뿐 주변은 대결과 경쟁의 이빨과 발톱의 정글이라서 2인무, 3인무, 4인무 가운데 안무는 관찰자의 위치에 서 있고 시선들은 조금도 여유가 없이 경계의 독기

마저 뽑어낸다. 그러나 박지선의 우아한 솔로를 거치며 스스로 길을 닦는 깨달음과 관용의 시선은 개성과 행복의 공존을 통해 한없이 부드러워진다.

그렇게 젊은 춤꾼들은 그들의 세계를 그려낸다. 젊은 무용예술가들은 전통무에서 신무용, 창작무용을 거쳐 그대로 우리가 사는, 혹은 그들이 사는 현대의 춤, 컨템포러리 댄스를 끌어내는 세대인 것이다.

한국무용연구회(이사장 윤덕경)의 제24회 한국무용제전(국악원 예악당, 5.22~23)은 신화를 주제로 세 번에 걸친 탐색의 결과가 시간이 갈수록 향방이 모호해지는 결과를 보여준다. 22일의 '춤신화전'이 파트 1이라는 주제 발표라면 23일 '한국춤의 새로운 창'은 파트 2로 개별 논문 발표와 비슷한 궤도를 그린다.

한국춤의 새로운 창, 새로운 모색은 구태의연한 슬로건이지만 한국무용 전문가들은 질리지도 않고 그 '새로운' 모색을 계속하고 있다. 그래도 신화전은 신화를 통해, 근원 회귀를 통해 한국무용의 현재적 위상을 파악하고자 하는 것인데 신화적 모티브를 파악하는 자세가 제각각이라서 집중적인 조명이 되어 있지 않다. 그만큼 사전에 면밀한 검토나 계획, 혹은 주제의식을 공유하지 못했다는 방증이 될 것이다.

나는 예술을 신화의 전개로 간주한다. 따라서 한국무용이라면 민족적 심상의 근원인 신화나 설화라는 시상(詩想)의 바다에서 그 영원한 생명력을 얻어 컨템포러리 댄스로 개화되기를 바라는 염원을 버리지 못한다. 그런 점에서 '신화전'에 기대한 것이 많았던 것도 사실이다.

금년 신화전(5.22)에는 김운미무용단의 〈신화상생〉, 남수정무용단의 〈석담〉, 창무회 김지영의 〈궤적 2010〉, 그리고 김장우무용단의 〈경운궁의 꿈〉이 '전시'되었다. 신화가 전시될 수 있는가. 전시될 수 있는 신화는 그림 조각이다. 그리고 그런 입체감을 드러내기 위하여 한순간 무용은 영원한 침묵의 형상이 되어야 한다. 그런데 〈신화상생〉은 무당 굿거리 신화의 단편만 마치 당나무나 당집 앞에 걸린 오색의 헝겊들처럼 바람에 나부끼게 한다. 창작무용의 잠재된 발현을 기대했다면 기대한 쪽이 잘못이란 말인가. 〈경운궁의 꿈〉은 신화가 사라지고 역사(사실)만 살아 있는 현실이 된다. 국수호의 〈명성황후〉가 그러했듯 역사의 주인공이 안무가의 좁은 무용영역에서 헤어나지 못한다.

〈석담〉은 신화나 역사의 돌담, 돌담길을 돌아 민족 심상의 깊은 밑바닥에 닻을 내린다. 그것은 침략의 길목, 산성에 돌을 나르는 인고의 여성성과 관련된 집단 무의식의 산개(散開)를 보여준다. 울타리나 돌담으로 지켜내는 가족과 공동체의 연대를 민족적 대동제(大同祭)와 마고할미의 대모상(大母像) 신화로까지 소급시키지 못한 짧은 호흡이 아깝지만 이 소재는 성장시킬 가능성이 많다.

〈궤적 2010〉은 한국무용이 빠지기 쉬운 자아도취에서 벗어나 과거의 전통이나 현대의 무쌍한 변모를 '의식적으로' 데포르마시옹시키는데 그 변용이 눈에 뻔한 의도적인 인위성을 탈피해서 과거와 오늘이 서로 교묘히 끈, 혹은 줄로 연계되어 있다는 사실의 제시가 신선하다. 끈이나 줄은 궤적을 그리는 선이다. 그러므로 오늘의 궤적은 어제로 연결되고 내일로 이어지는 침묵의 무용적 연결 고리가 되어 눈에 보이지 않는 신화적 투명한 밧줄이 안무 겸 주연인 김지영의 유연한 춤사위에 덧씌워 현대적 율동감을 더해주는 것이다. 〈궤도 2010〉에서 김지영은 의도하든, 의도하지 않든 창무회 군무팀의 대모상 역할을 해내는데 그런 말은 창무회 군무의 대열과 산개 또한 의도하든, 않든 신화적 우어킨트(Urkind), 어린이상(像)을 만들어낸다는 것이다. 원초적 어린이들의 노는 모습 그 자체가 정신적 소년성(性)을 실현 가능하게 만든다. 그런 의미에서 이미 잊혀진 다양한 신화적 문화적 코드를 깔아놓은 이 거룩한 놀

이판에서는 현대적 감성과 전통적 감성이 어우러지고 대비되면서 신묘
한 공감대를 형성하게 되는 것이다.

공연예술의 품격과 한국춤의 흐름

인명

공연예술의 품격과 한국춤의 흐름

찾아보기

359

찾아보기

작품 및 도서

ㅇ

공연예술의 품격과
한국춤의 흐름

초판 인쇄 · 2018년 10월 25일
초판 발행 · 2018년 10월 30일

지은이 · 이상일
펴낸이 · 한봉숙
펴낸곳 · 푸른사상사

주간 · 맹문재 | 편집 · 지순이 | 교정 · 김수란
등록 · 1999년 7월 8일 제2-2876호
주소 · 경기도 파주시 회동길 337-16 푸른사상사
대표전화 · 031) 955-9111(2) | 팩시밀리 · 031) 955-9114
이메일 · prun21c@hanmail.net
홈페이지 · http://www.prun21c.com

ISBN 979-11-308-1378-3   93680
값 29,000원

이 도서의 국립중앙도서관 출판예정도서목록(CIP)은 서지정보유통지원시스템 홈페이지
(http://seoji.nl.go.kr)와 국가자료공동목록시스템(http://www.nl.go.kr/kolisnet)에서 이용하
실 수 있습니다. (CIP제어번호 : CIP2018033954)